머 리 말

충청도 또는 호서, 호중이라 할 때는 충청남도와 충청북도를 통틀어 말하는 것이다.

지형지세로 볼 때 충청남도와 충청북도는 많이 다르다. 충청남도의 지형지세는 비교적 순하고 내포 등 넓은 들이 많으나 높은 산들은 적다. 충청북도는 속리산 등 높고 험한 산들과 아름다운 산들이 많으나 넓은 들이 별로 없다.

충청남도에도 서대산 진악산 천태산 대둔산 용봉산 가야산 오서산 덕숭산 등 경관이 아름다운 산들은 많다.

충청남도의 산들은 수수하고 순한 편이다. 백성들은 그 산과 강 그리고 들을 터 삼아 기나긴 삶을 이어왔다. 역사상 큰 일 들이 그 산과 강 그리고 들에서 일어났으며 거기서 많은 이야기들이 생겨나 오늘날까지 전해지고 있다.

역사의 현장에 있었고 그래서 그 산에 얽힌 이야기들을 간직해온 우리 충청남도의 아름다운 산들을 둘러보고 옛 일을 되새겨 보는 것도 뜻있는 일이다.

이 책은 우리 충청남도의 아름다운 산 60개와 그 산에 얽힌 역사적인 사건, 그리고 그에 얽힌 이야기들을 쓴 것이다. 산행과 함께 역사를 되새겨서 오늘날 우리의 참다운 삶을 엮어 나가는데 좋은 밑거름이 되었으면 하는 마음이 간절하다.

이 책을 만드는데 좋은 자료를 주시고 도와주신 각 시군의 관계 공무원들 그리고 당진의 이인화 박사 연기의 임영수 관장님 등 향토사학자 여러분께 깊은 감사를 드립니다.

특히 '연기의 산 이야기', '관광 보령의 명산을 찾아서' 등 각 시 군에서 펴낸 책자들 그리고 시 군서적들을 참고하고 인용하였음을 밝히고 아울러 그에 대하여 깊은 감사를 드립니다.

끝으로 이 책의 내용이 잘못 되었거나 틀린 부분이 있을 것으로 여깁니다. 머리 숙여 사과드리고 그 잘못을 바로잡을 수 있는 기회를 주실 것을 간절히 바랍니다.

어려움을 무릅쓰고 이 책을 펴내 주신 도서출판 대장부 이건무사장님께도 깊은 감사를 드립니다.

2014년 12월 21일
김 홍 주 올림

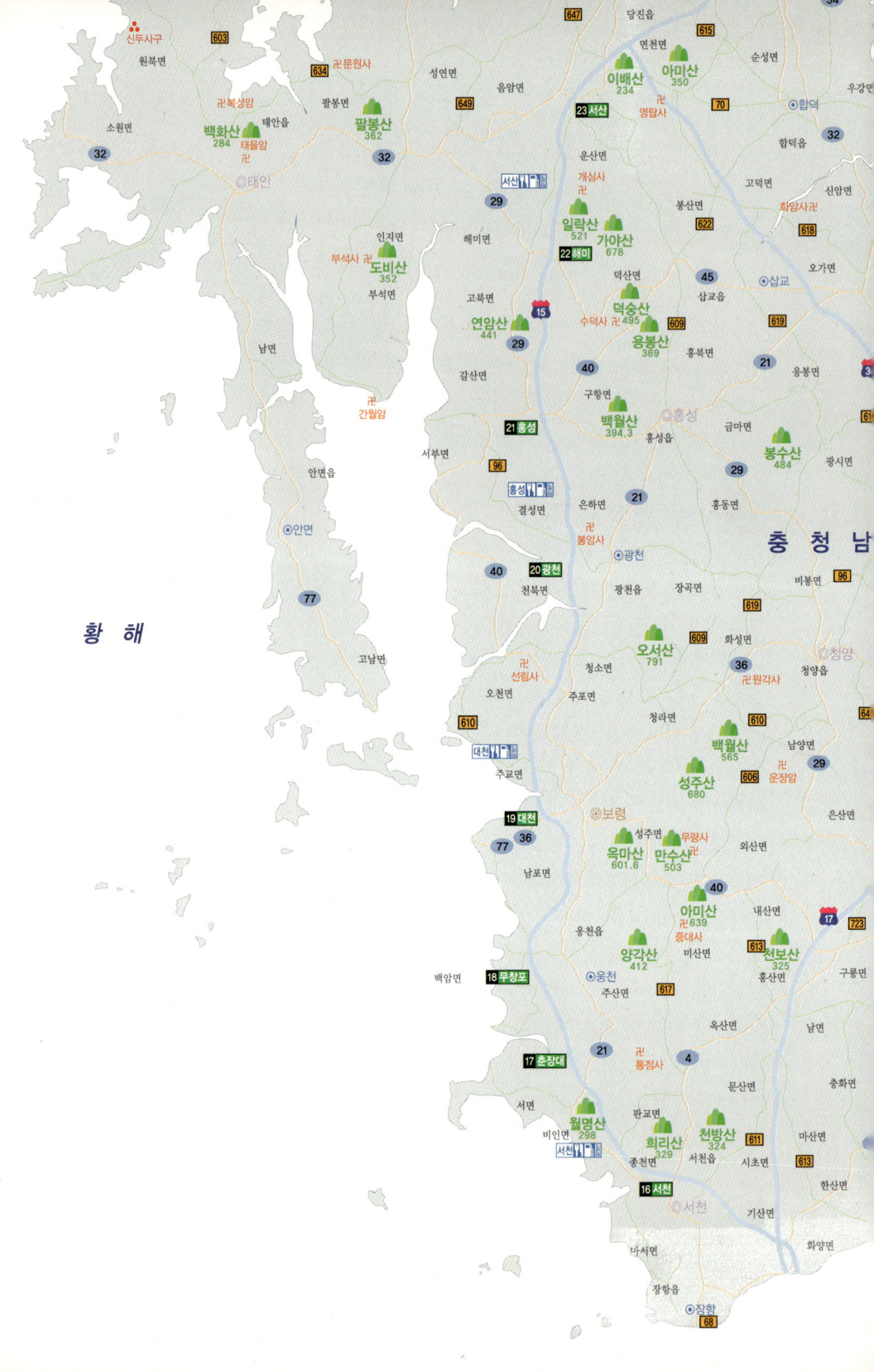

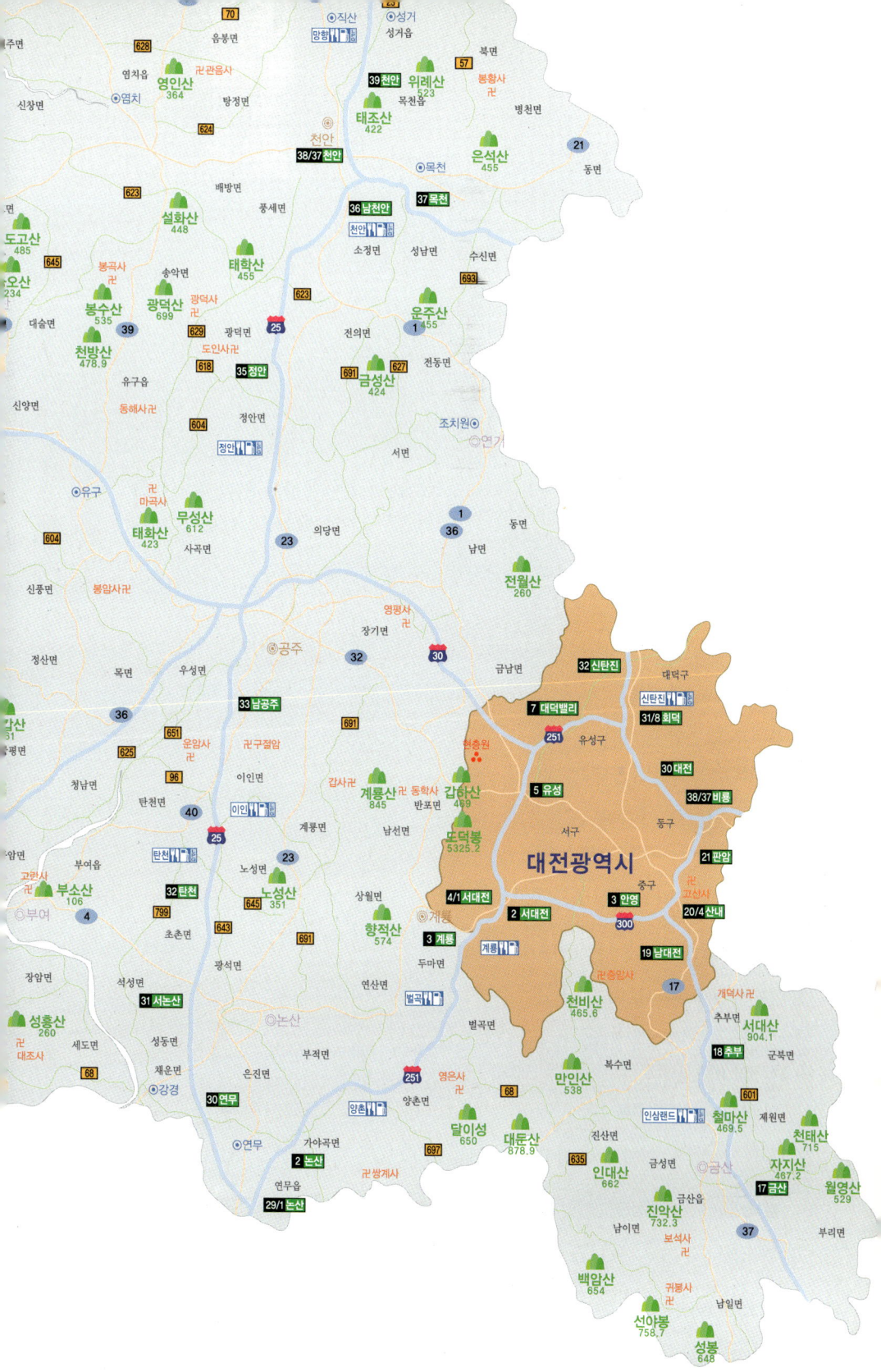

목 차

Ⅰ. 백제의 얼과 한이 배어있는 산들 … 009

01 _ **백화산** 284m 태안군 태안읍 … 010
02 _ **부소산** 106m 부여군 부여읍 쌍북리 … 014
03 _ **봉수산** 484m 예산군 대흥면, 홍성군 금마면 … 020
04 _ **운주산** 455m 예산군 전동면, 전의면 … 026
05 _ **금성산** 424m**과 비암산** 385m 연기군 전의면 | 전동면 … 032
06 _ **백월산** 565m 청양군 남양면 보령시 , 청라면 나원리 … 038
07 _ **성흥산** 260m 부여군 임천면 군사리, 장암면 지토리 … 044
08 _ **위례산** 523m 천안시 입장면, 북면 … 050

Ⅱ. 고려 태조와 산 … 056

09 _ **태조산** 422m**과 성거산** 579m 천안시 안서동,유량동, 목천읍 | 천안시 성거읍,입장면,북면 … 057

Ⅲ. 고려말엽의 이야기와 산들 … 062

10 _ **천태산** 715m 금산군 제원면, 충북 영동군 양산면 … 063
11 _ **전월산** 260m 세종특별자치시 남면 양화리 … 070
12 _ **용봉산** 381m 홍성군 홍북면, 예산군 덕산면 … 076

Ⅳ. 조선조 태조 이성계의 태와 만인산 … 082

13 _ **만인산** 538m**과 성봉** 580m 금산군 추부면,복수면 | 대전광역시 동구 하소동 … 083

Ⅴ. 조선조 태조와 도비산 … 090

14 _ **도비산** 352m 서산시 부석면 … 091

Ⅵ. 왜구와 천보산 … 098

15 _ **천보산** 325m 부여군 홍산면 … 099

Ⅶ. 충절의 산, 그리고 조선조 신도 건설 이야기 … 104

16 _ **계룡산** 845m 공주시 반포면, 계룡면 | 계룡시 남선면 … 105
17 _ **백월산(일월산)** 394.3m 홍성군 홍성읍 구항면 … 112

Ⅷ. 임진왜란을 지켜보며 힘이 되어준 산들 … 118

18 _ **대둔산** 878m 논산군 벌곡면 · 양촌면, 금산군 진산면 | 전북 완주군 운주면 … 119
19 _ **월영산** 529m 금산군 제원면 | 충청북도 영동군 양산면 … 130
20 _ **자지산(일명 성재산)** 467m 금산군 제원면 … 138
21 _ **천비산** 466m 금산군 복수면 | 대전광역시 중구 정생동 … 146
22 _ **이배산** 234m**과 용주봉** 222m 당진군 당진읍 사기소리 | 구룡리 면천면 사기소리 … 154

Ⅸ. 토정 이지함의 이야기와 어사 박문수의 묘 … 160

23 _ **영인산** 364m 아산시 영인면 … 161
24 _ **은석산** 455m**과 작성산** 497m 천안시 목천면, 병천면 … 168

Ⅹ. 대원군과 가야산 석문봉 … 174

25 _ **가야산(석문봉)** 678m(653m) 예산군 덕산면 | 서산시 해미면, 운산면 … 175

ⅩⅠ. 처참했던 한국전쟁의 현장 … 182

26 _ **백암산** 654m 금산군 남이면 … 183

ⅩⅡ. 천여 년 불교와 함께 한 산들 … 188

27 _ **태화산** 423m 공주시 사곡면 … 189
28 _ **만수산** 575m 부여군 외산면, 보령시 성주면 … 196
29 _ **덕숭산** 495m 예산군 덕산면 … 202
30 _ **일락산** 521m 서산시 해미면, 예산군 덕산면 … 208
31 _ **성주산** 680m 보령시 성주면, 명천면, 청라면 … 214
32 _ **칠갑산** 561m 청양군 대치면, 장평면, 정산면 … 220
33 _ **연암산** 433m**과 삼준산** 489m 서산시 고북면 해미면 | 서산시 고북면 | 예산군 갈산면 … 226
34 _ **아미산** 639m 보령시 미산면 | 부여군 외산면, 내산면 … 232
35 _ **달이성** 650m**과 바랑산** 555m 논산시 양촌면, 벌곡면 … 238
36 _ **태학산(일명 태화산)** 455m 천안시 풍세면, 광덕면 | 아산시 배방면 … 244

ⅩⅢ. 옛 선비들의 멋과 인삼 이야기 … 248

37 _ **성봉** 648m 금산군 남이면, 남일면 | 전북 진안군 용담면 … 249
38 _ **진악산** 732.3m 금산군 금산읍 남이면 … 256

ⅩⅣ. 풍수지리와 전설이 있는 산들 … 262

39 _ **갑하산** 469m**과 우산봉** 574m 공주시 반포면 온천리 | 대전광역시 유성구 갑동
　　　　　　　　　　　　　　　　공주시 반포면 온천리 | 대전광역시 유성구 반석동 … 263
40 _ **양각산** 412m 보령시 웅천읍 미산면 … 270
41 _ **닭이봉과 철마산** 469m 금산군 금성면, 군북면 … 276
42 _ **오서산** 791m 보령시 청라면 청소면 | 홍성군 광천읍 | 청양군 화성면 … 280
43 _ **서대산** 904m 금산군 추부면, 군북면 … 286
44 _ **향적산** 574m 계룡시 향한리 | 논산시 상월면 … 292
45 _ **팔봉산** 362m 서산시 팔봉면 … 300
46 _ **금오산** 234m**과 관모봉** 391m 예산군 예산읍 … 304
47 _ **도고산** 482m 아산시 도고면 | 예산군 예산읍 … 310
48 _ **봉수산** 535m 아산시 송악면 | 공주시 유구면 | 예산군 대술면 … 316
49 _ **선야봉** 759m 금산군 남이면 | 전북 완주군 운주면 … 322
50 _ **광덕산** 699m 천안시 광덕면 | 아산시 송악면 … 328
51 _ **설화산** 448m 아산시 좌부동 | 송악리 외암리 … 334
52 _ **아미산** 350m**과 다불산** 321m 당진군 면천면 | 당진군 면천면, 순성면 … 340
53 _ **인대산** 666m 금산군 진산면 … 346
54 _ **희리산** 329m 서천군 종천면 … 350
55 _ **월명산** 298m 서천군 비인면 … 354
56 _ **천방산** 324m 서천군 판교면, 문산면, 시초면 … 360
57 _ **노성산** 351m 논산시 노성면, 상월면 … 364
58 _ **옥마산** 601.6m 보령시 명천동 | 성주면 성주리 … 368
59 _ **무성산** 612m 공주시 사곡면, 우성면 … 374
60 _ **도덕봉** 535m 공주시 반포면 학봉리 | 대전광역시 유성구 덕명동 … 378

차 례

ㄱ
가야산(석문봉) 678m(653m) 예산군 덕산면 | 서산시 해미면, 운산면 … 175
갑하산 469m**과 우산봉** 574m 공주시 반포면 온천리 | 대전광역시 유성구 갑동
　　　　　　　　　　　　　공주시 반포면 온천리 | 대전광역시 유성구 반석동 … 263
계룡산 845m 공주시 반포면, 계룡면 | 계룡시 남선면 … 105
광덕산 699m 천안시 광덕면 | 아산시 송악면 … 328
금오산 234m**과 관모봉** 391m 예산군 예산읍 … 304
금성산 424m**과 비암산** 385m 세종특별자치시 전의면 | 전동면 … 032

ㄴ
노성산 351m 논산시 노성면, 상월면 … 364

ㄷ
달이성 650m**과 바랑산** 555m 논산시 양촌면, 벌곡면 … 238
닭이봉과 철마산 469m 금산군 금성면, 군북면 … 276
대둔산 878m 논산군 벌곡면·양촌면, 금산군 진산면 | 전북 완주군 운주면 … 119
덕숭산 495m 예산군 덕산면 … 202
도고산 482m 아산시 도고면 | 예산군 예산읍 … 310
도비산 352m 서산시 부석면 … 091
도덕봉 535m 공주시 반포면 학봉리 | 대전광역시 유성구 덕명동 … 378

ㅁ
만수산 575m 부여군 외산면, 보령시 성주면 … 196
만인산 538m**과 성봉** 580m 금산군 추부면,복수면 | 대전광역시 동구 하소동 … 083
무성산 612m 공주시 사곡면, 우성면 … 374

ㅂ
백암산 650m 금산군 남이면 … 183
백월산 565m 청양군 남양면 보령시, 청라면 나원리 … 038
백월산(일월산) 394.3m 홍성군 홍성읍 구항면 … 112
백화산 284m 태안군 태안읍 … 010
봉수산 484m 예산군 대흥면, 홍성군 금마면 … 020
봉수산 535m 아산시 송악면 | 공주시 유구면 | 예산군 대술면 … 316
부소산 106m 부여군 부여읍 쌍북리 … 014

ㅅ
서대산 904m 금산군 추부면, 군북면 … 286
선야봉 759m 금산군 남이면 | 전북 완주군 운주면 … 322
설화산 448m 아산시 좌부동 | 송악리 외암리 … 334
성주산 680m 보령시 성주면, 명천리, 청라면 … 214
성봉 648m 금산군 남이면, 남일면 | 전북 진안군 용담면 … 249
성흥산 260m 부여군 임천면 군사리, 장암면 지토리 … 044

ⓞ
아미산 639m 보령시 미산면 | 부여군 외산면, 내산면 … 232
아미산 350m**과 다불산** 321m 당진군 면천면 | 당진군 면천면, 순성면 … 340
양각산 467m 보령시 웅천읍 미산면 … 270
연암산 433m**과 삼준산** 489m 서산시 고북면 해미면 | 서산시 고북면 | 예산군 갈산면 … 226
영인산 364m 아산시 영인면 … 161
오서산 791m 보령시 청라면 청소면 | 홍성군 광천읍 | 청양군 화성면 … 280
옥마산 601.6m 보령시 명천동 | 성주면 성주리 … 368
용봉산 381m 홍성군 홍북면, 예산군 덕산면 … 076
운주산 455m 예산군 전동면,전의면 … 026
위례산 523m 천안시 입장면, 북면 … 050
월명산 298m 서천군 비인면 … 354
월영산 529m 금산군 제원면 | 충청북도 영동군 양산면 … 130
은석산 455m**과 작성산** 497m 천안시 목천면, 병천면 … 168
이배산 234m**과 용주봉** 222m 당진군 당진읍 사기소리 | 구룡리 면천면 사기소리 … 154
인대산 666m 금산군 진산면 … 346
일락산 521m 서산시 해미면, 예산군 덕산면 … 208

ⓩ
자지산(일명 성재산) 467m 금산군 제원면 … 138
전월산 260m 세종특별자치시 남면 양화리 … 070
진악산 732.3m 금산군 금산읍 남이면 … 256

ⓒ
천방산 324m 서천군 판교면, 문산면, 시초면 … 360
천보산 325m 부여군 홍산면 … 099
천비산 466m 금산군 복수면 | 대전광역시 중구 정생동 … 146
천태산 715m 금산군 제원면, 충북 영동군 양산면 … 063
칠갑산 561m 청양군 대치면, 장편면, 정산면 … 220

ⓔ
태조산 422m**과 성거산** 579m 천안시 안서동,유량동,목천읍 | 천안시 성거읍,입장면,북면 … 057
태학산(일명 태화산) 455m 천안시 풍세면, 광덕면 | 아산시 배방면 … 244
태화산 423m 공주시 사곡면 … 189

ⓟ
팔봉산 362m 서산시 팔봉면 … 300

ⓗ
향적산 574m 계룡시 향한리 | 논산시 상월면 … 292
희리산 329m 서천군 종천면 … 350

역사 속의 충남의 산들
역사와 함께 한 충남의 명산

백제의 얼과 한이 배어있는 산들 · I

info | 284m ● 태안군 태안읍

01 백화산

연꽃 같은 백화산, 수석의 전시장

백화산은 태안고을의 진산이며 태안의 일부로 태안 주민들의 사랑을 듬뿍 받고 있는 산이다.

백화산(白華山)의 이름은 '하얗게 빛나는 산', '하얀 꽃의 산'이라는 뜻이다. 태안 등산의 남쪽에서 보면 하얀 바위들이 마치 꽃처럼 보이기 때문에 붙여진 이름 같다. 이러한 산을 '돌꽃'이라는 뜻으로 석화산이라고도 한다.

꽃으로 수놓은 것 같은 하얀 바위들은 그 하나하나가 기암괴봉이어서 불꽃바위 수녀님바위 낙조봉 공기돌바위 교장(絞杖-목 조르고 매로 때림)바위 용상암 등의 이름을 가지고 있다. 어떤 이는 수석 전시장 같다고도 한다. 이 수석과 같은 기암괴봉들이 낙낙장송과 어우러져 있고 서해를 배경으로 펼쳐져 있어 더욱 아름답다.

백화산은 기암괴봉이 좋을 뿐만 아니라 조망도 좋은 산이다. 특히 고스락과 낙조봉에서 보는 서해의 황혼은 한 폭의 아름다운 그림이다.

삼존불상과 백화산성

백화산 고스락 아래에 국보로 지정된 삼존마애불상이 있다. 태을암이라는 절 옆에 있는 마애불상은 1좌 3신으로 좌우의 여래 입상과 가운데에 보살입상을 배치 조각했다.

백화산 전경

보살입상은 2m가 조금 넘지만 좌우 여래상은 3m 내외의 크기여서 특이하다. 최근 (1995년) 흙 속에 묻혀 있었던 대좌가 들어나면서 삼존마애불이 더 빛을 내게 되었다.

이 마애불은 6세기 초 백제시대의 것으로 우리나라 마애삼존불의 시초 작품으로 추정되어서 백제 마애석불의 발상지로 알려져 있다. 이 마애불을 예로 불교 서래설(西來說)을 주장하는 사람들도 있다.

또 백화산에는 고려 충렬왕 13년(1286년)에 쌓은 산성도 있다. 거의 무너져 있지만 둘레가 619m, 높이가 3.3m 내외이며 성안에 우물 2곳과 서산 북주산과 도비산에 연락되는 봉화대 터가 있다. 이 산에는 태을암과 흥주사 두 절이 있다.

백화산의 전설

백화산을 두고 재미있는 전설이 전해지고 있다. 이 백화산이 서울을 등지고 있어 조선조 500년 동안 과거에 급제한 사람이 한 사람도 없었는데 이 백화산이 검은 빛을 띠는 흑화산이 되면 문만(文萬) 무천(武千) 즉 문인이 만 명이 나오고 장군이 천명이 나온다는 것이다. 지금은 이 산에 소나무가 많아지면서 산 빛이 점차 검게 되었다. 얼마지나지 않아 태안에서 많은 인재가 나올 것이라는 기대를 하는 사람들이 많다.

태화산 고스락

국보삼존 마애불상

태을동천각자

감모대

산행길잡이

- **산 길**
  1. **태안초등학교 길** : 태안초등학교–낙조봉–태을암–고스락
  2. **태안체육관(들머리표지) 길** : 태안체육관–불꽃바위–수녀님바위–고스락–태을암(삼존마애불)–낙조봉–태안초등학교(대림아파트) 약 2시간 30분
  3. **샘골가든 길** : 샘골가든–약수터–소성바윗길–고스락–태을암–낙조봉–태안 초등학교(대림아파트) 약 2시간

  참고 : 고스락에서 흥주사로 내려가는 길도 있다. 그러나 이 길은 교통이 좋지 않다.

- **교 통** 태안 시내에 있는 산이기 때문에 태안에 이르기만 하면 된다.

- **조 망**
  북 ⇨ 팔봉산, 아미산
  동 ⇨ 수정봉, 일락산, 가야산, 수덕산, 연암산, 삼준산, 어서산, 진당산, 옥마산
  남 ⇨ (서해)
  서 ⇨ (서해)

info | **106m** | 부여군 부여읍 쌍북리

02
부소산

백제의 한

　백제의 한은 백제가 망하자 낙화암에서 백마강으로 뛰어내린 삼천궁녀로 대표된다. 이 낙화암은 백마강에서 솟아 오른 부소산의 벼루다. 영화로웠던 백제는 계백 장군의 결사 항전과 의자왕의 항복으로 끝을 냈다.
　부소산은 백제의 서울이었던 부여의 진산으로 높이는 100m 정도에 불과하지만 북으로 강을 두르고 고구려가 있는 북쪽을 막아 서있어 전략상 좋은 자리다.
　부소산은 옛 왕국 백제를 제쳐두고는 별 뜻도 없고 이야기거리도 없다. 부소산은 여느 산과 다르다. 부소산에 오르는 것은 백제의 영화와 백제의 얼 백제의 한 그리고 백제의 비극 속에 들어가는 것이다.
　부소산에 백제의 왕궁이 있었고 백제를 지킨 산성이 있으며 해를 맞고 달을 보내던 누각이 있고 곡식 창고 터가 있다. 또 병사가 머물렀던 터가 있고 백제의 궁녀들이 백제가 망하자 꽃처럼 강으로 뛰어든 낙화암이 있다.
　또 왕이 마신 약수의 샘이 있고 백제 사람들이 불공을 드린 절도 거기 있다.

삼충사

사자루

낙화암의 위

백마강과 유람선

○ **부소산성**	부소산에는 백제의 첫 도읍지인 경기도 하남 위례성의 도성과 비슷한 백제식 부소산성이 있다. 그 지형은 곰나루(공주)의 공산성과 비슷하다. 이 산성이 완성된 것은 성왕이 538년 사비로 서울을 옮긴 무렵이라 하며 처음 성을 쌓기 시작한 것은 500년쯤이고 뒤에 무왕이 605년에 성을 다시 고쳐 쌓았다 한다. 성은 산 고스락 부분을 테뫼식(머리띠 모양)으로 쌓고 그 주위에 다시 포곡식(골짜기를 둘러 싼 모양으로 그 안쪽이 낮은 분지가 있는 형식)으로 둘렀으며 흙과 돌을 섞어 다진 흙과 돌을 섞은 혼합식이다. 또한 비탈에 흙을 다진 축대를 쌓아 더욱 가파르게 했다. 이 성곽은 사적 제 5호로 길이가 2,495m이며 부소산을 감싸고 있다.
○ **반월루**	부소산의 남쪽 끝에 있는 누각으로 부여를 감싸고 흐르는 백마강과 부산 수북정 등 부여 시내를 한 눈에 조망할 수 있는 곳이다.
○ **영일루**	원래 영일대가 있는 부소산 동편에 있으며 계룡산의 연천봉에 떠 오르던 해를 맞이하던 곳이라 한다. 현재의 영일루는 옛 영일루 터에 세운 것으로 청마산성 나성 성흥산성 구룡 평야 등이 잘 조망된다. (충남 문화재 자료)
○ **사자루**	부소산 북쪽 가장 높은 곳에 있다. 원래 송월대가 있던 자리로 사방을 조망할 수 있는 곳이다. 백제시대 군사적인 망대가 있었던 곳으로 추정하고 있다. (충남 문화재 자료)
○ **삼충사**	백제의 세 충신인 성충 흥수 계백의 충절을 기리는 사당으로 1957년 건립되었다.
○ **궁녀사**	백제 의자왕이 20년(666) 사비성이 나·당 연합군에 의해 함락되자 낙화암에서 백마강으로 꽃처럼 떨어져 죽은 궁녀들의 충절을 기리는 사당
○ **백화정**	낙화암 위 가장 높은 곳에 있다. 백제 멸망과 함께 죽은 궁녀들을 추모하기 위하여 지은 정자.
○ **낙화암**	부소산 북쪽 백마강이 발아래 내려다보이는 높이 40~50m의 바위로 된 벼루. 여기서 궁녀들이 강으로 몸을 던졌다 한다. 이 암벽에 우암 송시열이 쓴 '落花岩(낙화암)'이란 글자가 새겨져 있다.
○ **고란사**	부소산 북쪽 백마강이 내려다보이는 바위 벽 위에 있다. 절 뒤 바위틈에서 나오는 약수와 바위벽에서 자라는 고란초로 유명한 절이다. 백제의 왕들은 이 고란사 약수를 즐겨 마셔서 정력이 좋고 위장병도 없었으며 감기도 걸리지 않았다고 한다. 왕은 여기 약수를 증명하기 위하여 고란초의 잎을 약수에 띄우게 했다 한다. 또 고란사의 약수를 마시면 한 잔에 3년 씩 젊어진다는 이야기가 있었다 한다. 어느 욕심 많은 노인이 이 약수를 너무 많이 마셔 어린애가 되었다는 전설도 있다.

그 밖에 곡식 창고가 있었던 군창지, 병사들이 쓴 움집 등이 복원되어 있다.

고란사

산행길잡이

| 산 길 | ❶ 삼충사-영일루-태자천-궁녀사 (약 1km로 대표적인 길)
❷ 삼충사-영일루-군창지(또는 태자골 숲속 길)-반월루-사자루-낙화암(백화정)-고란사-(유람선)-구드레 공원 (약 2시간)
❸ 부소산 옛 문-서복사 터-반월루-사자루-낙화암(백화정)-고란사-(유람선)-구드레 공원 (약 1시간)
들머리-부소산 매표소 |

| 교 통 | 부여 읍내여서 부여에 가면 걸어서도 찾아갈 수 있다. |

| 조 망 | 북 ⇨ 계룡산, 노성산, 향적산
동 ⇨ 국사봉, 천호산, 작봉산, 까치봉, 성태봉, 천호산, 미륵산
남 ⇨ 성흥산, 천방산, 작태봉, 월명산
서 ⇨ 아미산, 옥마산, 만수산, 축융봉, 성주산, 백월산, 천마봉, 칠갑산, 대덕봉, 국사봉 |

info | **484m** ● 예산군 대흥면, 홍성군 금마면

03 봉수산

봉수산의 경관

봉수산에 봉수대도 있었기 때문에 봉화를 뜻하는 봉수산(烽燧山)으로 알지만 여기 봉수산(鳳首山)은 봉의 머리를 뜻한다. 거기에 아름답다는 뜻도 들어있다.

봉수산은 평범한 산이다. 그렇지만 동고서저(東高西低)의 우리나라 지형에서 서해에 가까운 예산과 홍성 경계 언저리에 표고 500m에 가까운 484m의 산은 그리 흔하지 않다.

봉수산은 호수를 낀 아름다운 산인데다 중국 당나라와 신라에 의한 백제의 멸망, 그 부흥운동과 내분에 의한 실패 등 백제와 관련된 임존성, 옛 절 대련사, 형제우애의 상징 효제비, 대원군의 척화비, 옛 관아 향교, 휴양림, 호수낀 관광마을, 재미있는 전설까지 담고 있어서 봉수산은 산행을 통하여 자녀교육과 역사 관광을 할 수 있는 가족산행으로 우리나라 최고의 산임이 분명하다.

봉수산은 그 자체만으로도 아름다운 산이다. 바위가 적어서 기암괴봉은 없으나 숲이 좋고 흙으로 된 산이기 때문에 편안하며 오솔길을 걷는 재미가 좋다. 그리 높지 않고 산자락에 마을들이 많지만 숲이 짙어서 길이 아닌 곳은 함부로 들어갈 수 없는 산이다. 이 숲을 바탕으로 시설 좋은 휴양림을 만들어 놓고 있다.

봉수산이 무엇보다 좋은 것은 동쪽으로 넓게 자리잡고 있는 예당저수지다. 바다처럼 넓지는 않지만 꽤 큰 호수가 봉수산과 잘 어울린다.

근처에는 예당관광지도 조성되어 있다.

예당호 건너에서 본 봉수산

성 안에 억새밭도 꽤 넓다. 가을에 성을 따라 걸으면 호수와 숲과 어울려 있는 성이 매우 색다른 느낌을 준다. 성과 억새밭에는 옛날부터 알려져 있는 샘도(백제 임존성 청수)있고 조망이 좋은 장수바위도 있다. 이 장수바위의 남쪽이 억새밭 성 등으로 확 터져 있어 조망이 좋다. 그래서 장수바위가 사실상 주봉 노릇을 하고 있다.

상봉은 이 성터에서 내려섰다가 올라 간 곳에 있으나 조망이 별로 좋지 않다. 오히려 상봉에서 큰비티 고개 쪽으로 내려선 삼거리(휴양림 길) 소나무가 좋고 넓어 쉬기에 좋다.

봉수산과 임존성

봉수산의 임존성은 한산의 주류성과 함께 백제 멸망의 과정과 깊은 관계가 있다. 임존성은 사적 제 90호로 백제 유민의 충혼이 서려 있는 곳이다.

백제가 나・당연합군의 대 공격을 받자 복신(무왕의 조카이며 의자왕의 동생)은 임존성에서 마지막 항전을 했고 백제가 망하자 도침(승려), 흑치상지(장군)등이 일본에서 왕자풍을 모셔오고 왜병 5천여 명을 끌어와 임존성을 근거로 백제 부흥운동을 펼쳐 한때는 사비성까지 쳐들어가 당나라 장군 유인원을 공격해서 큰 전과를 올리기도 했다.

그러나 복신은 도침을 죽이고 왕 풍은 복신을 죽이는 등 내분이 일어나 결국 부흥운동은 실패하고 말았다.
임존성은 백제가 고구려의 침입에 대비하여 쌓은 것으로 추측되고 있다.

이성만·이순 형제의 우애를 기린 '효제비'

신증동국여지승람에는 임존성 이야기가 있지만 특별히 이성만·이순 형제의 이야기도 써 있다. 그 내용은 '성만이 그 아우 순과 더불어 효성이 지극했다. 부모가 죽으매 성만은 아버지의 묘를 지키고 순은 어머니의 묘를 지키면서 각각 애통하고 공경하며 삼가기를 다하였다. 3년의 복제를 마치고는 아침에는 아우가 형의 집으로 가고 저녁에는 형이 아우의 집을 찾았으며 한 가지 음식이 생겨도 서로 모여 만나지 않으면 먹지 않았다. 이 사실이 임금에 보고되어 정문을 세워 표창하였다.' 로 되어 있다.

우리가 초등학교 교과서에서 배운 바와 같이 추수를 하고 나면 형제가 서로의 형편을 걱정하여 밤에 서로 몰래 벼 가마를 가져다 놓았다는 내용은 신증동국여지승람에는 없다. 그러나 전하는 이야기에서는 '벼 가마를 서로 가져다 놓았다' 하며 대흥면사무소 정 문 앞에 있는 조형물도 양편에서 형제가 서로 상대편을 향하여 벼 가마를 지게에 지고 가는 모습으로 되어 있다.

예산 소개 책자에 '신증동국여지승람에 대흥호장 이성만 이순 형제가..' 로 되어 있으나 신증동국여지승람 내용과는 다르다. 동양 윤리의 기본인 효도와 형제 우애를 실천으로 보여주었던 이성만·이순형제의 이야기를 현장에서 느껴보는 것은 귀한 교육이 될 수 있다.

그 밖에 봉수산 산자락의 전설과 볼거리들

장수감이었던 묘순과 묘덕이의 슬픈이야기가 '묘순이 바위 이야기' 로 전해지고 있고 옛 대흥관아 건물 대흥향교 건물 대원군의 척화비 그밖에 예당관광 단지 등 봉수산 자락에는 이야기와 볼거리가 많다.

동산리에서 임존성으로 올라가는 길가 봉수산 중턱에 있는 대련사는 유서 깊은 절이다. 의자왕 16년(656년)에 백제 부흥운동의 주역의 한사람이었던 도침스님과 의각스님이 창건했다는 이 절은 여러 차례의 보수를 거쳐 지금에 이르렀고 임존성 안에 연당(연꽃 연못) 연정(연꽃 샘)이 있어서 대련사라는 이름을 얻었다 한다.

봉수산의 숲

의좋은 형제의 상

산행길잡이

산 길 고스락을 중심으로 세 갈래의 길이 있다. 그러나 어느 길로 가던 임존성과 장군바위는 반드시 거쳐야 하기 때문에 동산리에서 시작하여 대련사에 들리고 임존성과 장군바위를 거쳐야 한다. 따라서 휴양림 길과 큰비티재 길은 하산길로 해야 한다.
- ❶ **대련사 산성 길 :** 동산리 마을회관 – 대련사 – 임존성 – 장군바위 – 장군바위 삼거리 – 고스락 (약 1시간 30분)
- ❷ **휴양림 길 :** 면사무소 – 큰비티재 갈림길 – 휴양림 – 고스락 (약 1시간 30분)
- ❸ **큰 비티재 길 :** 면사무소 – 휴양림 갈림길 – 큰비티재 – (등성이 길) – 고스락 (약 2시간)

교 통 예산이 거점이 된다. 예산에서 30~40분 간격으로 대흥으로 가는 시내버스가 있고 예산 청양 사이를 오가는 직행버스 가운데 대흥을 거치는 버스가 15~20분 간격으로 있기 때문에 교통이 편리하다.

관광버스 승용차 : 예산이나 홍성에서 21번 국도를 타고 가다 예산 쪽에서는 응봉에서 619번 지방도로로 홍성 쪽에서는 배양에서 616번 지방도로로 들어서면 대흥으로 가게 된다.
청양으로 가는 것이 편리한 남쪽 지방에서는 청양에서 29번 국도를 타고 홍성으로 가다 광시면에서 619번 지방도에 들어서면 바로 예당호반의 대흥에 이른다.
대전 호남등 공주가 가까운 지방에서는 공주에서 32번 국도를 타고 이름난 차동고개를 넘으면 바로 신양(예산군)이다. 신양에서 616번 지방도를 타면 곧 예당호반의 대흥에 이른다.

조 망 북 ⇨ 금오산, 관모봉, 안락산, 봉수산, 광덕산, 천방산, 극정봉, 금계산, 국사봉, 갈미봉
동 ⇨ 무성산, 천불산, 천봉, 국사봉, 법산, 대덕봉, 문박산, 남산, 축융봉
남 ⇨ 천마봉, 백월산, 성주산, 오서산, 아차산
서 ⇨ 일월산, 도비산, 삼준산, 연암산, 용봉산, 수덕산, 가야산

info | **455m** ● 연기군 전동면, 전의면

운주산의 경관

온 산이 짙은 숲으로 덮여 있고 기도바위 등 이름이 붙어있는 바위도 있으며 약수터도 있다. 꽤 규모가 큰 고산사라는 절도 있다. 고스락에는 10여 m가 넘는 '백제의 얼'이란 높다란 탑이 있고 남쪽 가까이에 300평방m는 됨직한 둥근 언덕이 있다. 그 언덕 위에 군민의 안녕을 기원하는 고유문을 새긴 석조 제단이 상징탑을 향해 놓여 있다. 청주 천안 조치원 시가가 이 고스락에서 보이고 운주산 밑을 관통하는 경부고속철도도 보인다.

운주산성의 문헌과 백제의 얼

경부선 철도와 1번 국도로 전의(연기군) 근처를 지날 때 동 쪽으로 꽤 덩치가 큰 산이 보인다. 운주산성이 있는 운주산이다.

신증동국여지승람의 기록으로는 전의 동쪽의 산을 운주산(雲住山)이라 하기에는 미심쩍은 점이 있다. 신증동국여지승람 전의현 편 산천 란에는 '현 남쪽 7리에 있는데 증산(甑山) 고산(高山)과 더불어 솥발 모양으로 솟아있다'로 되어 있다. 또 운주고성은 '동 남쪽 8리에 있는데 둘레가 1,528척이고 우물이 하나 있다. 속칭 금성산성이라고 한다.'로 되어 있다.

한편 산천란에 '금성산 현 남쪽 8리에 있다. 돌로 쌓은 옛 성이 있다' 했고 '증산 현

서북쪽 5리에 있는데 이 고을의 진산이다' 했으며 고산 현 동쪽 8리에 있다' 고 적혀있다.
 또 성지 란에는 '증산 고성 서북쪽으로 5리에 있는데 둘레가 32척이고 우물이 하나 있다' 했으며 '고산고성 동쪽 8리에 있는데 둘레가 5,132척이고 우물이 하나 있다' 라고 했다. 신증동국여지승람의 기록과 현재의 산 이름이 다른 것이다. 이에 대해서 조치원 문화원에서 발행한 '연기의 산 이야기' (편집인 임영수 연기향토박물관장)는 신증동국여지승람에 있는 고산이 현재의 운주산이며 운주산은 현재의 금성산 혹은 비암산이라는 것이다.
 착오를 일으키게 된 것은 고산자가 대동지지에 전의 남쪽에 있는 운주산을 동쪽에 있다고 한데서부터 시작되었다고 할 수 있다. 400년 전에 만들어진 비암사의 괘불에도 운주산 아래 비암사가 있다고 되어 있다 한다.
 연기 운주산성 발굴조사 보고나 그 어디에도 운주산성이 백제 때 쌓은 성이라는 확증은 없다. 그러나 전설이나 여러 가지 상황으로 보아 백제가 쌓은 성으로 간주되고 있는

운주산성

고산사 아래 위락시설 피수골

상태다. 연기의 향토학자들은 여기 운주산성을 백제가 쌓은 성으로 보며 백제 부흥군의 마지막 거점으로 간주하고 있다. 그래서 많은 백제군이 고국을 지키기 위하여 또는 고국의 부흥을 위하여 장렬히 싸우다 순절한 장졸들의 넋을 위로하기 위하여 운주산 고스락에 높다란 '백제의 얼' 상징탑을 세웠고 산 중턱 길가에는 백제국의자대왕위혼비(百濟國義慈大王慰魂碑)도 세운 것이다.

전하는 이야기에 의하면 운주산성이 백제 부흥군의 최후 보루(거점)였으며 이 근처가 고구려와 신라 백제가 서로 이기려고 싸운 전장이었다는 것이다. 그 때문에 운주산성에는 군사와 주민 3천명이 숨어들었다는 '삼천굴'이 있었고 어린이의 울음소리 때문에 신라군에 발각되어 3천명이 몰살당했다는 이야기와 그 때 낭자했던 피 때문에 '피수골'이라는 이름도 생겨나지 않았나 추측하고 있다.

임영수씨의 이야기에 의하면 운주산 주변에는 고산 증산 금성산 등 17개의 산에 산성터가 있다 한다. 이 일대가 옛 날 삼국의 각축장이었음을 엿볼 수 있는 이야기다. 그 많은 산성 가운데 운주산이 가장 높고 산성도 규모가 크다.

여하튼 운주산에는 긴 성터가 있고 일부는 잘 복원도 되어 있다. 지금도 피수골 윗부

성조제단   백제의 얼

분의 광장이 복원 공사중에 있으며 산길도 정비되어 있다. 성을 따라 산을 한 바퀴 돌 수도 있게 되어 있고 정자도 곳곳에 있다.

운주산과 삼산이수(三山二水)

　운주산 북쪽 신정리 골짜기 거의 막바지에 지금은 희미하여 잘 보이지 않지만 분명 삼산이수(三山二水)라 쓴 바위가 있다. 그 바위에서 하나는 위로 솟고 하나는 아래로 흘러 나오는 두 줄기의 물줄기가 있다. 남 녀의 오줌줄기로 비유되기도 한다. 이 석간수가 맑고 시원하여 지금도 꽤 먼 아랫마을 사람들이 이 물을 떠다 마시고 있다.

　운주산 북쪽 관정리 신정리 봉양리 일대에서 보면 운주산이 세 봉우리로 되어 있기 때문에 삼산이라 하며 두 골짜기의 물이 이곳에서 만나기 때문에 이수라 한다는 이야기를 마을 노인에게서 들었다.

　이곳의 경관이 좋아서 옛 날에는 두 물줄기가 합친다 해서 쌍류정(雙流亭)이란 정자가 있었다고 한다. 지금 그 정자 자리에 정체를 알 수 없는 집 한 채가 있다.

　주 등산로가 되는 산성 아래 피수골은 운주산에서 경관이 가장 아름답다. 숲 속의 개울이 좋고 물도 맑다. 기도터도 있고 삼천굴도 근처에 있다는 이야기는 있으나 정작 굴은 보이지 않았다.

고산사는 신증동국여지승람에 고산에 고정암이 있었다는 기록과 고산이라는 이름에서 최근에 절을 짓고 '고산사'라는 이름을 붙였다 한다. 고산사 아래 주차장에도 문화해설사가 대기하고 있는 건물과 매점이 있다. 주차장 일대는 정자 돌탁자 물레방아 연못 관상수 등의 시설이 좋아서 많은 탐승객들이 즐기는 곳이다.

백제의 얼 상징탑과 군민의 안녕을 비는 고유문이 있는 이 운주산의 고스락에서는 해마다 정초에 해맞이 행사와 산제가 펼쳐지며 10월에는 백제 고산제도 베풀어지고 있다 한다.

산행길잡이

산 길
① 운주산 들머리(운주산 안내 표석)-주차장-고산사-(피수골)-광장(복원성터)-백제의 얼 상징탑, (약 1시간 30분) 광장에서 세 갈래 길이 있다.
- 광장에서 계류를 따라 오르다 왼편으로 오르는 길이 좋고 가장 가깝다. (약 30분)
- 광장 서편의 산허리를 돌아 오르는 길 약 45분
- 동쪽 산줄기(복원 된 산성 위로 길이 있다.) 비탈을 오르다 등성이를 따라 오르는 길 (약 1시간)

② 운주사 주차장-다리-임도-의자대왕 위혼비-광장-고스락 (2시간 30분)
③ 운주산 주차장-다리-2차선 포장 임도-광장 (약 2시간 30분)

교 통
연기군 전의면을 거점으로 해야 한다. 1번 국도가 전의를 지난다. 따라서 고속도로 기차 무엇을 이용하든 1번 국도를 타고 전의를 찾아가야 한다. 전의를 조치원 쪽으로 벗어나면(조치원 쪽에서는 전의 직전) 바로 운주산 안내 표석이 상행선(천안 방향) 오른편으로 보인다. 이 표석이 바로 운주산 주차장 들머리다.

조 망
북 ⇨ 태조산, 개죽산, 은석산, 작성산, 환희산, 두타산
동 ⇨ 우암산, 봉무산, 샘봉산, 금병산, 우산봉, 장군봉
남 ⇨ 삼불봉, 계룡산, 천태산, 작성산, 금성산, 국사봉, 무성산, 갈미봉, 국사봉, 금계산, 극정봉, 천방산, 봉수산
서 ⇨ 광덕산, 망경산, 태화산, 배방산, 흑성산

info | **금성산 424m** ● 연기군 전의면 | **비암산 385m** ● 전동면

05
금성산과 비암산

금이산성

금성산과 비암산은 공주시와 연기군의 경계를 이루는 금북정맥의 국사봉(403m)에서 동쪽으로 갈라져 말발굽을 이루는 산줄기에 나란히 솟아있는 산이다.

신증동국여지승람에 금성산이 운주산이며 현재 운주산으로 알고 있는 산은 고산이라는 것을 운주산 편에서 밝힌 바 있다. 그러나 조금은 불분명한 점이 있다.

신증동국여지승람에 전의현 편 산천 란에 '운주산, 현 남쪽 7리에 있는데.....' 했으면서도 이어 '금성산 현 남쪽 8리에 있다. 돌로 쌓은 옛 성이 있다' 했고 고적 란에는 '금이성, 운주산에 있다. 돌로 쌓았으며 주위가 1,528 척이다. 안에 우물이 하나 있는데 지금은 폐해졌다.' 하고 있다. 그런데 또 성지 란에는 '운주산 고성, 동남쪽 8리에 있다. 둘레가 1,528 척이고 우물이 하나 있다. 속칭 금성산성이라고 한다.' 하고있다.

운주산과 금성산이 1리 차이가 있고 금이성이나 운주산 고성의 둘레가 1,528척으로 같은 점으로 미루어 볼 때 현재의 금성산을 옛날에는 운주산이라 했으며 금성산이라 부르기도 한 것 같다.

산성도 '운주산 고성' 또는 '금이산성'이라 했던 것 같다. 연기 현지에서는 금성산을 금이산 등 다른 이름으로 쓰기도 하고 철성 또는 철옹성 철성산(鐵城山)이란 이름도 있다. 그러나 여기서는 국토지리정보원의 지형도에 나타난 이름대로 금성산이라 썼으며

금이산성

비암산은 공식지도에 나와 있지는 않지만 유명한 비암사의 주산으로 여겨 편의상 비암산이라 했다.

  금성산 고스락에는 금이산성(金伊山城)이 있다. 문헌 그리고 조치원문화원과 연기향토사연구소에서 발행한 '두번째 연기의 산 이야기'에 의하면 금성산 주변에는 금이산성 외에도 이성(李城) 작성(鵲城) 송성(松城) 등 여러개의 성이 있다고 한다.

  여러 성 가운데 금이산성은 가장 뚜렷하며 두드러지게 보인다. 이 성은 돌로 축대가 아닌 돌담을 쌓은 형식이어서 매우 튼튼하며 동문 서문 북문 자리가 밝혀져 있다 한다. 몇몇 연기의 향토학자들은 금이산성이나 고산산성(현 운주산성)이 백제 부흥군의 최후 거점이었다는 주장을 하기도 한다. 왕이 머무른 성의 이름에 금(金) 자가 든 이름이 많은 것으로 보아 금이산성의 이름에 금 자가 들어있는 것도 왕이 머물렀다는 증거라고 주장한다.

  금이산성에도 흔히 있는 장사 남매의 힘겨루기 전설이 전해지고 있다 한다. 아들은

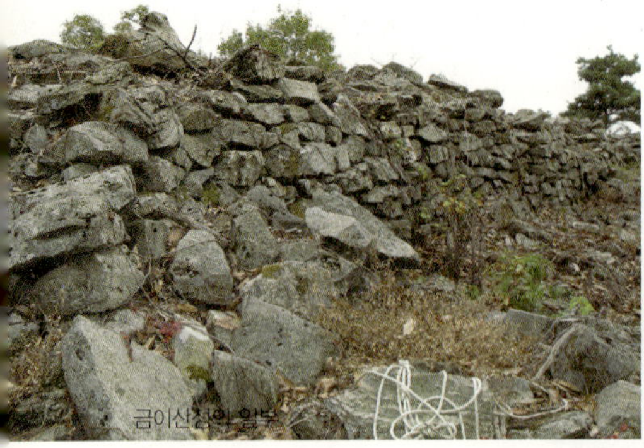

금이산성의 일부

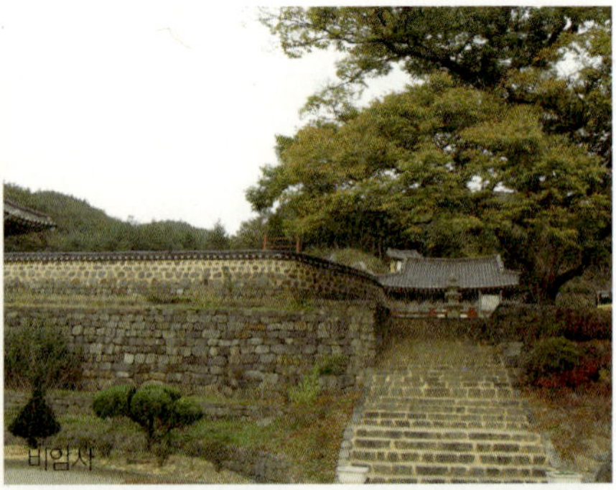

비암사

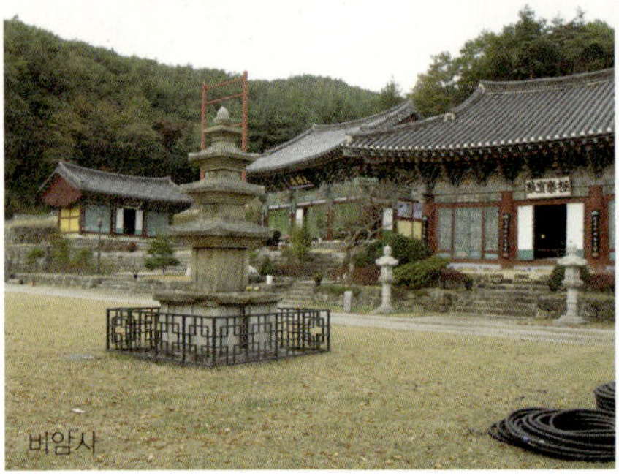

비암사

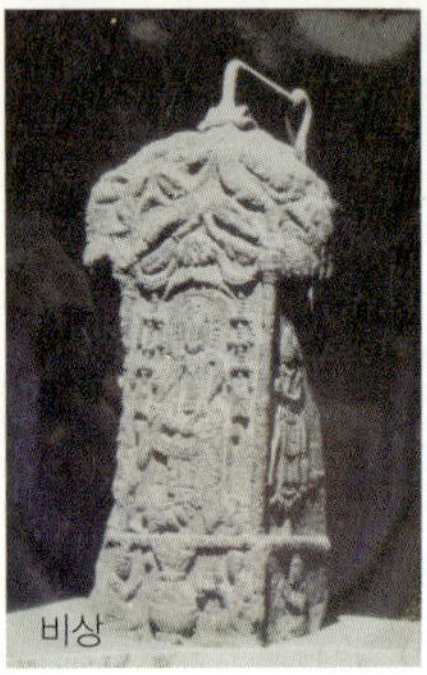

비상

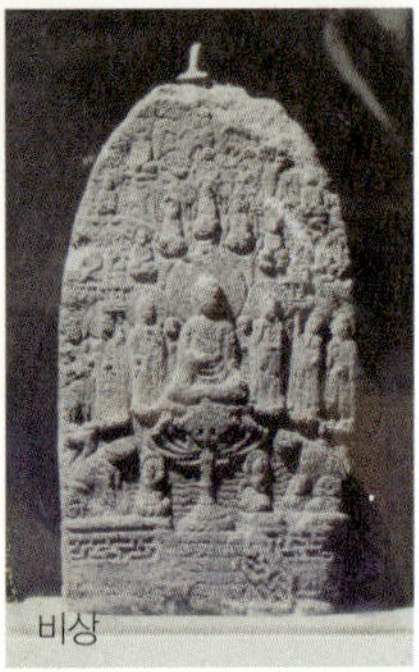

비상

서울에 가서 황소를 구해오고 딸은 성을 쌓기로 한 목숨을 건 내기를 했다. 딸이 성을 다 쌓아서 마지막 단계가 되었을 때 남매의 어머니가 뜨거운 팥죽을 딸에게 먹도록 했다. 딸이 그 뜨거운 팥죽을 식히며 먹는 사이 아들이 황소를 몰고 들이닥쳤다. 딸은 내기에 져 절벽에서 몸을 던져 죽었다는 이야기다.

백제 부흥운동과 비암사

금성산에 이어진 비암산의 끝자락에 비암사(碑岩寺)라는 유서 깊은 절이 있다. 원래 이 비암사에는 3위의 비상(碑像)이 전해왔다. 이 것을 1960년에 발견 조사하여 모두 국보 보물로 지정하고 국립중앙박물관에 이관 보존하고 있다. 비상이란 석비 모양으로 조성한 불상으로 특이하게도 이 비상이 3위나 이 절에서 나왔기 때문에 절 이름을 '비암사' 라 한 것이다.

연기지와 연기군지에는 비암사가 한(漢) 선제 오봉 원년(서기전 57년, 신라 혁거세 1

년)에 창건되었다는 기록이 있고 고려 초 도선국사가 창건했다는 기록도 있다 한다.

정확한 창건 기록은 없지만 국보 106호 지정된 '계유명전씨아미타불삼존석불'의 내용으로 보아 적어도 673년에는 이미 절이 창건되어 있었음을 알 수 있다 한다. 비암사가 백제 부흥운동과 관련이 있을 것이라는 것도 이 석불비상의 명문 내용 때문이다.

660년 백제가 망한 뒤 만들어진 백제유민에 의해 만들어진 것으로 보이는 이 석불비상이 전(全)씨의 발원에 의하여 백제대왕과 대신 전씨의 7세 부모함령(含靈-중생)을 위해 만들어졌다는 것이다. 또 매년 4월15일에 제(祭)를 지내왔다는 내용도 있다.

백제 유민의 한과 비원이 담긴 석불비상의 사연은 매우 깊은 뜻을 담고 있다. 그래서 연기군에서는 매년 4월에 연기고적보존회 주관으로 비암사에서 백제대제를 지내고 있다. 백제의 역대 대왕 대신, 부흥운동을 위하여 목숨을 바친 호국영령들의 충혼을 추모하기 위한 것이다.

비암사는 극락보전 대웅전 명부전 산신각 범종각 요사채가 있고 경내에 수령 수백년의 느티나무가 있다.

금성산 비암산의 경관

금성산과 비암산은 평범한 산이다. 지도에는 작성산(332m)과 금성산이 전의면과 전동면 경계에 남북으로 나란히 앉아있다. 사실 이 산줄기는 북쪽의 작성산부터 이어져 내려와 비암산까지 이어진다. 이 산줄기의 동쪽은 627번 지방도 서쪽은 691번 지방도가 산줄기와 나란히 남북으로 달리고 있고 동쪽은 전동면 송성리이며 서쪽은 전의면 양곡리와 달전리가 자리잡고 있다.

금성산과 비암산이 평범하다고 하는 것은 특별히 높거나 바위가 많고 기암괴봉이 있는 것도 아니며 따라서 경관이 썩 좋은 점도 없다는 뜻이다. 그저 짙은 숲으로 덮여 있고 산성이 있고 유서 깊은 절이 있을 뿐이다.

산이 낮고 험하지 않기 때문에 임도가 산등성이를 따라 길게 이어져 있다. 임도는 북쪽 개미고개에서 시작하여 등성이를 따라 작성산 금성산 등성이 아래를 지나 달전리에서 송성리로 넘어가는 서낭당고개까지 뻗쳐있다. 이 부분은 등산로 표지도 되어 있고 산길도 좋다. 그러나 서낭당고개에서 비암산을 지나 비암사까지는 길이 희미하고 나무에 가려 방향조차 짐작할 수 없기 때문에 길을 잃기 쉽다. 주위를 잘 살피면서 서남쪽으로 뻗은 등성이를 탈 수 밖에 없다.

  금이산성에는 도 지정 기념물 78호라는 안내판과 작은 철문이 있고 길이가 714m 폭 4.5m~5m 높이 3m 이며 북단 동남 서남단에 망루 형태가 있으며 고려 때 쌓았을 것으로 추측된다는 설명이 있다.

  별로 힘들지 않는 숲속 등성이 산길을 느긋하게 걷고 산성과 유서 깊은 절을 둘러보는 데 금성산과 비암산 산행의 즐거움이 있다.

산행길잡이

산 길   개미고개에서 시작하여 작성산 금성산 비암산으로 종주할 수도 있으나 너무 단조롭고 길어서 재미가 없다.
① 달전리 마을회관-임도-금성산(금이산성)-서낭당고개-비암산-비암사 (약 3시간)
② ①번의 역으로 비암사에서 시작하여 비암산-서낭당고개-금성산(금이산성)-달전리 마을회관으로 내려간다.
③ 산을 탄 뒤 금이산성이나 비암사 한쪽만을 보고자 할 때는 달전리 마을회관에서 서낭당고개로 올라 금이산성 또는 비암산 어느 한쪽으로 길을 잡으면 된다.

교 통   철도 고속도로 1번국도를 통해 조치원 또는 전의로 가야한다. 전의에서 공주로 가는 391번 지방도가 금성산의 산행기점인 달전리와 비암사가 있는 다방리를 지나고 있다.
조치원에서 604번 지방도를 타고 고복저수지와 청라리를 지나 도신리(공주군 의당면)에서 691번 지방도로 갈아타고 전의 쪽으로 가도 다방리와 달전리에 갈 수 있다.
조치원에서 다방리(비암사)로 가는 버스가 06:25, 08:15, 16:35, 18:25 네 차례 있다. 이 버스로 조치원에서 전의까지 25분에서 30분이 걸리고 전의에서 다방리까지는 15분에서 20분이 걸린다.
이 버스는 다방리에서 바로 되돌아 다시 전의를 거쳐 조치원으로 돌아간다. 전의나 달전리 또는 다방리에서 이 군내 버스를 이용하려면 위 시간을 참고하면 된다.

조 망   북 ⇨ 흑성산, 은석산, 운주산, 망경산, 동림산
동 ⇨ 봉두산, 샘봉산, 계족산, 식장산, 금병산, 우산봉, 장군봉, 계룡산
남 ⇨ 천태산, 국사봉, 무성산, 갈미봉, 국사봉, 금계산, 극정봉
서 ⇨ 천방산, 봉수산, 광덕산, 만경산, 태화산, 배방산

info | **565m** ● 청양군 남양면, 보령시 청라면 나원리

06
백월산

충남 중서부 금북정맥 남단의 명산 백월산

충청남도를 동부와 서부로 나누고 또 동부와 서부를 북으로부터 각각 북 중 남 셋으로 나눈다면 서부의 북부에는 그런대로 좋다는 산들이 많다. 예산의 가야산 덕숭산 용봉산 서산의 팔봉산 보령 홍성의 오서산 등이 알려진 산들이지만 중부에는 칠갑산 성주산 만수산 등 두어 개의 산이 조금 알려져 있을 뿐이다. 그나마 서천 쪽에는 알려진 산이 없다. 거기 남부에는 들과 야산이 많지만 알려진 산들은 거의 없는 것이다.

청양 부여 보령의 경계에 있는 백월산 성태산이 괜찮다는 말을 듣고 솔깃했다. 금북정맥이 거쳐 가는 산이며 금북정맥에서 가장 남쪽에 있는 산으로 금북정맥의 남북 반환점에 앉아 있는 산이지만 별로 알려지지 않은 산이었다.

그러나 알고 보니 꽤 좋은 산이어서 부산 서울 대구 인천 호남과 경기의 광주 등지에서 많은 사람들이 다녀가고 있으며 호남의 광주 일대에서는 백월산이 많이 알려져 있어서인지 그 쪽에서 많은 산악회가 백월산 산행을 하는 모양이었다.

백월산은 산세가 칠갑산과 비슷하다. 충청도의 산답게 충청도 기질처럼 겉모습은 부드럽고 순해 보였으나 산 속으로 들어가 보면 꽤 험한 곳도 있고 상투바위 줄바위 등 경관이 좋고 아기자기한 바위들이 곳곳에 자리 잡고 있어 산행의 맛이 좋다.

무엇보다 백월산이 좋은 것은 산이 깨끗하고 숲도 무척 울창한 것이다. 곳곳에 으름이

백월산 전경

주렁주렁 매달려 있는 것을 볼 수 있었고 월산사가 자리 잡고 있었다는 석축을 한 넓은 절터도 있었다.

  백월산은 성주탄광에서 가깝기도 하지만 이 일대에도 폐광된 탄광의 흔적이 많이 눈에 띄었다. 월산사도 탄광 때문에 물줄기가 끊기면서 절이 없어지게 되었다 한다.

  월산사에서 내려오는 개울도 맑고 좋으며 원점 회귀의 산행 기점과 종점이 되는 공터 옆에 있는 백금저수지 물도 깨끗하다.

  또 백월산의 특이한 점은 온 산의 바위가 퇴적암의 역암으로 마치 강자갈을 시멘트와 버무려 놓은 것 같아 신기하다. 그래서 고스락에도 바위에서 떨어져 나온 강자갈처럼 매끈한 자갈이 많고 더러는 조개껍질도 볼 수 있다 한다.

  산행시간도 3시간이면 넉넉하여 은발들이 산행하기에 좋았고 청양이나 보령 사람들이 짬을 내서 백월산을 다녀가기에 아주 좋은 산이다.

  3시간의 산행이 양에 차지 않으면 금곡에서 산행을 시작하여 절골로 절터를 거쳐 고스락에 오른 다음 다리재를 그대로 지나 631m의 성태산까지 싸잡아 돌고 행여봉을 앞에 두고 옥과실고개에서 금곡 또는 수신리 쪽으로 내려오면 4시간 30분의 짱짱한

산행도 될 수 있어 좋다.

백월산과 부여 왕실 이야기

　백월산은 청양과 보령의 경계에 있는 산이어서 청양의 남양면 백금리 금곡에서 오를 수 있고 보령시 청라면 나원리에서도 오를 수 있지만 금곡이 활처럼 굽은 백월산 줄기의 안쪽에 자리 잡고 있어 승용차를 이용한 회귀산행에 좋고 교통도 편리할 것 같았다.

　백월산(白月山)이란 이름의 유래가 궁금했는데 이곳 면장 출신인 김진업씨는 남양 사람들이 그 산 위로 달이 지는 것을, 청라 사람들은 그 산 위로 달이 뜨는 것을 늘 보아 오기 때문에 붙여진 이름이라고 설명했다. 현지 사람들은 그저 '월산'이라 부르는 사람들이 많았다. 또 그는 백월산의 산세가 북쪽 화성면 쪽으로 머리를 숙이는 모양이어서 화성면에 인물이 많이 난다는 전설이 있다고 말해주었다. 그러나 남양에서도 많은 인물이 배출되었다고 덧붙였다. 백월산의 등성(주릉)이가 북쪽으로 바위벼랑을 이루고 있어 어찌보면 고개를 숙이는 모양 같기도 하다.

'남양면'의 전 이름은 '사양면(斜陽面)'이었다 한다. '해가 기울었다'는 뜻의 '사양'이 고을의 이름이 된 유래도 재미있었다.

백월산 자락이라 할 수는 없지만 남양면의 금정리에 매우 좋은 물이 나오는 우물이 있다 한다. 그래서 이 마을의 지명도 '황금 우물'이란 뜻의 '금정리'가 된 것이다. 이 우물의 물이 좋아서 백제의 왕들은 왕도 사비성(부여)에서 90리(36km)나 되는 이 금정에서 물을 길어 가져다 마셨다 한다. 물을 짊어지고 가는 왕궁의 사람들이 남양면의 온직리와 부여군 장평면 거전리 사이에 있는 고개를 넘을 때 해가 기울어서 그 고개 이름을 '사양치(斜陽峙)'라 했고 이 '사양치'의 '사양'이 청양군 남양면의 이름이 된 것이다.

그러나 '사양'의 뜻이 '지는 해'로 좋지 않다 해서 1987년 '사양면'의 이름을 '남양면'으로 고쳤다. 지금도 '사양치'의 고개 이름은 그대로 남아 있다.

백월산의 기점과 종점으로 이용되는 마을 '금곡'은 '거문고 골짜기'라는 뜻으로 마을의 지형이 거문고처럼 생겼다 해서 붙여진 이름이며 백금리도 '하얀 거문고'라는 뜻이라고 말했다.

산행길잡이

| 산 길 | 백월산이 청양 보령 경계에 있는 산이어서 백월산에 오르는 길도 청양의 남양면 백금리의 금곡, 보령시 청라면 나원리서 오를 수 있다. 성태산은 부여 청양 보령의 경계에 있는 산이기 때문에 성태산을 오르거나 백월산에서 성태산까지 돌려면 부여군 외산면 수신리를 거치거나 금곡을 거쳐야 한다.
그러나 백월산만을 오르고자 하면 교통 거리 경관 그리고 승용차 이용 등을 생각 할 때 청양군 남양면의 금곡마을이 산행을 시작하고 끝내는 데 가장 좋다.
금곡 저수지 옆 공터 - (절골) - 절터 - (왼 편)골짜기 길 (또는 오른 편 등성이 길) - 잘록이 - 500m봉 - 헬기장 - 줄바위 - 고스락 |

	하산은 고스락-남서릉-다리재-광산길(임도)-금곡저수지 옆 공터가 된다. 산행시간은 3시간이면 느긋하게 한 바퀴 돌아올 수 있다.
교 통	보령시 청라면에서 산행을 시작하거나 끝내지 않는 한 청양읍을 백월산 산행의 거점으로 삼아야 한다. 청양은 교통의 요지여서 서울은 물론 대전 공주 예산 부여 보령 등 각지에서 직행버스가 다니고 있다. **대중교통 :** 청양에서 백금리(금곡)까지 하루 7회 군내버스가 왕복하고 있다. 청양 출발이 6:10, 8:25, 10:40, 12:00, 14:10, 16:20, 19:40이며 백금리에서 청양으로 돌아가는 시간은 위의 청양 출발시간에 25분을 더하면 된다. 그 버스가 바로 되돌아가기 때문이다. 성태산까지 돌아 옥과실(부여군 외산면 수신리)로 하산할 경우에도 청양으로 왕래하는 버스가 1시간 간격으로 있다. **승용차 관광버스 :** 청양에서 구룡리(남양면)를 거쳐 화성면청이 있는 합천리로 가는 610번 지방도를 타고 가다 백금초등학교 근처에서 백금리 금곡으로 들어가는 길로 들어서면 된다. 관광버스 등 큰 차는 저수지 공터까지 들어갈 수 없다. 금곡 마을회관에 차를 세워두어야 한다. 마을회관에서 저수지까지 걸어도 7분-8분이면 된다.
명 소	**고운 식물원 :** 청양 산골에도 '고운 식물원'이라는 좋은 식물원이 있다. 이 식물원은 청양읍 군량리 약 6만 평의 땅에 약 4,500종의 식물을 보유하고 있다. 34년 간 조경사업으로 성공한 이주호 사장이 조경사업과 관련이 있는 식물원을 만들어 사회에 기여하고자 하는 뜻으로 돈벌이와는 상관없이 막대한 투자를 해서 만든 식물원이다. 단풍나무 300여 종 비비추 150여 종 장미 220여 종 무궁화 140여 종 작약 목단 200여 종 붓꽃 220여 종을 대표 수종으로 4,500여 종의 식물이 전시되고 있어 4월이면 아름다운 꽃바다를 이룬다고 한다. 장미원 무궁화동산 전망공원 단풍나무원 붓꽃원 상록수원 야생화원 조각공원 작약 목단원 튤립원 관목원 유실수원 철쭉원 수생식물원 비비추원 등으로 이루어져 있고 곰 등 몇 가지 동물도 기르고 있어 한바퀴 돌아보는 데 1시간 30분이 걸린다. 이밖에도 식당 매점 전망대 원두막 통나무집 공연장 등 편의시설도 되어 있어 편리하다. 입장료가 8,000원이며 아침 9시부터 여름에는 오후 6시까지 겨울에는 오후 4시까지 문을 여는 이 식물원을 산행 뒤 둘러보는 것도 좋을 것으로 생각된다.
조 망	북 ⇨ 봉수산, 안락산, 천마봉, 법산, 오봉산, 국사봉, 대덕산, 칠갑산 동 ⇨ 계룡산, 망월산, 향적산, 부소산, 축융봉, 성태산 남 ⇨ 아미산, 양각산, 만수산, 옥마산, 성주산 서 ⇨ 배재산, 진당산, 오서산, 삼준산, 용봉산, 덕숭산, 가야산

info | 260m ● 부여군 임천면 군사리, 장암면 지토리

07
성흥산

성흥산성

임천은 원래 백제에서는 가림군(加林郡) 신라에서는 가림군(嘉林郡)이었다 한다. 삼국사기에 의하면 성흥산성은 원래 백제의 가림성(加林城)으로 백제의 서울인 사비도성을 지키기 위하여 백제 동성왕 23년(501년)에 쌓은 성이라 한다.

성흥산성은 금강 하류 지역의 지세상 군사적으로 중요한 자리인 성흥산에 테메식으로 쌓여져 있다. 옥천 대전 연기 등 백제와 신라 경계 지역에 수 많은 성터가 있고 그 밖에도 백제시대에 쌓은 것으로 추정되는 성이 많다.

그러나 그 이름과 성을 쌓은 연대가 밝혀져 있는 것은 그리 많지 않다. 이 성흥성은 이름과 쌓은 시기가 분명하게 밝혀져 있어 주목된다.

삼국사기에는 가림성으로 나와 있으나 세종지리지에는 성흥산성으로 나와 있기 때문에 고려 때부터 성흥산으로 불려지고 있지 않았나 하는 추측을 하고 있다.

성흥(聖興)이라는 이름의 유래는 알려진 것이 없다. 그러나 '성흥산성'은 백제의 산성으로 많은 기록이 있으며 전하는 이야기도 많다.

신증동국여지승람 임천현 편 형승 란에 '수륙의 요충지이다. 당나라 유인원이 손인사와 더불어 부여풍(扶餘豊)을 공격할 때 모든 장수와 의논하매, 어느 장수가 말하기를 "가림성은 수륙의 요충이므로 마땅히 이를 먼저 공격하여야 한다" 하니, 유인궤가 말하

성흥산성의 일부

기를 "병법에 이르기를 실한 곳을 피하고 허한 곳을 치라." 하였다. "가림성은 험준하고 견고하니 이를 치려면 군사의 손상을 볼 것이요. 대치하고 있으려면 오랜 시일이 소요 될 것이다." 하여 드디어 주류성으로 달려갔다.' 라는 내용이 있다.

　구당서(舊唐書) 유인궤 전에는 더 자세히 '백제 부흥운동이 있을 때 백제 부흥군에 내분이 있음을 알고 당군이 수륙 양면으로 주류성을 공격하게 되었는데 이 때 신라는 문무왕이 친히 김유신 등 28 장군 (혹은 30 장군)을 거느리고 663년 7월 17일에 출발하여 웅진에서 당나라 유인원군과 합세했다' 는 내용이 위의 신증동국여지승람의 내용 앞에 적혀있는 모양이었다.

　위의 내용으로 볼 때 당시의 성흥산성은 매우 견고한 성이었음을 알 수 있다.

　신증동국여지승람에는 둘레가 2,705척, 높이 13척의 석성으로 성안에 우물 3 곳과 군창이 있다고 기록되어 있다. 현재 석축산성의 길이는 약 1,200m, 높이는 약 3m-4m 정도이고 서남 벽의 보존상태가 좋은 형편이다. 안으로 내탁하고 바깥만 돌을 이용하여 쌓여져 있다. 성문 터는 남문 동문 북문이 확인 되고 있다.

산성의 고스락 부분은 약 2,000 평방m의 평지가 있다. 이곳에 장대와 건물이 있었을 것으로 추정되며 산성의 동벽 내부에 우물이 있다. 이 우물은 지금도 사용되고 있다.

산성의 서남부 일부는 잘 복원되어 있다.

산성 내 고스락 아래에 고려 초 여기에서 빈민을 구제했다는 유금필장군의 사당과 비각이 있고 주차장 바로 위에는 이 산에서 순절한 백제의 무명 장졸들의 충혼을 달래기 위해서 위령제를 모시는 충혼사가 있다.

대조사와 미륵석불

성흥산 남쪽 중턱에 원통보전 용화보전 석탑 등이 있는 대조사가 있다. 중간에 폐사 되었었으나 임천군 옛 관아 건물의 목재를 써서 중건하였다 한다. '대조사 미륵실기'의 기록에 의하면 백제의 도승 겸 익이 인도국의 상가나대진사에서 5년간 공부하고 범문(梵文)에 통달하고 아운장 5부 전문을 가져다가 72권의 번역 책을 만들어 흥륜사에 두었다.

어느 날 꿈에 관음보살이 손에 광명주를 들고 나타나 역본이 잘 되었다고 칭찬하는데 어느덧 그 보살이 대조(大鳥-큰 새)로 변해 날아가 가림성 위에 와서 없어졌다.

대조사 미륵석불

꿈을 깨어 새가 앉은 곳을 찾아보니 바위 위에 관음보살이 앉아 있었다. 그래서 석불을 만든 것이 지금 대조사 뒤편에 있는 석조미륵보살입상이고 절 이름을 대조사라 했다는 것이다.

대조사의 창건년대는 미륵실기에 백제 성왕 5년(527년)에 시작하여 완성했다고 한다. 이 연대는 백제의 서울이 웅진(공주)에 있을 때다.

미륵석불은 고려시대에 많은 거불이며 관촉사의 관음보살과 조각 수법 형태가 거의 같아 미륵실기에 나오는 고려 원종(1259-1274) 때에 무량사 승 진전장로가 불상을 중수하였다는 해를 석불을 만든 연대로 보는 것이 옳을 것으로 생각된다는 것이다. 이 석조미륵보살입상은 보물 제 217호이다.

대조사

성흥사 위의 산길

성흥사터 누각

봉화제단

임천면사무소 앞의 와송

성흥산의 경관

성흥산은 별로 알려져 있지 않지만 작고 아담한 아름다운 산이다. 사방이 가파른 비탈을 이루고 있지만 숲이 무성하고 기암들도 많다. 특히 주차장 위 충혼사 옆은 우람한 바위가 낙락장송과 어울려 높은 벼랑을 이루고 있어 장관이다. 고스락에 오르려면 그 우람한 바위 사이를 지나야 한다. 바위에 오르면 조망이 시원하고 좋다.

고스락을 이루고 있는 평지에서의 조망도 훌륭하다. 백마강과 부여 논산 강경 익산 일대가 조망되고 넓은 들이 사방으로 펼쳐져 있다. 여기에 성흥루도 있다. 또 고스락 광장에 올라서면 첫머리에 수령 350년이라는 크나큰 느티나무(자연보호수)가 있다. 매우 큰 나무여서 멀리에서 볼 수 있는 멋진 나무다. 매년 이 느티나무 일대 광장에서 해돋이 축제가 열린다 한다. 성흥산 자락에 있는 임천면사무소 바로 옆에도 수령 350년의 아름다운 소나무(자연 보호수)가 있다. 산 위에 큰 느티나무 산자락에 큰 노송, 이 두 나무는 성흥산의 경관을 돋보이게 하고 있다.

산행길잡이

산 길	산길은 비교적 단순하다. 면사무소 앞을 지나는 차도가 산성 바로 아래 충혼사 주차장까지 올라가고 있다. 이 차도는 도중에 대조사로 갈라져 나가기도 한다. 물론 찻길을 따라 올라갈 수 있다. ❶ **면사무(차도) 길** : 면사무소 - 대조사 - 주차장 - 고스락 (약 1시간 30분) ❷ **덕고개(약수터)길** : 덕고개 - (등성이) - 주차장 - 느티나무 - 고스락(약 3.5km) (약 1시간 30분) ❸ **한고개 길** : 한고개 - (등성이) - 고스락 (약 1.4km) (약 40분)
교 통	부여 서천 사이 29번국도 변에 있기 때문에 교통이 좋다. 군내버스가 30분 간격으로 지나고 있고 직행버스도 자주 지난다.
조 망	북 ⇨ 칠갑산, 구절산, 무성산, 천태산, 성화산, 국사봉, 계룡산, 국사봉, 금수봉, 향적산 동 ⇨ 대둔산, 작봉산, 천호산, 미륵산 남 ⇨ 천방산, 희리산, 희리산, 장태봉 서 ⇨ 동달산, 월명산, 아미산, 옥마산, 만수산, 축융봉, 성주산, 백월산, 오봉산, 천마봉, 남산

info 523m • 천안시 입장면, 북면

08
위례산

백제 온조대왕과 위례산

우리는 역사에서 고구려 동명왕의 왕자 온조가 남쪽으로 내려와 위례성에 도읍을 정하고 백제를 세웠다고 배웠다.

그러나 여러 문헌에는 현재 직산이 본시 위례성이었다고 밝히고 있다. 삼국사기나 삼국유사에는 '직산 위례성'이라 해서 백제의 첫 도읍지라 말하고 있다.

신증동국여지승람 직산현 편에는 더 자세히 그 내용을 밝히고 있다. 건치 연혁란에 '본시 위례성으로 백제의 온조왕이 졸본부여로부터 남쪽으로 와서 나라를 열고 여기에 도읍을 세웠다. 뒤에 고구려에서 이곳을 사산현으로 하고, 백성군의 영현으로 만들었다. 고려 초에 지금의 이름(직산)으로 고쳤으며, 현종 9년에 천안부에 소속시켰고, 뒤에 감무를 두었다.' 라고 되어있다.

또 고적 란 위례성의 설명은 '성거산에 있다. 흙으로 쌓았는데 둘레가 1,690척이고 높이가 8척이며 성안에 우물이 하나 있다. 지금은 반 쯤 무너져 있다.' 했고 이어 '온조왕은 동명왕의 셋째 아들이다. 동명왕이 훙(사망)하자 그 형 비류왕과 함께 유리왕을 피해서 한수를 건너 남쪽으로 와서, 비류왕은 미추홀에 도읍하고 온조왕은 위례성에 도읍했다. 온조왕은 오간 마려 등 10명의 신하로 보좌를 삼아 처음에 십제(十濟)라 일컬었으니 이때가 전한 성제(成帝)의 홍가 3년이었다. 뒤에 (자기가) 여기 올 적에 백성들이 즐겨

위례산의 성터

쫓았다 해서 나라 이름을 백제(百濟)라고 고쳤다.' 라 쓰고 있다.

게다가 경기도 광주목(廣州牧) 편 건치연혁 란에 '본래 백제의 남한산성이다. 시조 온조왕 13년에 위례성으로부터 이곳에 도읍을 옮겼고, 근초고왕 26년에 또 도읍을 남평양성으로 옮겼다' 라 써있다. 이 신증동국여지승람의 기록으로만 보면 여기 위례산의 위례산성이 백제의 첫 도읍지임에 틀림이 없다. 지금도 성터가 남아있다. (충남 기념물 148호)

위례산성 용샘의 전설

위례산 산성 안에는 지름 3m 정도의 웅덩이에 물이 고여 있다. 이 웅덩이를 이 지방 사람들은 '용샘'이라 부르며 재미있는 전설을 전하고 있다. 어떤 나무꾼이 명주실에 추를 달아 넣어 보았더니 부여의 백마강으로 나왔다는 이야기가 있다.

더 재미있는 것은 온조왕이 낮에는 용이 되어 이 용샘을 통해 백마강으로 가서 후손들이 다스리는 부여를 보살피고 밤에는 돌아와 위례성에서 쉬었다 한다.

그래서 백제가 망하자 용은 백마강에 나타나 소정방 당나라 군대의 배를 뒤엎으며 괴롭혔다 한다. 다른 전설에는 소정방이 이 용 때문에 무척 괴로움을 당하자 어느 부하가 용은 백마를 좋아하니 낚시에 백마를 달아 용을 꼬셔서 잡으라고 건의하며 용이 힘이 세니 큰 장사가 아니면 용을 잡을 수 없다고 했다 한다.

힘이 장사로 자부심이 강한 소정방은 백마를 낚시에 매달아 용을 잡았는데 이 때 소정방이 용과 힘을 겨루며 버틴 발이 바위 속으로 들어갔다 한다.

백제 유민이 지어낸 한이 맺힌 전설로 생각된다. 이 용샘은 가뭄에도 언제나 물이 차있다. 위례산 고스락 표석에서 동북 쪽 아래 100 m 쯤 되는 곳에 있다. '용(龍) 우물'이라는 나무 표지가 있다.

위례산의 경관

금북정맥에 놓여 있는 위례산은 경관이 썩 좋은 산이 아니며 평범한 산이다. 위례산성이나 용샘 외에는 뚜렷한 볼거리도 없고 기암괴봉도 없는 그저 평범한 산인 것이다.

고스락은 넓은 평지로 되어 있고 둘레에 토성의 흔적이 뚜렷하다. 고스락 표지가 두 가지 있으며 문화재자료 262호 표지 설명판 길 안내표지 용샘 안내표지 등이 있다. 꽃밭을 만들어 놓아 봄에는 꽃이 좋다.

위례산 석립

위례산성 표석

금북정맥이기 때문에 등성이를 따라 부수문이고개에서 우물목고개로 이어지는 산길이 넓고 좋다. 산길은 별 어려움 없이 숲속으로 이어지며 호젓하고 조용하다.
계곡은 장생이 양대 호당 세 곳이 있으나 장생이 계곡은 산길에서 멀어 가까이 하기 어렵다. 양대와 호당 두 계곡이 쉬어갈 만하다.

산행길잡이

산 길
입장면 쪽에서 접근하기가 쉽다. 산줄기의 동쪽에 57번 지방도가 지나는 부수문이고개가 있고 서쪽 성거산과의 경계에 우물목고개가 있다. 두 고개 다 포장되어 있다.
① **부수문이 길** : 양대리 – 부수문이고개 – (등성이) – 고스락 (약 2시간 30분)
② **양대골 길** : 양대리 – 양대골 – 주릉 – 고스락 (약 2시간)
③ **우물목 고개 길** : 호당1리 – 우물목고개 – (등성이) – 고스락 (약 2시간 30분)
부수문이고개와 우물목고개를 잇는 산길은 약 2시간 30분이 걸린다. 총 산행시간은 약 4시간을 잡으면 된다.

교 통
입장면 면청(입장 네 거리, 윗장터)을 중심으로 해야 한다.
① **부수문이고개 쪽** : 57번 지방도를 따라 북면 쪽으로 가면 양대리를 거쳐 부수문이고개로 오르게 된다. 입장에서 마을 버스가 06:40, 07:50, 09:25, 10:40, 12:05, 13:05, 15:15, 16:10, 17:05, 17:55, 19:10, 20:50 하루 12회 있다. 양대리에서 입장으로 나가는 버스는 바로 돌아나가기 때문에 위 시간에 15분을 더하는 시간이 된다. 양대리에서 부수문이 고개까지는 25분 쯤 걸린다.
② **우물목고개 쪽** : 이름은 없으나 포장도로가 호당리를 거쳐 우물목고개까지 이어져 있고 이 포장도로는 성거산으로 올라간다. 우물목고개에서 북면쪽은 포장이 되어 있지 않다.
입장에서 호당1리로 가는 버스가 하루 10회 (07:00, 08:20, 09:20, 10:40, 14:20, 15:10, 16:20, 17:40, 19:10, 20:50) 있다. 호당리에서 입장으로 버스가 돌아가는 시간은 위 시간에 20분을 더하면 된다. (단 19:10 차는 19:35에 떠난다.)
호당리에서 우물목고개까지는 걸어서 25분 정도 걸린다.

조 망
북 ⇨ 청량산, 서운산, 칠현산, 덕성산, 무이산, 무제산, 백석봉, 장군산, 옥녀봉
동 ⇨ 개죽산, 만뢰산, 봉황산, 작성산, 은석산, 덕유산, 환희산
남 ⇨ 운주산, 흑성산, 태조봉, 성거산, 광덕산, 도고산, 연암산
서 ⇨ (아산만) (평택)

II · 고려 태조와 산

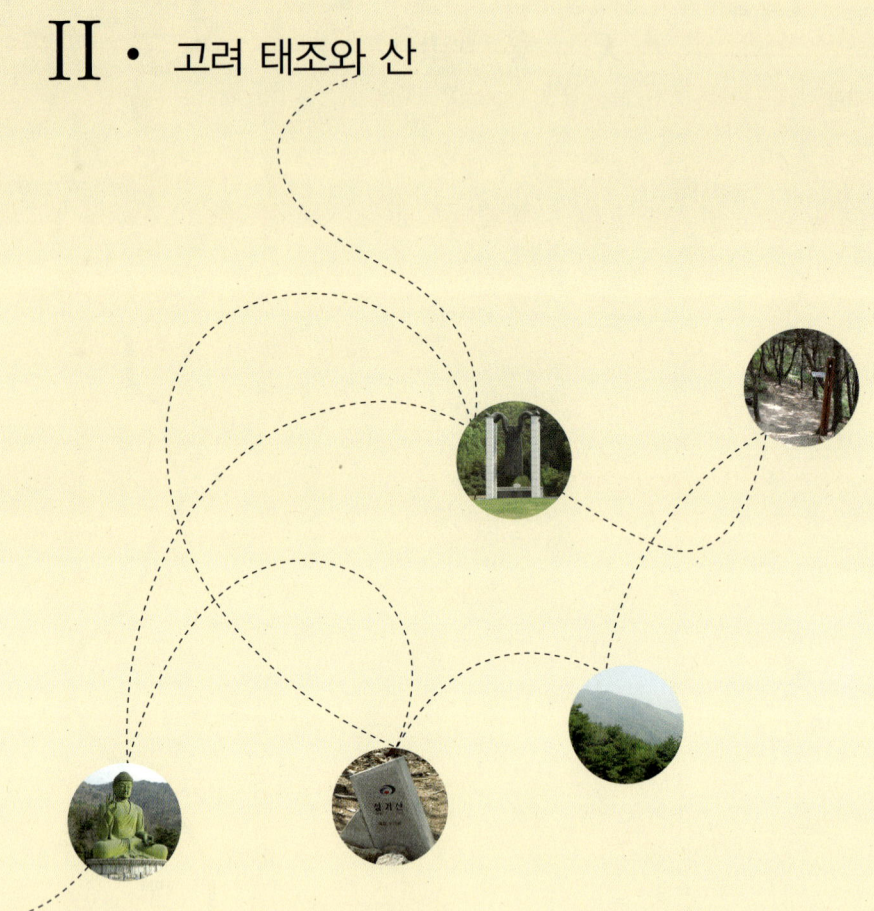

info | **태조산 422m** ● 천안시 안서동, 유량동, 목천읍 | **성거산 579m** ● 천안시 성거읍, 입장면, 북면

09
태조산과 성거산

태조산과 성거산의 경관

금북정맥에 나란히 놓여있는 천안의 태조산과 성거산 줄기는 천안의 동쪽을 둘러싸고 있는 산줄기다. 특히 태조산은 천안의 진산으로 천안시민들의 사랑을 받고 있다.

천안시가 만든 책자에 태조산을 '수려한 산세에 감탄이 절로 나는 태조산'이라 했고 '둥그스름하게 연꽃이 핀 듯 아늑한 분위기를 풍기는 천안의 명산'이라 표현되어 있다.

가까이 있는 태조산 성거산 두 산은 울창한 숲으로 덮인 산이어서 원시림을 연상케 한다. 거기다 여기 저기 솟아있는 큰 바위들이 태조산 성거산의 경관을 더욱 아름답게 하고 있다. 특히 성거산 쪽은 바위 전망대가 가장 좋은 명소다. 만일사 위에도 큰 바위벼랑이 있고 곳곳에 거북바위 삼도바위 등 이름 있는 바위들이 있다. 태조산 쪽 대머리바위도 높은 바위벼랑이어서 조망이 좋다.

특히 성거산 쪽의 거북바위는 거북의 등처럼 생긴 명물이다. 그 위에 대원정사가 있다.

많은 시민들이 태조산 성거산 산행을 즐기고 있기 때문에 시에서 정자 안내판 구름다리 등 시설을 잘 해놓았다. 특히 태조산공원은 산골짜기 위쪽에 큼직한 '천안인의 상'이 있고 그 아래 비행기 탱크 등이 있는 볼거리 전시장 넓은 주차장 각종 운동장 눈썰매장 조각공원 호수 등이 갖추어진 좋은 공원이다.

이 두 산은 그리 높지 않은 산으로 산행이 힘들지 않고 큰 등성이에 올라서기만 하면

성거산 전경

태조산 공원

각원사의 대불

편안하게 산행하는 재미가 좋다.

  태조산 성거산 주변에는 아홉살이고개 도라지고개 문암재 걸마고개 만일고개 우물목고개 사리목고개 등 순 우리말로 된 이름의 고개가 많아 재미있다.

고려 태조 왕건의 이야기가 전해지는 태조산과 성거산

  산 이름 자체가 태조(太祖), 성거(聖居=성인이 있다, 성인의 집)로 고려 태조 왕건과 관련이 있음을 짐작케 한다.

  태조산은 고려 태조가 이 산에 군사들을 주둔시켰다는 설에서 유래한다. 태조 13년(930년) 태조가 후백제 신검과 맞서고 있을 때 술가(術家-점술을 잘 하는 사람) 예방의 인도로 이 산에 올라 군사가 머물 만한 곳인가를 살폈다 한다.

  그래서 이 산에는 태조가 산신제를 지냈다는 제단 터가 남아 있으며 왕이 머물렀다는 유왕골(留王) 유려왕사 등의 이름이 지금까지 전해진다.

  성거산도 비슷한 이야기가 전해지고 있다. 고려 태조 왕건이 현재의 직산읍 수헐리를 지날 때 동쪽의 산을 보고 신령스럽다 해서 제사를 지내게 하고 '성거산'이라 부르게 했다는 것이다.

  태조산 대머리봉 바로 아래 산자락에는 불국사 다음 가장 큰 절이라는 각원사가 있다. 관광단지이기도 한 각원사에는 큰 좌불 등 볼거리가 많다. 태조산 공원 서북 쪽 산중턱에는 고려시대의 절인 성불사도 있다.

  성거산 아래에도 산 중턱에 만일사가 있으며 그 경내에 오층석탑 마애불 등 문화재가 있고 또 산자락에는 고려시대 이전에 세워졌을 것으로 추정되는 천흥사 터가 있으며 거기에 오층석탑과 당간지주 두 점의 보물이 있다.

산행길잡이

산 길

태조산
❶ **전망대 길(공원 길)** : 태조산 공원주차장−전망대(정자)−등성이 삼거리−태조산
❷ **구름다리 길** : 태조산 공원−구름다리−대머리봉(정자)−등성이 삼거리−태조산
❸ **각원사 길** : 각원사−각원사 재−대머리봉−등성이 삼거리−태조산

성거산
❶ **대원정사 길** : 대원정사−전망대−성거산
❷ **만일사 길** : 만일사 주차장−만일사−만일재−성거산 표지석−성거산
❸ **걸마고개 길** : 국민은행 연수원−걸마고개−만일재−성거산 표지석
태조산과 성거산을 잇는 종주를 하려면 각원사 고갯길, 걸마고개 길은 중복이 되기 때문에 피해야 한다.

교 통

태조산 (공원 길이 가장 좋다.)
태조산 공원 : 훌륭한 공원이라서 교통편이 좋다. 천안 버스 터미널에서 공원을 드나드는 시내버스가 하루 13 편이나 있다.
승용차나 관광버스의 경우 경부 고속도로 목천 나들목이나 천안 나들목에서 나와 1번 국도를 타면(목천 나들목에서는 북으로, 천안 나들목에서는 남으로) 유량동에 태조산공원(또는 천안향교) 안내표지가 있다.
각원사 길 : 천안 나들목 위(북쪽) 1번국도 변 안내 표지가 있다.
구름다리 길 : 공원과 각원사 사이 길 위에서 시작한다.

성거산 (대원정사 길이 많이 이용 된다.)
대원정사 길 : 대원정사 아래 천흥동에는 200번 버스가 하루 세 번 밖에 들어가지 않는다. 성거읍에는 수많은 시내버스가 다니고 있다. 성거읍에서 대원정사 아래 거북바위까지는 약 3km로 걸어서 40분 정도 소요된다.
만일사 길 : 천흥동에서도 3km 정도 더 들어가야 만일사가 있다. 비포장길이다.
걸마고개 길 : 천안시 안서동에 국민은행 연수원이 있다. 시내버스는 없고 승용차나 택시를 이용해야 한다.

조 망

성거산에서의 조망, 태조산은 조망이 좋지 않다.
북 ⇨ 위례산, 서운산, 덕성산, 무이산, 무제산, 장군봉, 옥녀봉, 만뢰산
동 ⇨ 태령산, 개죽산, 봉황산, 작성산, 은석산, 동림산, 운주산
남 ⇨ 흑성산, 태조산, 태화산, 광덕산, 배방산, 봉수산, 도고산, 영인산
서 ⇨ 연암산, (아산만) (평택)

III · 고려말엽의 이야기와 산들

info | **715m** ● 금산군 제원면, 충북 영동군 양산면

10
천태산

금산 땅과 영동 땅으로 나뉘어진 명산 천태산

우리는 천태산을 영동(양산)의 산으로 알아왔다. 더 확실하게 말하면 금산과 영동(충남과 충북)의 경계에 있는 산쯤으로 알았다. 그러나 사실은 천태산의 상봉(715m)의 위치가 확실한 금산 땅이라는 것이 밝혀졌다.

산의 위치가 그리 중요한 문제가 아니라고 해도 경계문제는 분명하게 밝혀야 한다.

천태산의 영동 양산쪽 경관이 무척 좋아서 주로 영동 양산 쪽의 천태산만이 천태산의 전부인 것으로 알려져 왔다. 그렇지만 금산 쪽 (서쪽) 비탈과 산자락 그리고 골짜기도 좋은 점이 많다. 그래서 금산과 영동 양쪽을 비교해보는 것도 천태산의 새로운 면을 찾아내는 뜻있는 일이라 생각된다.

첫째 금산 쪽과 영동 쪽은 그 경관이 대조적이며 각각 전혀 다른 감동을 주고 있는 점이다.

영동 쪽은 온통 바위로 된 벼랑과 기암괴봉으로 되어 있고 산길도 바위를 오르는 곳이 많다. 따라서 밧줄을 타야할 곳이 많으며 위험한 곳도 여러 군데 있으나 바위들이 낙락장송과 어우러져 경관이 매우 좋고 조망도 좋으며 아슬아슬한 산행의 맛도 좋다.

반면 금산 쪽은 영동 쪽에 그 흔한 바위벼랑이나 바위벽 바위봉우리 하나 없고 등성이나 비탈에 자연 그대로의 숲이 우거져 있다. 산길도 내내 숲속의 흙길로 편안하고 호젓

천태산의 암벽

하며 하늘을 보기가 어려울 지경이다. 영국사 쪽의 벅찼던 산행에 견주어 금산 쪽의 산행은 차분하고 조용한 산행이 된다.

　영동 쪽이 화려하고 매력적인 멋이라면 금산 쪽은 소박하고 천연의 멋을 풍긴다고 할 수 있다. 하나의 산을 두고 양 편이 그토록 전혀 다른 경관과 분위기를 가지고 있다는 것이 그저 신기할 뿐이다.

　둘째 양 쪽이 비슷한 점도 있다. 영동 쪽에 옛 절 영국사가 있고 세 점의 국보 보물 문화재가 있다. 금산 쪽에도 신라 때 세워진 옛 절 신안사와 대광전 극락전 등 문화재가 있다.

　또 영국사 아래에 천연기념물인 1,000년 은행나무가 있다. 신안사 아래 확골(화원동)에는 봄에 온 골짜기를 하얀 꽃으로 뒤덮는 자연공원 조팝나무 단지가 있다. 4월에 피는 신안리의 이 조팝꽃 밭은 규모도 크거니와 황홀하고 장관이기도 해서 전국의 명소가 되기에 충분하다. 이 조팝꽃 단지는 김행기 전 금산군수의 주도로 조성된 금산군 자연공원의 하나다. 신안리 이웃 산 넘어 산안리의 산벚꽃과 함께 장차 우리나라의 명물 명소로 자리 잡게 될 것으로 예견된다.

　봄에는 산안리 현장에 산벚꽃 축제가 열리고 산안리와 신안리를 잇는 관광도로도 잘 만들어져 있다. 사실 많은 사람들이 알고 있는 바와 같이 영국사 일대에는 많은 명소와 명물이 있지만 잘 알려져 있지 않은 것도 있다. 그 가운데 하나가 망탑봉이다.

　망탑봉에는 보물 535호인 영국사 망탑봉 삼층석탑이 있고 그 옆에는 작은 화물차 크기의 물개처럼 생긴 흔들바위가 있다. 망탑봉에 있는 보물도 흔들바위도 좋지만 천태산 전경을 조망할 수 있는 가장 좋은 곳이 이 망탑봉이어서 더욱 좋다.

　이 망탑봉은 천태동천에 있는 용추폭포 위의 작은 봉우리다. 천태동천은 주차장에서 천년 은행나무 아래까지의 바위 협곡으로 용추폭포 등 경관이 빼어나게 아름다운 협곡이다. 천태동천을 지나 언덕으로 올라서자마자 왼 편으로 작은 동산으로 올라서서 남쪽으로 내려가면 용추폭포 위의 다리를 건너게 된다. 다리를 건너 올라가는 작은 봉우리가 망탑봉이다.

　또 하나 알아두어야 할 것은 1970년대 많은 어려움을 겪으며 자비로 천태산을 개발한 양산의 배상우씨의 공로다.

산행길잡이

산 길

❶ 영동 영국사 쪽

영국사 쪽에서 올라 도로 영국사 쪽으로 하산을 하는 산길은 A코스에서 D코스까지 네 갈래가 있다. 대개 경관이 가장 아름다운 A코스로 올라 다른 세 갈래 길 가운데 하나의 길로 다시 영국사로 내려가는 것이 일반화되어 있다. D코스의 하산 길이 가장 많이 이용된다.
천태산을 바라보고 가장 오른 편 길이 경관이 아름답고 산행의 맛이 좋은 A코스다. 왼 편으로 가며 순서대로 B코스 C코스 D코스로 되어 있다.

❷ 금산 신안사 쪽

금산 쪽 산길은 외길로 보아야 한다. 신안리(금산군 제원면) 확골(화원동) 위쪽에서 등성이에 올라서면 내내 등성이를 따라 천태산의 고스락에 오르게 된다.
반대로 영국사에서 신안리로 넘을 경우 고스락에서 신안리까지의 길이 아직까지는 별로 이용되지 않고 있기 때문에 잘 살펴야 한다.

고스락 부분의 북쪽 30m 쯤 되는 곳의 평지 끝에서 신안리로 내려가는 길은 갈라진다.
고스락 평지에서 바로 서쪽(금산) 바위 아래로 떨어지는 길은 산등으로 이어지는 길처럼 보이지만 곧 골짜기로 빠지기 때문에 그 길로 들어서지 않도록 조심해야 한다.
신안리로 빠지는 바른 길은 서쪽으로 나아간 제법 큰 산줄기의 등성이로 나아간다. 이 산줄기는 처음에는 북쪽으로 나아가다 슬그머니 서쪽으로 돌아간다. 이 점에 유의하여 나무 사이로 산줄기를 확인해야 된다.
등성이로 난 길은 거의 외길이다. 중간에 희미한 갈림길이 두 곳 있지만 요소마다 대전교원산악회 먼동산악회 등의 표지가 매달려 있고 또 길이 뚜렷해서 어긋날 걱정은 없다.
아직은 신안리에서 시작하여 영국사로 넘어가는 산행은 길이 애매하여 좋지 않다. 영국사 쪽에서 신안리로 넘는 것이 좋다.

- **영국사 쪽 A코스** : 주차장-용추폭포(삼단폭포)-은행나무-영국사-A코스 들머리-큰 바위 벼랑-고스락 (약 1시간 30분)
- **신안사 쪽 하산길** : 고스락-큰 등성이 갈림길-확골(신안리 화원동)-조팝나무 자연공원-신안사 (약 1시간 30분)

총 산행시간 약 3시간 30분
참고 : 남재에서 남쪽으로 금강에 이르는 육조골의 골짜기도 꽤 좋다. 채석장 터가 흉물스럽다.

교통

❶ 신안사 쪽

금산과 제원(금산군 제원면)을 거점으로 해야 한다. 대전 통영 고속도로 금산 나들목에서 나와 오른 편으로 가면 금산이고 왼 편 영동 쪽으로 가면 제원이 나온다.

대중교통편을 이용할 경우 대전 전주 진안 등지에서 직행버스가 왕래하는 금산으로 가서 시내버스나 택시를 이용하여 제원을 거쳐 신안리로 들어가야 한다.

신안리는 대중교통편이 좋지 않다. 금산에서 하루 세 차례 6:10, 14:00, 19:50이며 이 버스가 신안사에서 금산으로 들어가는 시간은 6:40, 14:30, 20:20이다.

관광버스 승용차의 경우 일단 제원으로 가서 601번 지방도를 타고 군북 쪽으로 가다 구억리에서 오른 편으로 동곡리로 가는 길로 들어서야 한다. 이 길이 길곡리를 거쳐 신안리로 들어간다.

❷ 영국사 쪽

양산(영동군 양산면)과 옥천을 거점으로 해야 한다. 영국사 쪽 천태산을 찾아가는 길은 잘 알려져 있다. 옥천과 양산 사이는 시내버스가 옥천에서는 아침 7시부터 홀수 시간에 양산에서는 짝수 시간에 떠난다. 501번 지방도 길가에 천태산 영국사 돌 표석이 서있다.

천태산 영국사 들머리(501번 지방도변 돌표석)에서 영국사 주차장까지는 30분이 걸린다.

관광버스나 승용차인 경우 영동에서 19번 국도와 68번 지방도를 통하여 양산으로 가고 양산에서는 501번 지방도를 타고 금강을 건너 이원 쪽으로 가면 천태산 영국사 들머리가 왼편에 나선다.

옥천에서는 4번 국도를 이용하여 이원으로 간 다음 이원에서 501번 지방도를 타고 양산방면으로 가다 밤재를 넘으면 바로 천태산 영국사 들머리가 오른 편에 나선다.

까다로운 암벽

영국사

볼거리 | 영국사와 신안사

❶ **신안사(충남 금산군 제원면 신안리)** : 영국사가 영동 쪽의 옛 절인 반면 신안사는 금산 쪽의 옛 절이다. 신안사는 신라 26대 진평왕 26년(583년) 무염선사에 의해서 창건된 것으로 알려져 있다. 신안사(身安寺)라는 절 이름은 신라 마지막 왕인 경순왕이 이 절에 와서 수도할 때 천태산 국사봉을 배경으로 산수가 빼어나게 아름답고 마음이 편안하게 느껴진다는 뜻에서 '신안사' 라 했다 한다.

천년 은행나무

옛날에 신안사는 경내에 호화롭고 장엄한 건물들이 많았고 많은 스님이 수행을 한 큰 절이었다.

한국전쟁 때 진향각 요묵당 등 많은 건물들이 타버렸지만 남아있는 대광전(충남 유형문화재 제3호)와 극락전(충남 유형문화재 제 117호)는 조선 후기의 대표적인 건물로 평가되고 있다.

영국사의 석탑(보물)

극락전 앞에는 7층석탑 하나와 부도 두 개가 남아있다.

천태산의 아름다운 모습을 볼 수 있고 마음이 편안해진다는 신안사에 들리는 것은 천태산 산행의 큰 기쁨이 되기도 한다.

❷ **영국사와 은행나무** : 영국사는 신라 30대 문무왕 8년(668년)에 원각국사가 창건한 절로 알려져 있다. 신라 32대 효소왕이 신하들을 거느리고 이곳으로 피난한 일이 있으며 고려 23대 고종은 감역 안종필에게 명하여 탑 부도 금당을 중건하고 절 이름을 '국청사(國淸寺)' 라 부르게 했다 한다.

'영국사' 라 부르게 된 것은 고려 31대 공민왕이 홍건적을 피하여 마리산에 머무르며 이 절에서 나라의 안녕을 기원했고 홍건적을 물리치고 개경으로 돌아가며 감사의 뜻으로 이름을 '영국사' 라 고쳐 부르게 했다 한다. 이 절에는 망탑봉의 3층석탑 절 뜰에 있는 3층석탑 절위에 있는 원각국사비와 부도 등 4점의 보물이 있다.

또 유명한 것은 절 아래에 있는 1,400년 된 은행나무가 천연기념물로 되어 있다. 높이가 31m이며 가슴 높이의 나무 둘레가 약 7m이고 가지 끝은 원줄기에서 7~11m에 이른다. 또 이 은행나무가 특이한 것은 멀리 뻗어 나간 가지에서 그 아래로 뿌리를 내려 마치 긴 가지를 장대로 떠받치고 있는 것처럼 보이는 것이다. 마리산을 찾아간 길에 시간이 있으면 영국사와 은행나무를 둘러보는 것도 하나의 좋은 추억이 될 것이다.

조 망 | 북 ⇨ 금적산, 속리산, 달이산, 구병산, 백화산(포성봉), 마리산
동 ⇨ 황악산, 민주지산, 자지산, 갈기산, 덕유산, 남덕유산, 월영산
남 ⇨ 운장산, 진악산, 백암산, 선야봉, 진악산, 천등산, 인대산, 대둔산
서 ⇨ 만인산, 계룡산, 보문산, 서대산, 식장산, 고리산, 장룡산, 대성산

info | **260m** ● 연기군 남면 양화리

11
전월산

세종시의 주산 전월산

1번 국도를 타고 연기군 남면과 금남면을 잇는 금강의 금남교를 지날 때 다리 전 후에서 동쪽 장남뜰 건너로 홀로 우람한 산 하나를 볼 수 있다. 전월산이다.

지금 연기군 남면 금남면 일대는 세종시(행정중심복합도시) 건설공사로 한 참 바쁘고 시끄러우며 땅은 온통 파헤쳐져 있다. 그러나 전월산은 그 중심에 있으면서도 공사현장들을 내려다보며 예나 지금이나 의연히 서있다.

전월산은 미호천의 물이 합쳐진 금강이 남쪽과 남동쪽을 휘감아 돌고 서쪽은 넓은 들이며 북서쪽과 북쪽은 낮은 산이 있지만 작은 골짜기가 전월산과 선을 긋고 있다. 그래서 전월산은 비래산(산줄기가 다른 산과 이어져 있지 않은 독립된 산)에 가깝다. 채 300 m가 안 되는 낮은 산이지만 금강을 끼고 있는 비래산이기 때문에 덩치가 커 보이고 우람하다.

전월산은 곳곳에 큰 바위가 있고 깎아지른 바위벼랑도 있으며 신기하게도 고스락에 가까운 등성이에 샘도 있다. 그 바위들과 샘에 전설이 있고 유래가 있다. 숲도 짙다.

조망도 좋다. 특히 계룡산의 조망은 일품이다. 계룡산은 전월산의 산자락 마을인 양화리에서도 잘 보인다. 금강물이 휘돌아 흐르고 앞에 넓은 들을 펴놓고 있으며 기이한 바위마다 전설이 얽혀있는 산, 전월산은 아름다운 산이며 조망도 좋은 산이다.

금강다리에서 본 전월산 전경(2009년)

전월산(轉月山)의 이름은 양화리에서 보면 달이 전월산을 둥글게 돌아 또는 한 바퀴 돌아 오르기 때문에 지어진 이름이라 한다.

전월산 바로 건너에는 고려 충렬왕 16년(1290년)에 인후 한희유 김흔 삼장군이 우리나라에 침입한 원나라의 반란군 합단군(哈丹軍)을 섬멸한 전적지 원수산(254m)이 있다. 삼각봉으로 뾰족하여 알아보기 쉽다.

전설의 산 전월산

양화리 일대에서는 수려한 계룡산의 모습이 잘 조망되고 앞에 너른 들이 있으며 금강이 가까이에 있어 사람 살기에 아주 좋은 터다. 그래서 부안 임씨의 양화리 입향조(그 고장에 처음 들어와 터를 잡은 조상) 임난수는 이곳에 터를 잡았다.

고려 충신으로 탐라 정복에 공을 세운 임난수는 조선조가 창건되자 두 임금을 섬기지 않으려고 이곳에 내려와 터를 잡았던 것이다. 임씨들은 그 뒤 600여 년 양화리에 집성촌을 이루고 살아 왔으나 이제 세종시가 들어서게 되었다. 그러나 지명 등은 그대로

원수산

용천

며느리 바위

금강

숙모전 은행나무

전월산에서 본 계룡산

72 • 충남의 명산들

지켜지며 세종시가 조성 된 뒤 다시 재입주하는 기회도 있기 때문에 양화리 마을이 없어지지는 않을 것으로 보고 있다. 임난수가 심은 것으로 알려진 거대한 은행나무(천연기념물) 두 그루와 숭모각 등 사당 그리고 임난수가 아침저녁으로 북쪽 고려의 왕도를 향해 예를 올리고 모셨던 왕을 그리며 상념에 젖었던 전월산의 부왕봉(俯王峰)과 상려암(想麗巖) 그리고 용천(龍泉)은 그대로 자리를 지킬 것이다.

그 밖에 재미있는 전설을 가진 전월산의 용천과 버드나무, 며느리바위 등 도 전월산과 함께 남아있을 것이다.

고스락 가까이에 용천이라는 둥근 샘이 있고 샘 둘레에는 버드나무가 한 무더기 자라고 있다. 금강과 통하고 있다는 이 샘에 이무기 한 마리가 금강에서 올라와 오랜 동안 용이 되어 하늘로 올라갈 기회를 엿보고 있었다.

어느 날 하늘의 허락이 떨어져 하늘로 오르고 있는데 강 건너 반곡 쪽에서 임신부가 그 걸 보는 바람에 하늘로 오르지 못하고 떨어져 샘가의 버드나무가 되었다.

이 버드나무는 키가 커서 원망스러운 듯 반곡 쪽을 너머다 보게 되었다. 그런데 이 버드나무가 반곡을 너머다 보게 되면 반곡의 여인네 들이 바람이 난다 한다. 그래서 반곡 사람들이 가끔 몰래 전월산에 올라와 이 버드나무를 베어버린다는 것이다.

며느리바위의 전설은 두 가지가 있다. 둘 다 애절한 사연으로 되어있다. 하나는 고약한 부자가 시주를 청하는 중에게 심술궂게 거름 한 삽을 바랑에 넣어주며 쫓아냈다. 그걸 본 착한 며느리가 쌀을 퍼들고 중을 따라가 잘못을 빌며 시주했다. 그러자 중은 '내일 모래 전월산을 올라가되 뒤에서 무슨 소리가 들리던 되돌아보지 말라'고 단단히 일렀다.

중이 일러준 날 며느리는 전월산을 올랐다. 중턱 쯤 오르자 천둥 번개가 치며 억수같이 비가 내리기 시작했다. 마을이 궁금했으나 그냥 오르는데 갑자기 시아버지의 비명소리가 들렸다. 저도 모르게 되돌아보니 마을은 물바다가 되어있고 시아버지가 물에 쓸려 떠내려가고 있었다. 그 순간 며느리는 그 자리에 바위가 되었다 한다.

또 하나의 이야기는 골말에 역적의 누명을 쓰고 있는 선비의 집안에서 부인이 아들 하나를 데리고 열심히 살아가고 있었다. 역적의 누명이 벗겨지자 아들이 또 한양으로 갈 것을 걱정해서 명신의 후예 집안에 장가를 들였으나 장가든 다음날 아들은 한양으로 떠났다.

그 뒤 곱게 자란 착한 며느리와 길쌈을 하며 열심히 살아가고 있는데 어느 날 금부도

사가 들이닥쳐 역적의 가족이라며 꿇어앉히고 사약을 마시게 했다. 사연이나 알고 죽겠다는 어머니의 말에 아들이 임금의 하는 일에 반대하는 언행을 하고 나라를 망치게 하려 했다는 것이다.

어머니는 바로 아들이 바르게 충간을 하다 임금의 노여움을 샀다는 것을 알아차리고 '과연 우리 아들이 장하다. 옳고 그름을 분명하게 아는 아들이니 바른 말을 했다.' 하며 사약을 마셨다. 옆에 있던 며느리도 사약을 마시고 함께 죽었다.

어느 비오는 날 전월산 기슭에 바위가 솟아올랐다. 그 바위는 명주를 짜는 부녀자의 형국인데 큰 바위가 더 큰 바위를 얹고 있는 것으로 길쌈을 하는 모양 같기도 하고 며느리가 시어머니를 추켜세우고 있는 모양 같기도 해서 '며느리바위' 라 부른다는 것이다.

(참고;이상의 내용들은 '연기의 산 이야기(조치원 문화원 발행)' 전월산 편을 참고하였으며 내용 그대로 옮기기도 하였다.)

산행길잡이

산 길	**산신각 길** : 골말(양화리) – 산신각 – 등성이 – 주릉 삼거리 – 상려암 – 고스락 – 용샘 (약 1시간) **며느리바위 길** : 동촌 – 산제당 – 삼거리 – 며느리바위 – 용샘 – 고스락 (약 1시간) 참고 : 산신각 근처에서 며느리바위 아래 삼거리로 오르는 길도 있다.
교 통	세종시에서 1번 국도가 금강을 건너는 다리가 금남교다. 금남교를 북쪽 조치원 방면으로 건너면 바로 96번 지방도가 금강을 따라 동쪽으로 달린다. 전월산을 앞에 두고 한 가닥 길이 들을 가로지른다. 바로 전월산 자락에 있는 양화리로 들어가는 길이다. 전월산은 금강가에 따로 우람하게 솟은 산이어서 알아보기 쉽다. 조치원에서 군내버스가 6회(6:30, 8:00, 10:45, 13:10, 16:50, 20:00) 있으며 양화리에서는 7:00, 8:30, 11:00, 14:00, 17:20, 20:20. 조치원으로 돌아간다.
조 망	북 ⇨ 동림산, 봉부산, 작두산, 양성산 동 ⇨ 샘봉산, 계족산, 환산, 식장산, 보문산 남 ⇨ 우산봉, 장군봉, 계룡산, 묵방산, 구절산 서 ⇨ 무성산, 국사봉, 봉수산, 광덕산, 운주산, 흑성산

info | **381m** ● 충남 홍성군 홍북면, 예산군 덕산면

12
용봉산

호서의 금강, 용봉산

　용봉산은 그 이름처럼 뭇 산 가운데 용과 같고 봉과 같은 뛰어난 산이다. 온 산이 기암괴봉으로 이루어져 있으며 주위와 조화를 이루어 경관이 아름답다. 거기에 문화재와 여러 가지 재미있는 전설도 가지고 있는 산이어서 더욱 빛이 난다.

　용봉산은 산세가 구름과 안개 사이를 주름잡는 용의 형상과 같고 달빛을 감아올리는 봉황의 머리 같다하여 '용봉산'이라 했다는 것이다.

　온 산을 뒤덮고 있는 기암괴석이 병풍 같고 거북 같으며 장군의 모양 등 여러가지다. 악귀봉 노적봉 사자바위 장군바위 용바위 병풍바위 등 이름 있는 바위가 많다. 그래서 '호서의 금강', '제2의 금강산', '작은 월출산'이라는 이름으로 불리기도 한다.

　용봉산은 고려시대에는 북산(北山)이라 했으며 조선시대에는 팔봉산이라 불러오다 일제시대 이 산줄기가 홍성지역과 예산지역으로 나뉘면서 용봉산과 수암산으로 되었다.

　덕산온천 바로 뒤의 수암산은 예산지역에 속한다. 수암산을 용봉산과 다른 산으로 알지만 용봉산과 수암산은 산줄기 하나로 이어져 있다. 용봉산이 매우 아름답지만 산행 대상으로는 산행시간이 짧은 것이 흠이다. 그러나 수암산까지 늘려 종주하려면 4시간 이상 걸리는 든든한 산길이 된다.

　용봉산은 보통 산과 달리 산행시간을 예측하기가 어렵다. 산이 너무도 좋아서 감상하

용봉산 전경(용봉산장에서)

는 시간이 길어질 수도 있고 겨울에는 험한 바위들이 매우 미끄럽고 위험하기 때문에 시간이 많이 걸리기도 한다. 또 봄에는 신록과 어우러져 아름답기 때문에 산에 머무는 시간이 길어지고 가을에는 조망이 좋아 산을 내려서기가 아쉽다.

용봉산의 전설 들

전설1 – 용봉산 장수와 백월산 장수의 싸움 (백월산 편에 소개되어 있다.)

전설2 – 봉황과 용의 싸움

옛날 용봉산에 봉황이 살면서 땅에 사는 길짐승 날짐승을 지배하고 있었고 산 아래 연못에는 용이 살면서 물 속의 모든 것을 지배했다. 어느 해부터인가 오랫 동안 몹시 가물어 땅 위의 풀과 나무 사람과 짐승은 물론 연못 속의 물고기들까지 죽게 되었다.

참다 못한 용이 하늘로 올라가 옥황상제께 사정하여 비를 내리게 했다. 모두들 처음에는 기뻐했으나 비는 그치지 않고 계속 내렸다. 연못 속의 물고기들은 마냥 즐거웠으나 땅 위의 날짐승 길짐승들은 물 때문에 먹이를 못 찾아 죽을 지경이었다.

봉황이 용에게 비를 그치게 해달라고 빌었으나 소용이 없었다. 그래서 봉황과 용은 크게 싸우게 되었다. 그 때문에 산은 바위가 들어나고 연못은 차차 메워지게 되었다.

하늘에서 이 사실을 안 옥황상제는 용과 봉황을 크게 꾸짖고 용봉산에서 쫓아냈다.

산 아래 용이 살았던 '용방죽'은 터만 남아있다.

전설3 (실화) - 용봉사와 풍양조씨 묘

지금의 용봉사 위 자리가 좋은 곳에 풍양 조씨 묘가 있다. 원래는 그 묘 자리에 용봉사가 있었다. 옛날 권세가 대단했던 어느 풍양조씨가 절 자리의 명당을 탐내 절을 현재의 자리로 옮기게 하고 그 자리에 묘를 썼다. 그러나 그 뒤에 풍양조씨는 자식이 없어 대가 끊어졌고 절에서 그 묘를 관리하게 되었다 한다.

그 밖에 용봉산에는 최영장군이 활쏘기 훈련을 했다는 활터도 있다.

용봉산의 문화재

용봉산에는 3점의 국가지정 보물과 여러 점의 지방문화재가 있다. 산행을 하며 자연스럽게 볼 수 있는 것으로 용봉산의 산행을 한층 뜻있게 한다.

마애석불(보물 제355호) - 용봉사 위에 있다. 용봉산을 오르면 자연스럽게 볼 수 있다. 고려 초기의 작품으로 추정되는 이 마애불은 바위에 양각으로 되어 있고 조각 수법이 매우 정교하다.

석조보살입상(보물 제508호) - 수암산 북동쪽 기슭에 있다. 수암산은 덕산 온천 가까이에 있는 산으로 용봉산에 이어져 있는 산이다. 높이가 5.3m로 키다리 아저씨처럼 홀로 서서 충남도청이 들어설 삽교와 덕산의 넓은 들을 내려다 보고 있다.

용봉사영산회 괘불탱(보물 제1262호) - 용봉사에서 보관하고 있는 불화로 조선조 숙종16년(1690년)에 화사 진간에 의해 제작되었다. 가로 550cm로 593cm의 크기로 일찍 죽은 숙종의 왕자의 명복을 빌기 위해 그렸다 한다.

용봉사 마애불(정원명 마애불, 도지정 유형문화재 제118호) - 용봉사를 올라가는 길에서 왼 편으로 볼 수 있다. 석벽에 양각된 석불로 석불 오른 편에 27자의 명문이 음각되어 있다. 명문에 신라 소성왕 1년(799년)에 조성되었다는 글이 있다.

상하리 미륵불(도지정 문화재 제87호) - 용봉산 서쪽, 용봉초교 쪽에서 용봉산에 오르는

용봉사에서 본 병풍바위

마애석불

기암괴봉

기암괴봉

길에 있다. 거대한 자연석을 이용하여 조각한 것으로 고려시대의 토속적인 지방양식이 잘 드러나 있다. 전체 높이 7m로 우람한 체격의 불상이다.

그 밖에 용봉사지 석구 석조 마애불(도지정 문화재자료 제162호)등이 있고 윤봉길의사의 사적지인 충의사가 바로 수암산 북쪽에 자리잡고 있다.

산행길잡이

산 길 장군봉이 용봉산 상봉(381m)이지만 악귀봉 일대가 용봉산에서 가장 멋이 있고 좋다. 그래서 악귀봉은 반드시 들려야 하기 때문에 악귀봉을 중심으로한 산길 여섯 갈래를 소개한다.

① **용봉초등학교 길** : 용봉초등학교-미륵불-투석봉-장군봉(용봉산 고스락)-노적봉-악 귀봉 (약 1시간 30분)

② **구룡대 용봉사 길** : 구룡대(관리사무소)-용봉사-조씨묘-마애불-절고개-악귀봉 (약 1시간 30분)

③ **구룡대 병풍바위 길** : 구룡대(관리사무소)-오른 편 등성이-병풍바위-용바위-절고개-악귀봉 (약 2시간)

④ **구룡대 노적봉 길** : 구룡대-야영장-노적봉-악귀봉 (약 1시간 30분)

⑤ **청석수련원 길** : 용봉산 입구 주차장-청석수련원-팔각정(최영장군 활터)-장군봉-노적봉-악귀봉(약 1시간 30분)

⑥ **수암산 길** : 덕산온천 또는 석조보살입상-수암산-전망대-용바위-절고개-악귀봉 (약 4시간)

참고 : 이 가운데 구룡대(관리사무소)병풍바위 길과 청석수련원 길이 가장 좋다. 두 길 가운데 하나로 올라 다른 길로 내려오는 길을 권하고 싶다. 수암산 길 외의 산행시간은 2시간 30분에서 3시간이 된다.

교 통 먼저 홍성 또는 덕산으로 가야 한다. 홍성이나 덕산에서 609번 지방도를 이용하면 산 서쪽의 용봉초등학교(용봉산 서쪽 들머리) 구룡대(용봉산 들머리) 수암산 들머리에 갈 수 있다. 대중교통을 이용하려면 홍성으로 가서 시내버스를 이용해야 한다.

조 망 북 ⇨ 영인산, 금오산, 관모봉, 안락산, 봉수산, 광덕산, 천방산
동 ⇨ 극정봉, 국사봉, 무성산, 봉수산, 국사봉, 법산, 칠갑산, 천마봉, 오봉산, 백월산, 오서산
남 ⇨ 일월산, 진당산
서 ⇨ 삼준산, 연암산, 덕숭산, 가야산, 원효산, 서원산

IV. 조선조 태조 이성계의 태와 만인산

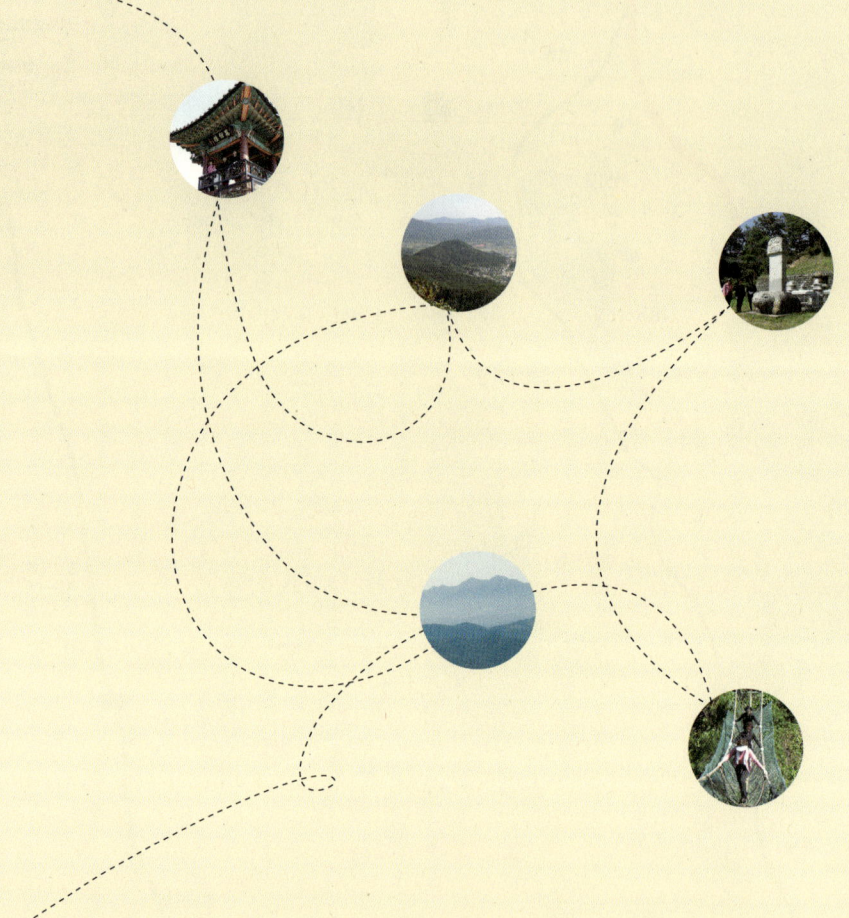

info | **538m** ● 금산군 추부면, 복수면 | **580m** ● 대전광역시 동구 하소동

13
만인산과 성봉

이름 그대로 만장의 낭떠러지가 있는 만인산

신증동국여지승람 진산군 편에 만인산에 관하여 '군의 동쪽 20리에 있다. 성봉(星峰)이 있는데 땅은 두텁고 물은 깊다. 봉우리가 우뚝 솟아 연꽃처럼 생겼다. 태조의 태를 묻었다' 라 기록되어 있으며 대동지지 진산군 편에도 '동북 30리에 있다. 성봉 땅은 두텁고 물은 깊으며 고스락이 뾰족뾰족 솟은 봉우리가 기이하고 빼어나다. 그 모습이 연꽃 같다.' 라고 써있다.

이 신증동국여지승람과 대동지지가 만인산의 경관을 잘 설명하고 있다.

만인산(萬仞山)의 한자 '인' 의 뜻은 높다 '깊다' 의 뜻도 되고 한 길(질-사람의 키 정도)의 뜻도 있어서 '만 길, 만 장(丈)이 되리 만치 높다.' 는 뜻이다. 또 만인은 단애 즉 '깎아 세운 듯한 낭떠러지' 의 뜻도 있다. 결국 만인산의 이름과 옛 문헌이 만인산의 경관과 산세를 잘 말해주고 있는 것이다.

만인산은 말 그대로 긴 협곡을 이루며 양편의 산이 높이 솟아 있어 하루 해가 일년 내내 짧다. 이 만인산 봉수내미골은 대전천의 발원지다.

추부터널로 대전과 이어지지만 골짜기 아래의 가목정 마을까지 길고 좁다란 협곡은 터널이 아닌가 하는 생각을 들게 한다.

만인산은 주봉과 상봉인 성봉 사이 긴 골짜기를 금산과 대전을 잇는 17번 국도가 지나

만인산에서 본 성봉

고 있어 17번 국도를 사이에 두고 주봉과 상봉이 마주보고 있다. 이 만인산 주봉과 성봉의 중심이 되며 금산에서 대전으로 통하는 터널 앞(대전 쪽)에는 식사는 물론 여러 가지 간식 등 온갖 먹거리가 있는 휴게소도 있다.

산길은 바윗길이 없고 흙길이며 숲속 그늘이어서 내내 편안하지만 매우 가파른 곳도 여러 군데여서 산행의 맛도 쏠쏠하다. 산행시간도 2시간, 3시간, 4시간으로 알맞게 조절할 수 있어서 좋다.

조선조 태조의 태실에 얽힌 이야기

터널이 뚫리기 전에는 추부에서 산내로 넘어가는 고개를 태봉재라 불렀다. 만인산에 조선조 태조 (이성계)의 태실이 있었기 때문에 붙인 이름이었다. 지금은 옛 길의 고개 마루에 옮겨서 태가 없는 태실을 복원해 놓았다.

영흥(함흥) 태생의 태조 이성계의 태실이 만인산에 있게 된 연유가 재미있는 이야기로 그럴싸하게 부풀려져 전해지고 있다.

원래 이성계의 아버지 이자춘(뒤에 환조로 추존)은 영흥의 세력가로 원나라의 쌍성총관부의 관리였다. 원나라의 세력이 약해지자 고려 공민왕은 국토 회복을 꾀하여 유인우

만인산에서의 조망

태조 이성계의 태실

로 하여금 쌍성총관부를 공격토록 했다. 이 때 이자춘과 이성계 부자는 쌍성총관부 안에서 고려군에 내응하여 원나라의 쌍성총관부를 내쫓는데 공을 세웠다. 그 공으로 이자춘 이성계 부자는 고려조의 벼슬살이에 들어섰다.

따라서 이성계의 태는 당연히 영흥에 있어야 했다. 그 이성계의 태가 금산 땅 만인산에 오게 된 연유가 실화 비슷하게 전해져 오고 있는 것이다. 그러나 사실과는 전혀 다른 점이 있어 하나의 전설로 여길 수밖에 없다.

고려 500년 동안은 지리도참설(풍수지리설)이 귀족사회에서나 서민사회에서나 크나큰 영향력을 가지고 있었다. 누구나 명당자리를 얻기 위해 많은 관심은 물론 정성과 노력을 쏟았다.

이자춘도 물론 명당을 얻기 위해 무던히도 애를 쓰고 있었다. 그런데 어느 날 스님과 선비 두 사람이 길을 가며 저 자리는 어떻고 이 산은 어떻다며 지리 이야기를 하고 있었다. 우연히 그 들 뒤를 따라 가며 지리 이야기를 들은 이자춘의 식객은 앞에 두 사람이 비범한 인물이며 지리에 높은 식견을 가지고 있음이 분명하다고 생각했다.

이자춘이 명당을 얻기 위해 애를 태우고 있는 것을 잘 알고 있는 그 식객은 단숨에 달려가서 자기 주인에게 이 사실을 알렸다. 이자춘이 바로 쫓아 나와 그 두 나그네를 집에 모셔다 놓고 연일 융숭한 대접을 했다.

알고 보니 그 두 사람은 당대 최고의 지리 전문가들로 스님은 고승 나옹(懶翁)이었고 선비는 뒤에 개국공신이 된 유학자 정도전(鄭道傳)이었다. 두 사람은 이자춘의 정성에 감복하여 명당 한 자리를 잡아주고 이장의 절차까지 일러주며 이자춘에게 은밀히 당부를 하였다.

'이 자리에 당신의 아버지(이 춘, 뒤에 도조로 추존) 유골을 모시고 얼마가 지나면 왕이 될 아들을 낳을 것이다. 아들을 낳으면 저 연못 가운데에 태를 묻되 그 아이가 임금이 될 때까지 부인을 포함해서 아무도 모르게 하고 임금이 된 뒤 그 태를 옮기도록 하라'고 한 것이다. 그 태를 묻었던 연못이 영흥의 용연(龍淵)이다.

태조는 임금이 된 뒤 신하 가운데 지리에 밝은 권중화를 시켜 자기의 태 묻은 자리를 찾게 했다. 권중화는 서울서부터 남으로 내려오며 명당을 찾았다. 그 때 잡은 명당이 만인산의 태실자리였다.

권중화가 태실 자리를 찾으려 다니다 얻은 중요한 부산물도 있었다. 그 때는 조선조의 창건 초기여서 도읍(왕도)터를 정하는 일이 매우 중요했다. 권중화는 계룡산 일대를 돌며 신도안이 도읍터로 좋다는 것을 발견하고 계룡산 신도안 일대의 지형도를 그려 태조(이성계)에게 보내고 친히 내려와 살펴 볼 것을 건의했다.

태조는 그 지형도를 받고 내려와 계룡산과 신도안 일대를 돌아본 뒤 도읍터로 좋다며 도읍의 조성 공사를 하도록 지시했다. 그러나 하륜이 신도안 도읍안을 강력하게 반대하여 도읍으로 하려는 계획은 취소되고 1년 동안 진행된 공사도 중단했다. 그 때 공사를 하며 만든 크나큰 주춧돌이 지금도 신도안에 남아있다.

잘못 불려지고 있는 성봉의 이름

수백 년 전부터 내려온 권위 있는 고전 신증동국여지승람과 우리나라의 대표적인 지리문헌인 대동지지에 만인산의 상봉인 성봉(星峰)이 분명하게 기록되어 있다. 만인산란에 '성봉이 있는데 봉우리가 우뚝 솟아 연꽃처럼 생겼다.'로 되어 있는 것이다.

이처럼 성봉이 특기되어 있는 까닭은 만인산의 주봉이 537m인데 비해 성봉은 580m로 40여 m 높을 뿐 아니라 만인산 주봉 일대에 뚜렷한 봉우리가 없이 거의 평정봉(봉우리가 길게 평평한 것)인데 성봉은 그 머리가 둥글어 그야말로 연꽃처럼 뛰어나게 높이

태조태설위의 출렁다리

솟아 있는 점이다. 그 때문에 서대산 대둔산 진악산 계룡산 식장산 보문산 등지에서 이 성봉이 눈에 띄게 우뚝하게 보이는 것이다.

만인산 주봉은 낮은데다 평정봉이어서 먼데서 찾기가 어렵다. 한마디로 '연꽃' 처럼 뚜렷하게 보이는 봉우리는 만인산 일대에서 성봉 밖에 없다.

그런데 이 성봉에 엉뚱한 이름이 붙여졌다. 대전 쪽 푸른 학습원에서 만인산 일대를 개발하고 개념도 안내도를 내며 근동의 노인이 '정기봉'이라 했다며 모든 안내판과 기록에 성봉을 유래도 없고 뜻도 없는 '정기봉'으로 만들어 버린 것이다.
 푸른 학습원에서는 먼저 문헌부터 살폈어야 했다. 요즈음에야 문헌들을 보았는지 성봉에 대한 '연꽃' 설명을 엉뚱한 만인산 주봉 쪽에 세워놓았고 파묘자리인 듯 싶은 만인산 주봉과 성봉 고스락의 패인 자리를 봉화대 흔적이라고 안내판에 써 놓았다.
 하루 빨리 성봉이란 올바른 이름을 찾아야 한다.

산행길잡이

산 길   산길의 중심은 기점과 종점이 되는 만인휴게소와 만인루로 오르는 별개의 길이 시작되는 제 2주차장(만인 주유소) 두 곳이다. 두 곳 가운데 거의 모든 사람들이 휴게소를 만인산 산행의 기점과 종점으로 이용하고 있다.

❶ **휴게소 길** : 만인산 휴게소 – 만인루 갈림 길 – 만인루 – 만인산 주봉 – 태조 태실 – 푸른학습원 갈림길 – 성봉(– 푸른 학습원 – 휴게소) (산행시간 약 3시간)

❷ **푸른 학습원 길** : 만인산 휴게소 – 푸른 학습원 – 성봉(– 태실 – 만인산 – 만인루 – 휴게소)
 • 휴게소에서 푸른 학습원을 거쳐 성봉만을 다녀올 때는 휴게소 – 푸른 학습원 – 성봉 – 휴게소
(약 1시간 30분)
 • 태실에서 휴게소로 하산할 때는 태실 – 휴게소 (약 20분)

❸ **제 2주차장(만인산 주유소)에서 직접 만인산 주봉으로 오를 경우:**
제 2주차장 – 만인루 – 만인산 (약 50분)

교 통   금산에서 대전을 잇는 17번 국도가 만인산 주봉과 성봉 사이를 지난다. 대중교통 수단을 이용하려면 대전역(열차) 앞을 지나는 501번 좌석버스 520번 일반버스를 타면 된다. 각각 11분, 80분 간격으로 다니고 있다. 승용차나 관광버스의 경우 17번 국도를 이용하면 되고 고속도로를 이용할 경우에는 대전 통영간 고속도로의 추부IC에서 빠져나와 17번 국도로 추부를 지나 대전 방면으로 가거나 남대전 IC에서 나와 역시 17번 국도를 이용하여 금산 쪽으로 가거나 만인산 휴게소로 갈 수 있다.

조 망   가족과 함께 산에 올라 고스락에서 둘레의 산들을 챙겨보는 것도 재미있다.
 북 ⇨ 식장산, 고리산, 속리산, 금적산, 구병산, 서대산, 달이산, 대성산
 동 ⇨ 마리산, 황악산, 천태산, 갈기산, 민주지산, 성주산, 적상산, 덕유산, 진악산, 성치산
 남 ⇨ 구봉산, 운장산, 백암산 · 선야봉, 인대산, 천등산, 대둔산
 서 ⇨ 장군봉, 안평산, 향적산 · 계룡산, 금수봉, 우산봉, 보문산, 계족산

V · 조선조 태조와 도비산

info | 352m | 서산시 부석면

14
도비산

바다 위로 나는 섬, 도비산

신증동국여지승람에 나오는 도비산(都飛山)은 '본군 남쪽 18리 지점에 있다' 로 되어 있고 한자 이름이 '도읍, 모으다, 모두, 우아하다' 의 뜻이 있는 '도(都)' 자와 '날다' 의 뜻인 '비(飛)' 자를 쓰고 있다. 옛 서산군지 호산록에도 같은 한자를 쓰고 있다 한다.

그러나 지금은 '섬' 이라는 뜻의 '도(島)' 자와 날다의 뜻인 비(飛) 자를 써서 '도비산(島飛山 – 섬이 날다)' 으로 쓰고 있다. 그 까닭은 천수만 쪽에서 보면 도비산이 바닷물 위로 날아가는 것처럼 보이기 때문이다. 실제로 간월도에서 본 도비산은 바다 위에 떠 있는 섬처럼 보였다.

또 다른 이야기는 옛날 도비산에 복숭아 나무가 많아 봄에는 복숭아 꽃이 수북하게 쌓였다 해서 복숭아 '도(桃)' 자와 살찔 '비(肥)' 자를 써서 '도비산' 이라 하기도 했다는 것이다. 어떤이는 도비산이 중국에서 날아왔기 때문에 도비산이라 한다는 이야기도 하고 있다.

도비산에서는 천수만과 해안국립공원인 태안의 아름다운 해안을 조망할 수 있다. 도비산은 숲이 울창한 육산이지만 산 곳곳에 큼직한 바위무더기가 있고 더러는 벼랑을 이루고 있어 좋은 조망대가 되기도 한다. 새해맞이 행사장 해넘이 조망대가 동서에 따로 마련되어 있기도 하다.

도비산에서 보이는 명호도(鳴呼島)는 중국 제나라 전횡(田橫)이 한고조를 피해 의사 500명과 머물렀다는 이야기가 있는 섬이다. 포은 정몽주(鄭夢周)도 이 섬을 보고 전횡의 의리를 생각하며 시를 지었다 한다.

도비산의 동서에 차로 오를 수 있는 훌륭한 해돋이 해넘이 조망대가 만들어져 있다. 묘한 것은 차가 오를 수 없는 산 머리 부분의 동서에도 바위 무더기가 벼랑(턱)을 이루고 있어서 그 또한 훌륭한 천연 조망대가 되고 있다.

특히 서쪽 해넘이 조망대 위쪽의 거대한 큰바위들은 도비산 제일의 명소인 동시에 천연의 해넘이 조망대다. 여기에는 집 채만한 바위 수십 개가 모여 있는 곳으로 그 자체가 장관을 이루고 있다. 또 이 바위무더기의 서쪽 끝은 천연 요새처럼 거대한 바위 성문을 이루고 있다. 자연의 오묘함을 느낄 수 있는 곳이다.

도비산에는 유서 깊은 부석사와 동사가 자리잡고 있으며 북면에는 거대한 바위 벼랑과 잘 어울리는 석천암이 있다. 여기에 물 맛이 좋다는 샘도 있다. 도비산은 서산 지역에서 연암산(441m-고북면) 팔봉산(362m-팔봉면)에 이어 세 번째로 높은 산이다.

조선조 태종의 강무와 도비산

고려 말엽에는 우리나라의 해안 일대에 왜구의 침입이 심했다. 도비산이 천수만과 태안반도 안면도 등 서해안을 감시하기에 매우 좋은 자리에 있기 때문에 도비산에 봉수대가 있었다.

기록에 의하면 1416년 조선조 태종이 아들 충녕(뒤에 세종)과 함께 7천 여명의 군사를 거느리고 내려와 도비산을 중심으로 사냥몰이를 했다 한다. 사냥몰이는 군사훈련의 일종으로 강무(講武-조선조에서 임금의 주관으로 벌이는 군사 훈련)라 하는 것이다.

태종은 왜구에 대비하여 바다를 감시하기 좋은 도비산에서 주위 상황을 살피며 강무를 했던 것이다.

부석사와 못 이룬 사랑의 용, 그리고 뜬 바위 이야기

부석사의 이름은 이 지역 부석면의 이름과 함께 물에 뜬다는 뜻의 '부(浮)' 자와 돌 '석(石)' 자로 '물에 뜨는 돌, 바위' 라는 뜻이다.

부석사에서 훤히 내려다 보이는 천수만에 '검은녀' 라는 바위가 있었다. 조수와 상관

도비산에서의 조망

도비산의 모습

석천암

간월도에서 본 도비산 (바다위에 떠있는 도비산)

부석사

도비산의 기암

없이 언제나 떠있는 것처럼 보이는 그 바위를 '검은녀'라 했으며 '부석'이라 하기도 했다. 그것이 이 지역과 절의 이름이 된 것이다. 그러나 간척사업으로 천수만이 메워지면서 '검은녀'가 묻혔기 때문에 지금은 '검은녀'의 상징석을 세워놓고 이 일대 주민들이 제사를 지내고 있다 한다.

  부석사의 창건 연대나 내력은 확실하지 않다. 부석사 창건에 관한 두 가지 이야기가 전해지고 있다.

  하나는 신라 문무왕 17년(677년) 의상대사가 창건했다는 것이고 다른 하나는 고려 말의 충신 유금헌(柳琴軒)이 나라를 잃은 한을 품고 내려와 도비산 중턱에 별당을 짓고 독서하며 지냈는데, 유금헌이 죽자 적감(赤感) 스님이 그 별당을 고쳐 절로 만들었다는 것이다.

  부석사를 의상대사가 창건했다는 이야기에는 '검은녀'와 관련된 이야기가 딸려 있다. 의상대사가 중국 지장사에서 수도에 전념하고 있을 때, 절 아래 마을에 살고 있었던 예쁜 선묘낭자가 의상대사를 사모하게 되었다. 선묘낭자는 의상대사가 귀국하게 되자 자기와 결혼할 것을 애원했으나 거절당하고 함께 배를 타고 가겠다는 소원까지도 끝내

받아들여지지 않자 바다에 뛰어들어 죽었다.

죽어서 바다의 용이 된 선묘낭자는 의상대사가 탄 배를 거센 파도로부터 잘 지켜주었고 의상대사가 귀국한 뒤에도 계속 의상대사를 따라다녔다 한다.

의상대사는 자기 때문에 죽은 낭자의 넋을 위로하기 위해 도비산 중턱에 절을 짓고자 했다. 그러나 마을 사람들이 절 짓는 것을 방해하고 불까지 지르려 했다.

이 때 크나큰 바위가 하늘에 떠다니며 '만일 절 짓는 일을 방해하면 이 바위를 너희들 머리 위로 떨어뜨리겠다. 당장 물러가라'고 크게 꾸짖었다. 마을 사람들이 몹시 놀라 물러가자 공중에 뜬 바위는 도비산에서 빤히 내려다 보이는 천수만에 내려 앉았다. 뒷 날 사람들은 그 바위를 '검은녀' 또는 '뜬 바위'라 부른다는 것이다.

산행길잡이

산 길	산길은 부석사와 해돋이 조망대를 잇는 등성이 길이어야 한다. 그러나 반드시 들려야 할 석천암은 부석사와 해돋이 조망대를 잇는 길에서 벗어나 있다. 주차장 – 부석사 – (다시)주차장 삼거리 – 해넘이 조망대 – 헹글라이더 활강장 – 큰바위듬 – 고스락 – 삼거리 – 석천암 – (다시)삼거리 – 동쪽 끝봉 – 해돋이 조망대. 해돋이 조망대에서 산행을 시작할 때는 위의 순서를 거꾸로 가면 된다. 승용차로 도비산에 갈 때에는 부석사에서 산행을 시작하여 동쪽 끝봉까지 간 다음 해돋이 조망대로 내려가지 않고 부석사 주차장으로 되돌아 오는 것이 좋다.
교 통	서산을 거점으로 해야 한다. 서산에서 649번 지방도를 타고 부석(면청 소재지, 부석면 취평리)으로 가서 부석사로 올라간다. 서산에서 부석까지 시내버스가 자주 다니고 있다. 부석에서 부석사까지는 30분 정도 걸어야 한다.
조 망	북 ⇨ 이배산, 아미산, 수정봉, 일락산, 석문봉, 가야산 동 ⇨ 연암산, 삼준산, 일월산, 오서산, 진당산, 옥마산, 잔미산 남 ⇨ (안면도) 서해 서 ⇨ 백화산, 팔봉산

VI • 왜구와 천보산

info | 325m ● 부여군 홍산면

15 천보산

최영 장군과 홍산대첩

홍산의 태봉산에 최영 장군이 왜구를 물리친 홍산 대첩비가 있다.

고려 말 국력이 약화된 틈을 타 왜구의 침입이 잦고 심했다. 남해안은 물론 서해안 남쪽 일대는 한 때 해안 50리 안에는 왜구의 노략질과 분탕질로 사람 살기가 어려울 지경이었다. 특히 추수 무렵에는 왜구가 더욱 극성을 부렸다.

해안뿐만 아니라 금강의 물길을 따라 올라온 왜구 때문에 강에서 가까운 내륙의 백성들도 많은 괴로움을 받았다. 한 때는 왜구가 남원 황산까지 몰려가 조선조 태조 이성계가 왜구를 무찌르기도 했다. 이른바 황산대첩이다.

특히 고려 우왕 2년에 수천 명이 몰려온 왜구는 부여 일대를 휩쓸고 공주를 함락시키기도 해서 그 피해가 너무 심했다. 이 때 공주 목사 김사혁은 탄천에서, 양광도 원수 박인계는 석성에서 왜구에게 참패를 당하기도 했다.

이 소식을 들은 최영장군은 왕의 허락을 받아 양광도 도순무사 최공철 조전원수 강영 병마사 박수년 등 장수와 정예 병사들을 거느리고 내려와 홍산에서 노략질을 일삼던 왜구를 전멸시켰다. 이것이 유명한 최영장군의 홍산대첩이다.

이 대첩 뒤에 최영장군의 부하들이 왜적을 격파한 홍산파진도(鴻山破陣圖)를 왕에게 올렸고 왕은 당대 제일의 문장가 이색에게 장군을 극찬하는 글을 짓게 했다.

천보산 전경(암릉)

천보산의 기암괴봉

바윗길의 쇄줄

천보산의 기암괴봉

최영장군의 상

최영 장군의 지휘소였으며 대첩비가 있는 태봉산성은 높이가 90m이며 둘레 약 900m 가량 되는 토성 흔적이 있으며 남쪽으로 구룡평야가 널리 펼쳐져 있다.

태봉산성에서는 매년 4월 중순 벚꽃이 필 때면 홍산대첩추모제가 열리고 있다.

기암괴봉으로 아름다운 천보산

부여군 홍산면은 보령군 서천군과 가까운 평야지대의 중심지로 교통의 요지다. 드넓은 들녘을 뚫고 지나는 금강과도 가까이 있어 산이라 해야 그리 높지 않은 야산만이 있을 것으로 아는 사람들이 많다. 그러나 보령의 동쪽 월명산, 아미산, 만수산, 성주산으로 이루어진 산악지대와도 가까워 산과도 인연이 가까운 곳이다.

이 홍산에 높지는 않으나 기암괴봉으로 아름다운 천보산이 있다. 이 산은 남쪽을 향해 내려간 산줄기의 등성이가 온통 바위로 되어 있다. 바위도 덩어리가 크고 모양도 가지각색이며 멋이 있다. 좌우 양면은 거의 절벽에 가깝다. 어떤 곳은 높은 벼랑을 이루고 어떤 곳은 넓은 너럭바위를 만들었는가 하면 독수리 부리처럼 하늘을 찌를 듯 뾰족하게 하늘로 솟아 있는 바위도 있다. 바위 이름도 독수리바위, 해태바위, 마진바위 등 가지가지다.

칼날 같은 바위 모서리를 지나는 곳도 있고 벼랑 끝을 지나기도 한다. 그래서 사람이 다니기가 어렵고 아찔하기도 해서 밧줄을 매어 놓은 곳도 있으며 아예 쇠사다리를 만들어 걸쳐 놓기도 했다. 위험해서 줄사다리를 걸쳐 놓은 곳에는 따로 안전하게 돌아가는 길을 따로 만들어 놓기도 했다. 그러한 길들에는 빨간 화살표가 길을 안내하고 있다.

온통 기암괴봉으로 이 등성이를 오르다 높은 반석에 앉아 땀을 드리우며 남쪽을 조망하면 넓은 구룡평야가 펼쳐져 있고 서쪽으로 눈을 돌리면 천덕산에서 시작하여 월명산, 아미산으로 이어지는 높은 산줄기가 서천(西天)을 가리고 있다. 길게 올라간 바위등성이가 고스락 부근에서 끝나면 이번에는 바위 없이 무성한 숲이 끝까지 이어져 그늘 속에서 편안한 산행을 즐길 수 있다.

천보산만의 산행이 너무 가볍다 싶으면 자티고개를 지나 천덕산 줄기에 들어가 아홉사리고개로 내려오거나 내친김에 길게 비홍산까지 늘릴 수도 있다. 자티고개에서 금지사가 있는 월명산(544m)도 그리 멀지 않다. 천보산은 분명 바위등성이 산이 거의 없는 부여, 서천, 보령 일대의 보물산이다.

산행길잡이

산 길
❶ **천보산 길** : 상천저수지 문녕기(뚝)-(바위등성이)-천보산-밤나무 밭-자티고개(613번 지방도)-상천저수지 문녕기 (약 2시간 30분)
❷ ①번 길의 역순 (자티고개에서 시작)
❸ 자티고개-금지사 임도-천덕산-아홉사리고개-홍산
또는 아홉사리고개-용주봉-비홍산-홍산 (아홉사리고개에서 홍산으로 바로 내려가면 약 4시간 30분이 걸리고 용주봉 비홍산까지 거쳐오면 약 6시간이 걸린다.)

교 통
물론 부여군 홍산으로 가야한다. 홍산에서 천보산 아래 상천리 저수지를 지나고 자티고개를 넘어 외산으로 613번 지방도가 지나고 있다. 이 지방도를 군내버스가 1일 3회(홍산에서 자티고개 쪽 08:20, 13:35, 17:30. 윗삽티에서 홍산으로 가는 군내버스는 08:10, 10:40, 14:30, 18:00.) 다니고 있다. 교통이 불편하여 택시를 이용하는 것도 좋다.
(홍산 택시 041-835-2834)

조 망
고스락은 나무 때문에 조망할 수가 없다. 바위등성이 위에서의 조망이다.
북 ⇨ 축융봉
동 ⇨ 성홍산, 구룡평야
남 ⇨ 천덕산, 비홍산
서 ⇨ 월명산, 아미산

볼거리
홍산 동헌, 홍산 객사, 상천리 마애불입상, 태봉산성, 최영장군 대첩비

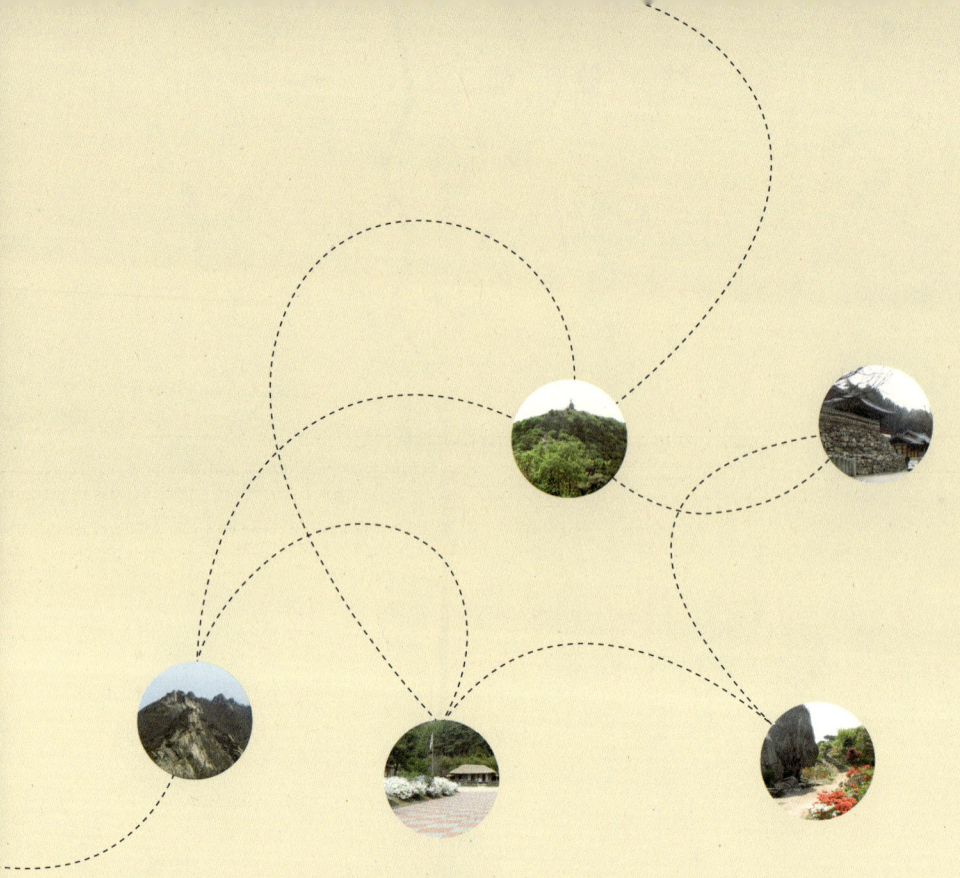

VII · 충절의 산, 그리고 조선조 신도 건설 이야기

info ┃ 845m ● 공주시 반포면, 계룡면, 계룡시 남선면

16
계룡산

천하의 명산 계룡산
계룡산은 지리설에서 산태극 수태극의 중심에 있으며 회룡고조의 자리에 있는 대명산이다. 국립공원 계룡 8경이 계룡산의 아름다움을 모두 말해줄 수는 없다. 또 여기에 계룡산의 아름다움을 모두 소개 할 수도 없다. 여기서는 다만 계룡산의 비경 또는 드러내지 않고 있거나 숨겨져 있는 곳, 사람들이 잘 알지 못하는 이야기들을 여기에 소개 하고자 한다.

동학사 들머리의 홍살문
홍살문은 능(陵) 원(園) 묘(廟) 궁전(宮殿) 사당 등의 건물 들머리에 세워지는 것이다. 이 홍살문이 동학사 들머리(남매탑 삼거리, 정자 아래)에 있다.

동학사 아래에 신라 박제상의 위패를 모신 동계사, 고려말의 충신 포은 야은 도은 세분의 위패를 모신 삼은각, 조선조 단종 복위 운동에 가담한 사육신의 위패를 모신 숙모전 등 세 사당이 있기 때문에 홍살문이 있는 것이다. 갑사에도 서산대사 사명당 기허당(영유대사)의 제사를 모시는 표충사가 있다. 계룡산은 충혼이 깃들어 있는 산이다.

연천봉의 참언 각자
연천봉 고스락의 바위에 조선조의 멸망을 예언한 8자의 한자가 새겨져 있다. 방백마

각(方百馬角) 구혹화생(口或禾生), 방은 4(4방) 일백 백, 마는 말과 소를 이르며 소 우(牛)자를 풀으면 팔십(八十), 각은 뿔로 둘(2)이 된다.

구혹(口或)은 나라 국(國) 자를 풀어 쓴 것이며 화생은 옮긴다는 뜻인 이(移) 자의 옛 글자를 풀어 쓴 것이다. 결국 482 국이(國移) 즉 482년 만에 나라가 옮긴다. 나라가 망한다는 뜻이다. 사실은 조선조가 512년 만에 망하여 30년의 차이가 나지만 마지막 황제 순종의 출생 연도를 따지는 등 482년을 합리화 시키려는 사람들도 있다.

쌀개봉에서 보는 동학사 계곡의 신록

동학사계곡의 신록은 계룡8경의 하나다. 신록은 화사한 꽃 못지않게 아름답다. 봄의 신록은 싱그럽다는 꾸밈말이 으레 따른다. 단풍은 잎이 지는 것을 뜻하며 신록은 잎의 출생을 뜻하는 색깔이다.

알고 보면 싱그러운 신록도 가지각색이다. 노란빛을 띠어 여리고 부드러운 초록, 옅은 초록, 짙은 초록, 가느다란 잎, 넓은 잎의 초록 등이다. 매년 5월의 중순 쌀개봉에서 내려다보는 동학사 계곡의 신록은 참으로 좋다.

일본의 산행문학가 후까다 규야는 '사춘기 소녀가 봄 산의 신록을 보고 오면 눈빛이 달라지고 자연에서 씻긴 눈은 더욱 맑고 초롱초롱 해진다.' 라고 말했다.

방광을 한다는 신흥암의 천진보탑

갑사 계곡의 신흥암(갑사에서 금잔듸 고개로 오르는 길목)에는 부처님의 진신사리가 모셔져 있다는 천진보탑이 있다. 천연의 선바위로 신흥암에서는 그 앞에 훌륭한 전각까지 지었다. 신비롭고 불가사의한 방광 현상을 보통사람은 볼 수 없으나 이 천진보탑의 머리에서 가끔 빛을 내뿜는다는 방광의 소문이 있고 그 방광현상을 찍은 사진도 있다.

가을 신흥암에서 보는 건너 산비탈의 단풍이 계룡산의 단풍에서 가장 아름답다 한다.

천황봉에서 숫용추로 뻗은 산줄기의 비경

국립공원 계룡산의 아름다운 경관은 속속들이 잘 알려져 있다. 그러나 고스락 천황봉에서 숫용추로 내려가는 아름다운 바위등성이를 아는 사람은 많지 않다.

머리봉 등 이 바위등성이의 아기자기하고 아름다운 경관은 삼불봉과 관음봉 사이의

관음봉에서 본 자연성릉

동학사에서 본 짜개봉(V자바위)

날카로운 암릉

동학사

자연성릉(自然城稜)에 못지않은 아름다운 경관이다. 군사시설이어서 입산이 자유롭지 못하고 교통이 불편한 것이 흠이지만 한번 가볼만한 곳이다.

조선조 왕도예정지였던 신도안과 관련된 이야기 들

조선조를 창건한 태조는 새 왕도를 찾으려 무던히 애를 썼다. 태조 이성계의 태를 묻을 자리를 찾고자 산천을 두루 살펴오던 권중화(태종 때 영의정을 지냈고 지리 복서에 통달했다 함)가 산태극(山太極) 수태극(水太極) 회룡고조(回龍顧祖)의 대길지라는 계룡산 신도안을 지나칠 리 없었다.

새 도읍지로 마땅하다고 생각한 권중화는 계룡산의 산수형세도를 그려 태조에게 올렸다. 태조는 군신을 데리고 내려와서 5일 동안 종묘사직 궁사의 터 등을 여러모로 살펴보고 신도안의 신도 건설을 결정하고 한양의 신도경영을 중지케 했다.

열 달 동안 진행된 새 서울 건설 공사는 갑자기 중단되었다. 경기좌우도 도관찰사 하륜의 진언 때문이었다고 한다. 하륜은 계룡산이 국토의 중심이 아닌 남쪽과 서쪽에 치우쳐 있으며 물길이 멀고 중국 송나라 때의 풍수가 호순신의 설에 따라 '산줄기가 서북방에서 오고 물줄기가 남쪽으로 흐르니 물이 장생을 부수고 쇠퇴할 땅'이라는 이유였다.

그러나 신도 건설 중단에 관하여 여러 가지 이야기가 전해지고 있다.

이태조의 꿈에 신선이 나타나 '이 땅은 네 땅이 아니니 돌 하나 흙 한 줌도 더 이상 건드리지 말라'는 말을 해서 건설공사를 중단했다는 것이다. 이 때부터 계룡산은 이씨(李氏)의 터가 아니라 정씨의 터라는 참언이 돌았다.

당시 이태조가 신선의 말대로 신에 묻은 흙을 털고 갔다는 신털이봉이 신도안에 있다. 그러나 사실은 신도 건설에 동원된 많은 인부들이 일을 끝내고 숙소로 돌아가며 짚신의 흙을 털어낸 흙이 작은 봉우리가 되어 '신털이봉'이라 했다는 것이다.

열 달 동안 계속된 신도 건설의 유물로 궁궐을 짓기 위해 마련했던 거대한 주춧돌이 지금도 신도안에 남아 있다.

계룡8경 용산9곡 계룡9곡 갑사9곡

계룡산의 봉우리와 계곡 폭포, 해와 달과 구름이 어울리고 계절에 따라 이루어지는 아름다운 경관 여덟 가지를 계룡 8경으로 했다.

천황봉의 일출 삼불봉의 설화 연천봉의 낙조 관음봉의 한운 동학사계곡의 신록 갑사계곡의 단풍 은선폭포의 운무 오뉘탑의 명월이 여덟 경관으로 관심을 두고 살펴볼 만 하다.

그 밖에 계룡산에는 명승과 아름다움의 대명사와 같은 9곡이 세 군데나 있다.

계룡산 북 편의 상신리 계곡 구룡사 터를 중심으로 용(龍)자가 든 용산 9곡은 심룡문 은룡담 와룡강 유룡소 운룡담 황룡대 견룡대 비룡대 신룡연이다. 계룡 9곡은 계곡을 중심으로 암용추계곡 상신리계곡 숫용추계곡 천정계곡 신원사계곡 갑사계곡 동학사계곡 오성대계곡 도덕계곡이며 갑사9곡은 용유소 이일천 백룡강 달문택 군자대 명월담 계명암 용문폭 수정봉으로 바위에 그 이름이 새겨져 있는 곳이 있다.

산행길잡이

산 길 | 산길은 주로 동학사 갑사 상신리 박정자 신원사 다섯 군데가 산행 기점이 된다.

동학사 쪽
❶ 동학사-오뉘탑-삼불봉 (약 80분), 삼불봉-관음봉(약 60분) 또는 오뉘탑-금잔디고개-갑사(약 90분)
❷ 동학사-은선폭포-관음봉(약 90분), 관음봉-삼불봉(약 60분), 관음봉-연천봉-갑사(약 120분) 또는 연천봉-신원사(약 60분)
❸ 시설단지(상가)-천쟁이골-큰배재-오뉘탑 (약 70분)
❹ 박정자-장군봉-신선봉-큰배재-오뉘탑(약 180분)

갑사쪽
❶ 갑사-(갑사계곡)-신흥암-금잔디고개-오뉘탑-동학사(약 150분)
❷ 갑사-대자암-연천봉-관음봉-은선폭포-동학사(약 180분) 또는 관음봉-삼불봉 (약 60분)
상신리 쪽 상신리-큰배재-오뉘탑 (약 100분)
신원사 쪽 신원사-(등성이길)-연천봉-관음봉 (약 120분) 또는 신원사-(골짜기길)-고왕암-연천봉 잘록이 (약 90분)
참고: 관음봉-쌀개봉-천황봉, 학봉리-황적봉-천왕봉-쌀개봉-천황봉, 암용추-(등성이길)-천황봉 길이 험하고 자유롭지 못하여 아쉽다.

교 통 | **동학사:** 대전역과 고속버스 터미널을 지나는 102번 좌석버스
상신리: 7:00(공주에서 6:00발 6:40도착) 충남대 발 8:50, 11:20, 14:10, 16:30. 상신리 발 7:00(공주에서 6:00 발) 9:40, 15:30, 17:00, 19:00.
갑사: 유성 서울가든 옆 파출소 앞에서 2번버스, 2번 버스는 공주에서 갑사를 거쳐 유성으로 가고 또 유성에서 갑사를 거쳐 공주로 간다.
승용차 관광버스의 경우 32번 국도를 타고 공주 방면으로 가다 금강을 만나는 마암리에서 다리를 건너지 않고 691번 지방도에 들어서면 갑사에 갈 수 있고 신원사에도 갈 수 있다.
신원사-대중교통수단을 이용하려면 공주로 간 다음 신원사를 다니는 시내버스를 이용해야 한다.

조 망 | 계룡산에서의 조망은 화려하다. 지리산 가야산 덕유산이 보이고 운장산 칠갑산 속리산이 보인다.
북 ⇨ 흑성산, 우산봉, 속리산, 갑하산, 구병산, 계족산, 고리산, 갑장산
동 ⇨ 포성봉, 주행봉, 도덕봉, 식장산, 보문산, 황악산, 서대산, 천태산, 민주지산, 갈기산, 가야산, 대덕산, 덕유산, 무룡산, 진악산, 남덕유산, 대둔산, 지리산, 구봉산, 운장산, 연석산, 운암산, 만덕산, 위봉산
남 ⇨ 향적산, 미륵산, 만수산
서 ⇨ 문필봉, 성주산, 칠갑산, 무성산, 오서산, 가야산, 망경산, 광덕산

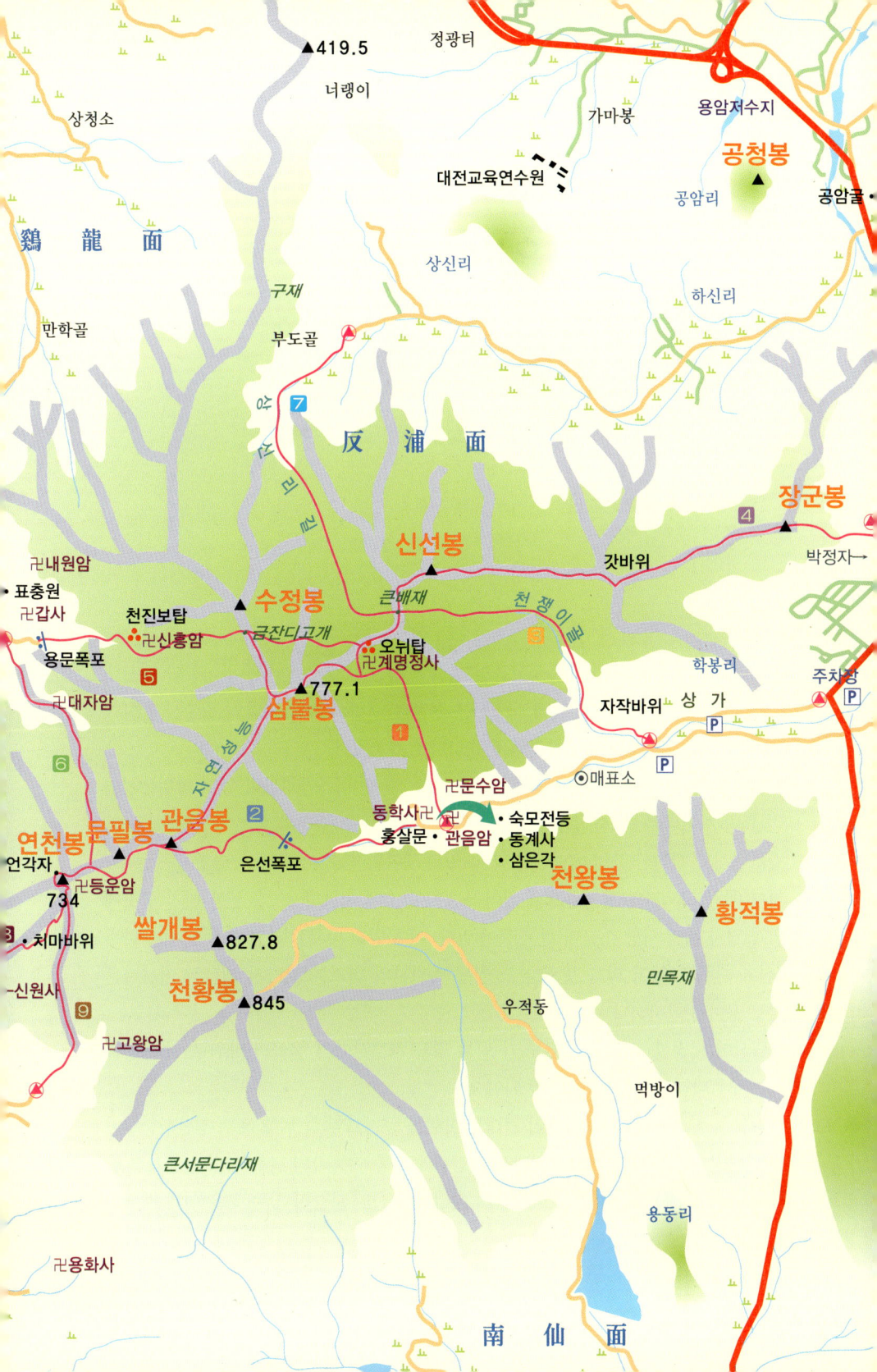

info | **394.3m** | 홍성군 홍성읍, 구항면

17
백월산(일월산)

충절의 땅 홍성의 백월산

충청남도 서북부에 자리한 홍성고을의 진산 백월산은 낮지만 경관이 아름답고 산행하기에도 매우 좋은 산이다. 원래 백월산은 황해도 구월산 전남 영암의 월출산과 함께 우리나라 서부 지역의 삼 월산(三 月山)의 하나로 꼽혀왔다.

백월산은 코끼리바위 바위턱 조망대 등 산비탈 곳곳에 기암괴봉이 있고 바위등성이도 있으며 서어나무 등 숲이 울창하다. 또 절과 이름난 약수터가 있는 등 다른 산들과 비슷하면서도 백월산 만의 매력이라 할 수 있는 색다른 점도 여러 가지 있다.

첫째 백월산은 거의 평정봉으로 길이가 300여 m에 이른다. 그래서 산 머리 곳곳에 꽃밭과 정자 제단 사당 순찰대 건물 등이 있다. 이 꽃밭과 나무들은 군내 각 단체가 나누어 심고 가꾸고 있어 더욱 뜻있다. 5월에 백월산의 머리는 갖가지 색깔의 아름다운 꽃들로 꾸며져 화사하다.

백월산에는 정자(조망대)와 50m가 넘는 명물 하늘사다리 절골의 바위로 된 협곡을 건너는 구름다리 등 산행시설이 잘 되어 있다.

백월산은 충절의 산이다. 산머리 거대한 바위를 등지고 벼랑 위에 홍주 청난사중수비와 단칸으로 된 청난사가 있다. 청난사는 임진왜란 중 이몽학의 난을 평정한 홍가신 등 다섯 충신의 위패를 모신 사당이다. 산의 머리에 충신의 사당이 있는 곳은 여기 백월산

백월산 고스락

뿐일 것이다.

경술국치(한일합방) 전후 많은 의병들이 이 산으로 들어와 장렬한 최후를 마쳤다는 이야기도 있다.

백월산은 민속신앙이 두드러지게 성한 산이다. 여기 청난사도 민속신앙의 당집을 겸하고 있어 사시사철 제물이 차려져 있고 자주 굿판도 벌려진다. 또 백월산 곳곳에 민속신앙의 기도터가 많다. 무속신앙인들이 스스로 순찰 감독하는 산림환경단속순찰대 건물까지 마련되어 있다.

백월산에서는 해마다 고천대제(제단까지 마련되어 있다)와 단군제가 열린다 한다. 당집 앞의 큰 바위에는 지름 30cm 깊이 20cm 정도 되는 확 모양의 둥근 구멍이 파여 있다. 군청의 임철용 공원녹지계장의 설명에 의하면 옛날에는 이 구멍에 소의 피를 받아 단군제의 제물로 썼다 한다.

백월산에 민속신앙이 두드러져 있는 점을 살려 이 지역에 민속신앙 박물관을 만들어 보거나 다른 지역의 축제처럼 민속신앙 주간 또는 민속신앙 전시회를 가져보는 것은 어떨까 하는 생각을 해보았다.

백월산이 무엇보다 좋은 것은 일제 강점기때 독립운동을 펼친 지사들 가운데 문 무

청난사 비
청난사
코끼리 바위

　(文 武)각 대표라 할 수 있는 만해 한용운 선생과 백야 김좌진 장군의 생가가 백월산 서쪽 가까이에 있는 점이다.
　홍성 8경 중 만해의 생가는 제 3경 백야 장군의 생가는 제 7경으로 되어 있다. 산행 뒤에 성역화 된 두 분의 생가를 둘러보며 두 분의 높은 뜻을 되새기고 기려보는 것은 산행의 격을 한층 높이게 될 것이다.
　산행 뒤에 가까운 남당리 등 바닷가로 나아가 바닷바람도 쐬고 뒤풀이 겸 생선회도 먹을 수 있으며 산 아래 홍성읍에 있는 온천에서 온천욕을 즐기고 도성을 둘러보는 것도 백월산 산행의 크나큰 매력이 된다.

백월산의 전설

홍성의 북부에 명산 두 개가 서로 마주보고 있다. 용봉산은 동쪽 백월산은 서쪽에 있다. 두 산은 높이도 비슷하고 바위산으로 되어있으며 기암괴봉이 많은 점도 닮았다.

경쟁관계일 수도 있는 백월산과 용봉산에 관한 재미있는 전설이 전해지고 있다.

옛날 두 산 사이 소향마을(현존)에 소향이라는 예쁜 처녀가 살았다. 백월산 장군과 용봉산 장군은 서로 소향이를 차지하려 싸움을 벌였다. 용봉산 장군은 투석봉에서 백월산 장군은 중턱바위에서 산에 있는 바위들을 상대방에 던지는 싸움이 벌어진 것이다. 마침내 백월산 장군이 싸움에 이겨 소향 아씨를 아내로 맞았다. 그래서 용봉산에는 바위가 많이 있게 되었고 백월산에는 바위가 적게 되었다는 이야기다.

홍성의 역사와 유적 그리고 백월산의 이름

홍성은 옛날에 홍주(洪州)라 했다. 조선조에서는 홍주목(洪州牧)으로 목사(牧使)가 주재하며 5개 군(郡) 서천, 서산, 태안, 면천, 온양) 14개 현(縣)을 다스렸고 고종 32년 (1895년)에는 부(府)로 승격되어 부사가 22개 군·현을 관할하기도 했다.

지금의 도(道)에 준하는 홍주목의 옛 영화를 말해주는 홍주성과 안회당(홍주목의 동헌) 홍주아문 조양문(홍주성 동문) 여하정 등이 지금 남아있다.

백월산의 이름은 신증동국여지승람에 월산(月山)으로 되어있다. '본주 서쪽 3리 지점에 있는 진산이다.'라 적고 있다. 그러나 1750년에 만들어진 광여지도에는 백월산으로 나타나 있다.

그 뒤에 나온 대동지지에도 월산이라 되어 있고 옛날에는 '옥산(玉山)'이라 불렀다고 써있다. 여기에 백월산은 동남쪽 40리 대흥과의 경계에 있다고 적혀있고 비봉산이라 부르기도 한다고 되어있다.

국립지리원의 지도 등 공식 지도에 일월산(日月山)으로 되어 있는 것은 옛 지도에 백월산의 흰 백자(白)에서 위 점 하나를 빼고 날 일(日)자로 잘못 보았기 때문이다. 백월산으로 바로잡아야 한다.

홍성 8경 제3경, 만해 한용운 선생 생가

만해 한용운 선생은 기미년 3.1운동 민족대표 33인의 한분으로 공약 3 장을 쓰시기도 한 훌륭한 독립운동가이셨다. 또 '님의 침묵'으로 민족혼을 일깨운 저항시인이셨고 불교개혁의 주장을 펼치신 스님이시기도 했다.

백월산에서 가까운 홍성군 결성면 성곡리 생가가 복원되어 성역화되어있다. 여기에 생가는 물론 사당 전시실 만해체험관 시비공원 등이 들어서 있다.

홍성8경 제7경, 백야 김좌진 장군 생가

일제 강점기 독립투쟁 사상 가장 큰 전과를 올린 청산리 전투의 영웅이시다. 부유한 명문가에서 태어나신 장군은 나이 15세에 가노(家奴)를 해방하고 많은 땅을 소작인들에게 분배한 위대한 선각자이셨다.

성동사관학교 등을 설립하고 대한독립군단 한족연합회 등을 조직 결성하셨으며 임시정부요인으로 계셨고 동포의 단결에 힘썼으며 항일투쟁의 지도자이셨다. 고려공산청년회원에 의하여 암살당하셨다.

역시 백월산에서 가까운 갈산면 행산리에 생가가 복원 성역화 되어 있다. 넓은 터에 백야공원이 조성되어 있고 본채 문간채 사랑채로 된 생가는 물론 사당 전시관 동상 전승기념비 관리사가 들어서 있다.

산 길	① **바위턱 조망대 길(하늘사다리 길)** : 용화사(미력고개) - 송전탑 - 산혜암 - 바위턱조망대 - 하늘사다리 - 팔각정 꽃밭 - 청난사비 - 코끼리바위 - 고스락 (약 1시간 30분) ② **절골(용궁골 길)** : 미력고개 월산파크모텔 - 절골 들머리 - 청난사 - 용궁약수 - 코끼리바위 - 고스락 (약 1시간 30분) ③ **구항면 길** : 구항면청에서 시작하여 주릉을 타고 고스락까지 종주하는 길 (약 2시간) 참고 홍성읍 오관리에서 산 머리의 순찰 통제소까지 차가 다니는 임도가 나왔다.
교 통	철도 고속도로 국도 어느 것을 이용하던 홍성을 먼저 찾아가야 한다. 홍성에서 5번 군도를 이용하여 용화사와 절골 입구가 되는 미력고개로 가면 된다. 군내버스가 5번 군도 미력고개를 지나 다닌다. 구항면에는 군내버스가 자주 다닌다.

VIII · 임진왜란을 지켜보며 힘이 되어준 산들

info | 878m ● 충남 논산군 벌곡면 양촌면, 금산군 진산면, 전북 완주군 운주면

18
대둔산

아름다운 경관과 전적 전설이 얽힌 명승 대둔산

충남과 전북 두 도의 도립공원 대둔산은 한 폭의 아름다운 그림이다. 대둔산은 등성이 뿐만 아니라 남쪽 비탈 전체가 기암괴봉의 숲으로 되어 있다. 기암괴봉과 나무와 하늘이 어울려 선경이 예 아닌가 싶다.

특히 가을 단풍과 기암괴봉이 어우러진 경관은 참으로 아름답다. 대동지지는 이와 같은 대둔산의 경관을 '높고 크고 웅장한(高.大.雄) 돈대 위에 바위봉우리가 살촉처럼 줄 지어 서있다.'고 쓰고 있다.

그래서 원효대사는 대둔산을 '사흘을 둘러보고도 그 아름다움이 못내 아쉬워 발이 떨어지지 않았다.'고 했다는 이야기가 있다. 또 근세에도 만해 한용운은 '태고사 자리를 보지 않고는 천하의 명당을 말하지 말라.' 했다는 이야기도 전해지고 있다. 각기 내력도 있고 더러는 전설과도 관련이 있는 기암괴봉의 이름들을 살펴보아도 대둔산의 경관을 짐작할 수 있다. 금강통문 동심바위 삼선바위 장군바위 칠성봉 임금바위 입석대 낙조대 등 기암괴봉의 이름들은 끝이 없다.

더 하나 눈여겨 보아야 할 것은 완주 논산 금산 각 고을이 차지하고 있는 각 구역이 저마다 특색을 가지고 있는 점이다. 완주 지역은 대둔산 도립공원의 반 이상 차지하고 있는 남쪽 비탈로 가파르며 기암괴봉이 많다. 온천을 비롯한 숙식 휴양시설 상가 주차

대둔산에서 조망(운장산쪽 운해)

대둔산의 절경

장 등 편의시설이 발달되어 있고 케이블카도 운행되고 있다.

논산지역은 숲이 무성하고 계곡의 경관이 좋다. 제1폭포 화랑폭포 금강폭포 비선폭포 196철계단이 있는 군지골이 있다. 영역이 가장 작은 금산 지역은 귀중한 유적으로 왜군을 크게 이긴 배티재 대첩의 현장으로 이치대첩비가 있고 천년 고찰이며 앉은 자리가 뛰어나게 좋은 태고사가 있다.

대둔산의 이름

나는 일찍이 대둔산의 이름이 잘못 되었고 원래의 이름은 한듬산임을 밝힌바 있다. (1996년 출간 한국 51 명산록 대둔산 편) 지금도 논산 지역 일부에서는 한듬산이라 부르고 있다. 우리나라의 지명이나 산의 이름이 잘못 된 원인의 대부분은 순수한 우리 말 이름을 억지로 한자화한 때문이다.

'한듬산'은 두메의 큰 산 또는 큰 바위산의 뜻이 있다. '듬'은 '두메' '더미' '덩이' 또는 '큰 바위'의 뜻이 있다. 비슬산의 머리를 이루고 있는 서남쪽의 큰 바위벼랑을 현지 사람들은 '병풍듬'이라 부르고 있는 것이 그 예다.

이 한듬산이 한자화 되면서 '한'은 크다는 뜻의 '대(大)'로 되었으나 '듬'에 알맞은 한자는 없기 때문에 '듬'과 비슷한 소리를 내는 싹 날 둔(芚) 또는 진칠 둔(屯) 자를 써서 대둔산(大芚山) 또는 대둔산(大屯山)이 된 것이다.

그래서 대둔산은 반은 한자화 되고 반은 이두 식으로 소리 나는 대로 음차를 한 이상한 이름이 되었다.

따라서 둔 자를 싹 날 둔(芚) 자가 옳으냐 진칠 둔(屯) 자가 옳으냐 하는 논쟁은 뜻이 없다. 그러나 신증동국여지승람 과 300 년 전에 세운 안심사 사적비에는 싹 날 둔(芚) 자로 되어 있다.

권율 장군의 이치대첩

곡창 호남으로 들어가려던 왜군의 전략은 이순신 장군에 의해 무참하게 부수어졌다. 그래서 왜군은 온 힘을 다해 호남으로 쳐들어가려 했으나 번번히 실패했다.

옥천에서 금산으로 들어온 왜장 고바야까와 다가가게의 왜군 2만도 배티재(梨峙―이치)를 넘어 논산 호남 쪽으로 넘어가려 했다. 그러나 당시 광주 목사였던 권율 장군의 향군 1,500 여명은 배티재(이치-梨峙)에서 왜군을 막아 크게 이겼다.

그 싸움이 이치대첩(梨峙大捷)이며 배티재 진산 쪽 들머리에 이치대첩비가 세워졌다. 또 당시 권율 장군의 휘하인 동복현 현감 황진 장군은 선봉장으로 부상을 무릅쓰고 큰 공을 세웠다. 그래서 배티재 고개마루에 황진 장군의 전적비도 서있다.

그 밖에 진산 쪽에는 왜군의 사상자들이 울부짖었었다는 울음실이라는 마을도 있다.

뒤에 권율 장군은 행주대첩보다 배티재 싸움이 더욱 치열했고 뜻있는 싸움이었다고 회고한바 있다 한다. 당시에는 이 배티재에 돌배나무가 많아 배티재라는 이름을 얻었다. 이치는 배티재를 한자로 표기한 것이다.

현재 배티재 금산 쪽 골짜기에는 큰 돌배나무 한그루가 금산군 보호수로 되어 있다.

대둔산의 명소와 전설들

대둔산 남릉과 북릉

사람들은 대둔산을 말할 때 마천대를 중심으로 한 대둔산만을 내세우지만 주봉 남서쪽의 829m봉(도솔봉)에서 괴목동천 쪽으로 뻗은 남릉의 경관도 매우 좋고 태고사 뒤 낙조대로부터 에딘버러 컨트리클럽 뒤의 돛대바위까지의 북릉도 참으로 좋다. 두 등성이 모두 기암괴봉으로 이어져 있다.

태고사의 자리와 석문 그리고 안심사의 사적비

금산 땅의 청령골 위에는 태고사가 있고 완주 땅의 안심골에는 안심사가 있다. 각각 위에 말한 대둔산의 북릉 그리고 남릉과 연관이 있다.

태고사는 만해 한용운이 극찬한 천하의 명당으로 원효대사가 그 절터를 찾아내고 사흘을 춤을 추었다는 전설이 있다. 택리지에는 대둔사로 되어 있고 함열 사람 손순목의 이야기가 실려있다.

태고사는 거대한 바위가 천연의 석문을 이루고 있고 절 뒤도 높고 깎아지른 바위벽이다. 그 위가 명소 낙조대. 절 왼 편 뜰 끝 또한 절벽 위여서 거기에 서면 서대산을 비롯한 아름다운 산천의 경개가 조망되어 가슴이 시원하다.

태고사 들머리의 석문에 써있는 '석문(石門)'은 우암 송시열이 쓴 것이다.

안심골의 안심사도 옛 날에는 집이 열 채나 있었다는 큰 절이었다. 신증동국여지승람

대둔산의 깍아지는 절벽

대둔산 북릉의 촛대바위

에 안심사가 '고산현 북쪽 35리에 있는 도솔산 아래에 있다' 라 씨있다. 절 뒤 병풍처럼 둘러쳐져 있는 829m 암봉을 옛날에는 도솔봉이라 부른 것 같다.

안심사에는 우의정을 지낸 김석주가 글을 짓고 이조판서를 지낸 홍계희가 썼으며 영의정을 지낸 유척기(俞拓基-조선조 숙종~영조)가 전서체로 '대둔산 안심사비(大芚山 安心寺碑)' 라 쓴 안심사 사적비가 있다. 효종 때(1658년)에 만들어 두었다가 100년 뒤 영조 때(1759년)에 세웠다 한다.

도솔봉의 안심사 쪽 골짜기 개울은 대전 삼대하천의 하나인 갑천의 발원지가 된다.

동심바위 금강통문과 출렁다리

동심바위는 출렁다리가 놓여있는 금강통문 아래에 있다. 마치 어린 아이 모습의 바위가 묘하다. 원효대사가 '발이 떨어지지 않는다.'는 말을 이 바위를 보고 했다고 한다. 금강통문은 양 편의 까마득한 바위벽이 마치 대문처럼 되어있는 곳으로 그 위에 출렁다리가 걸쳐져 있다.

영규대사가 금산의 왜병과 싸우기 위해 이 금강통문을 지나갔다 하며 권율 장군이 기암괴석의 절경이 마치 금강산과 같다고 감탄하여 금강계곡 금강통문으로 불려지고 있다.

삼선바위와 약수터

고려 말 한 재상이 나라를 잃은 슬픔으로 세 딸을 데리고 숨어 살았던 곳이라 한다. 세 딸이 신선이 되고 이어 바위로 되었는데 이 바위 모양이 세 신선이 등성이 아래에서 지켜보는 모습과 같다 하여 삼선바위라 한다. 세 딸이 숨어 살며 흘린 눈물이 약수가 되어 나온다는 바위굴 약수터가 있고 바위봉우리에는 높다란 쇠사다리가 놓여있다.

용문골과 용문굴 칠성봉

용문골은 시설단지 바로 위 골짜기다. 골짜기가 온통 기암괴봉으로 되어있고 이 골짜기를 통해 칠성봉으로 오르는 길이 있다.

당나라 스님 선도대사가 이 곳에서 도를 닦고 있을 때 용이 바위문을 열고 하늘로 올랐다 해서 용문골이라 한다. 용이 살았던 용문굴도 있고 그 위는 칠성봉으로 바위봉우리 일곱 개가 별처럼 솟아 있다. 용이 하늘로 올라가기 전에 일곱 개의 별이 이 곳에 떨어져 바위봉우리가 되었다 한다.

장군바위와 배티재 대첩

케이블카의 삭도가 있는 산줄기의 용문골 쪽 비탈에 우뚝 서있는 바위가 장군바위다. 임진왜란 때에 권율 장군이 이 바위에서 전투를 지휘했다는 전설이 있다. 바위자체가 갑옷을 갖춘 장군이 임금이 있는 북쪽을 향해 국궁(몸을 굽혀 절하는 것)하는 모습을 닮아 있다.

대둔산의 암릉길

낙조대

태고사 뒤에 있는 바위봉우리로 석양의 낙조를 아름답게 볼 수 있는 봉우리다. 맑은 날에는 서해가 보인다는 이야기가 있다. 태고사에서 군지골로 넘어가는 태고사 고개에서 등성이길로 북쪽으로 오르면 낙조대가 있다. 대둔산 북릉의 주봉으로 북릉 끝 돗대바위까지의 산줄기가 시작되는 봉우리다.

군지골의 폭포들과 196계단(화랑계단)

군지골은 논산군 벌곡면 수락리에서 시작되는 골짜기로 수락골이라고도 한다. 대둔산에서 가장 아름다운 계곡으로 협곡이다. 제1폭포 화랑폭포 금강폭포 비선폭포가 장관이다. 길고 높은 196철계단도 명물이다.

수락리에 상가 숙식시설이 들어서 있고 대둔산 승전탑이 있다.

산행길잡이

산 길

❶ **기동(완주군 운주면 산북리) 집단시설지구 길** : 집단시설지구－매표소－케이블카승강장－동심바위－금강문－삼선바위(삼선구름다리)－잘록이－마천대 (케이블카를 타면 금강구름다리 아래 승강장－구름다리－매점－(삼선구름다리)－잘록이) (약 2시간)
❷ **용문골 길** : 매표소－용문골 들머리－선은사 터 용문굴－칠성봉－잘록이－마천대 (약 2시간)
❸ **청령골 길** : 청령골 매표소－태고사 주차장－석문－태고사－석문－태고사 주차장－산길－태고사 고개－잘록이－마천대 (약 2시간)
❹ **수락리 군지골 길** : 수락리 매표소－제1폭포－화랑폭포－금강폭포－196계단－마천대 (약 2시간)
❺ **남릉 길** : 괴곡동천 길가주차장(길가 남릉 안내판)－남릉－조망대－도솔산 (829m) (약 2시간)
도솔산－마천대 (약 1시간)
도솔산－안심사 (약 1시간 30분)

교 통

대둔산 집단시설단지(또는 용문골) : 대전직행버스 터미널에서 7:15, 9:30, 11:30, 13:20, 15:30, 17:30에 있으며 집단시설단지에서 대전서부터미널 행은 8:40, 10:30, 12:10, 13:00, 14:00, 16:30, 18:30에 있다. 대전동부직행버스 터미널에는 9:00에 있으며 대둔산 집단시설단지에서 10:10에 대전동부터미널로 떠난다.

장군바위

천하의 명당 태고사

청령골 (태고사 방면) : 교통이 불편한 편이다. 대중교통수단을 이용하려면 진산(금산군 진산면)과 벌곡(논산시 벌곡면)을 거점으로 해야 한다.

군내버스가 진산에서 에딘버러 골프장 아래 행정리까지 오전 6시부터 오후 7시까지 1시간 간격으로 하루 10회 왕복한다.

벌곡에서는 오전 6시부터 오후 8시 30분까지 역시 군내버스가 40분 간격으로 하루 16회 운행되고 있다. 이 버스는 수락리로 들어가기 때문에 도산리에서 내려 청림골 들머리까지 걸어야 한다.

청령골 매표소까지 들어가는 버스는 하루 두 차례 매표소 기준으로 오전 9시와 오후 3시 50분 두 차례 다녀간다. 이 차를 이용하기는 어렵다.

승용차나 관광버스의 경우 대전에서는 안영리에서 635번 지방도를 타고 복수 쪽으로 가다 신대리(신대초등학교)를 벗어나 다리를 건너자마자 오른편으로 갈라지는 길로 들어서야 한다.

이 길은 두지리에서 68번 지방도를 만난다. 이 지방도에 우회전으로 들어가면 바로 태고사 안내판이 있는 청령골 들머리가 나선다. 이 길로 들어서면 행정저수지를 지나 청령골 매표소에 이르게 된다. 여기에 넓은 주차장도 있다.

진산에서는 17번 국도로 대둔산 쪽으로 조금 가면 68번 지방도가 오른 편으로 갈라져 행정리(벌곡) 쪽으로 향한다. 이 길로 10여분을 가면 태고사 안내판이 서있는 청령골 들머리가 나온다.

벌곡에서는 수락리 쪽으로 가다 도산리를 지나면 군계를 지난다. 행정리와 에딘버러 골프장 들머리를 지나쳐 가면 곧 청령골 들머리가 나오고 이 길을 우회전으로 들어서면 된다.

운주(완주군) 쪽에서는 대둔산 상가를 지나 배티재를 넘으면 권율 장군의 이치대첩비가 있고 여기서 작은 고개를 넘어 진산에 들어서기 직전 이 17번 국도에서 왼편으로 갈라지는 68번 지방도에 들어서면 청령골 들머리에 이른다.

수락리 방면 : 논산에서 수락리로 6:10, 7:00, 8:05, 8:55, 10:05, 11:10, 12:10, 14:10, 15:50, 17:40, 19:10에 떠나며 수락리에서는 논산으로 7:05, 8:05, 9:15, 10:00, 11:05, 12:15, 13:40, 15:20, 17:00, 18:40, 20:10, 21:00에 떠난다.

운주 방면 : 운주 쪽으로는 전주 익산 군산 논산 쪽에서 시외버스가 다니고 있고 시내버스도 9회를 왕복하고 있어 교통이 편리하다.

안심사 방면 : 운주에서 안심사 아래 마을로 들어가는 버스가 6:45, 14:10, 18:00에 있다. 이 버스는 바로 운주로 되돌아 나간다.

조 망 | 화려한 조망, 지리산 천왕봉이 보인다.
북 ⇨ 계족산, 보문산, 식장산, 고리산, 속리산, 구병산, 서대산, 포성봉, 주행봉, 마리산, 천태산
동 ⇨ 황악산, 갈기산, 삼봉산, 각호산, 민주지산, 인대산, 대덕산, 진악산, 가야산, 적상산, 덕유산, 무룡산, 남덕유산, 명덕봉, 백운산, 장안산, 명도봉, 지리산, 구봉산, 태평봉수대, 복두봉, 운장산, 선야봉, 칠백이산, 연석산
남 ⇨ 원등산, 만덕산, 서래봉, 운암산, 위봉산, 서방산, 안수산, 모악산, 천호산, 미륵산
서 ⇨ 성주산, 칠갑산, 가야산, 노성산, 향적산, 계룡산, 삼불봉, 황적봉, 우산봉

info | **503m** ● 금산군 제원면, 충북 영동군 양산면

19 월영산

달을 맞이하는 월영산

대동지지 금산군 편 산천 조에 월영산의 이름이 보인다. '금산 동 20리에 있다' 고 적혀있다. 그러나 '영' 자를 '그림자 영(影)' 자를 쓰고 있다. '맞이한다' 는 뜻의 영(迎)자 가 옳다고 생각한다.

월영산(月迎山)의 한자의 뜻은 '달을 맞이한다.' 는 뜻이다. 많은 사람들이 이 월영산 위로 달이 오르는 것을 보며 살아왔기 때문에 붙여진 이름인 것이다. 월영산 서북 편 금강 건너에 '개뜰' 이라는 넓은 들이 있다. 그 둘레에 제원면의 면청이 있는 제원이 있고 그 밖에 대산 닥실 천내 등 많은 마을 들이 있다. 또 좀 더 먼 금산에도 많은 사람들이 살고 있다. 그 많은 사람들이 초저녁이면 월영산 위로 달이 떠오르는 것을 보며 살아온 것이다.

한 편 대동지지에는 '언령산(彦靈山)' 이라고도 쓰여 있는데, 월영산을 민초들이 소리 나는 대로 '언령산' 이라 하는 것을 한자로 그렇게 썼을 것으로 추측된다. 그러나 제원 저곡 용화 등 주민들 가운데는 월영산을 달을 향한다는 뜻으로 '월향산' 이라 부르는 사람들도 있다.

닥실에서 용화에 이르는 금강 변의 길에서 건너다보면 작은 산등성이 너머로 월영산 이 마치 떠오르는 달처럼 둥그스름하게 솟아있는 것을 볼 수 있다. 또 제원면의 주민들

월영산의 전경

은 월영산 동쪽에 있는 529m의 상봉을 '안자봉'이라 부르기도 한다. 그러나 안자봉은 월영산에 가려 잘 보이지 않는다.

좀 낮기는 하지만 월영산이 주봉이며 전체의 산 이름이고 상봉인 안자봉은 월영산의 한 봉우리로 보아야 할 것으로 생각된다.

제원면민들은 월영산에 대한 관심이 많다. 허병문 군의회 전 의장이 중심이 되어 제원산악회에서 월영산 들머리 길가에 큼직한 표석을 세워놓았고 안내표지 밧줄 쉼터 등을 만들어 놓았다. 면에서는 산행 안내판을 만들어 놓았으며 정자를 지어 놓기도 했다.

제원면민의 월영산에 대한 자랑도 푸짐하다. 허 전 의장에 의하면 월영산에 천하의 명당인 옥녀 탄금혈(선녀가 거문고를 타는 형국)이 있다 한다. 또 월영산의 북쪽 호롱꼭지처럼 보이는 봉우리가 성인봉이며 월영봉과 성인봉 사이 금성골에는 옥녀탄금대라는 바위도 있고 성인봉 아래에는 열댓 명이 들어갈 수 있는 굴과 약수가 있는 등 옛 날 선비들과 관련된 이야기가 많다는 것이다. 굴 앞에는 신기하게도 가끔 인삼 씨가 보인다 한다.

월영산에서 본 금강줄기

월영산의 기암괴봉과 금강

월영산 들머리의 안내판에 의하면 이 지역 주민들은 정월 대보름에 월영산 위로 떠오르는 달을 맞이하여 풍년을 기원하는 달맞이 행사를 해왔다 한다. 이 때 성인봉 쪽으로 달이 뜨면 가뭄이 들고 월영산 중턱에 구름이 걸치면 그 해에는 많은 비가 내려 장마에 대비를 해야 한다는 것이다. 이처럼 월영산은 근처 주민들의 추앙의 대상이었다.

또 월영산 주변에는 임진왜란 때의 이야기와 전적지가 많다. 당시 왜군들은 금강을 따라 양산에서 금산으로 진입했다. 그런데 월영산은 금강 쪽에 벼루를 이루고 있기 때문에 천혜의 방어 요새가 되었고 근처에서 공방전이 펼쳐졌던 것이다. 여기 월영산 벼루를 사투리로 금산 '덜게기' 갈기산의 벼루를 양산 '덜게기' 라 한다.

이 덜게기와 관계있는 임진왜란 때의 이야기가 전해지고 있다.

금산 싸움에서 700여 휘하의 모든 장졸들과 함께 장렬하게 순절 하신 중봉 조헌 선생은 덜게기에서 왜군을 막자는 기허당 영규대사의 제안을 거부하고 금산벌에서 왜군과의 결전을 벌려 700의사 전원이 순국했던 것이다.

그 때 장렬하게 전사한 장졸들의 무덤이 현재 금산군 금성면 의총리에 있는 '칠백의총' 이다.

여기 월영산 아래 덜게기를 무사히 지나게 된 왜군은 너무도 좋아서 덩실덩실 춤을 추었다는 이야기가 전한다.

월영산 아래의 덜게기(벼루 바위낭떠러지의 사투리)를 1차 방어선으로 하려 했다는 이야기와 함께 석전을 위하여 병사들이 한 줄로 서서 강에서 돌을 옮겨 놓은 자지산(성재산) 중턱의 돌무더기, 닥실나루의 전적지와 권종 금산군수의 순절지(비), 왜군이 강을 건너지 못하도록 황토를 강물에 풀어 깊이를 알 수 없게 했다는 용화의 불겅댕이, 전투를 지휘했다는 난들 마을 등 월영산 주변에는 임진왜란 때의 이야기가 전해지고 있는 것이다.

푸른 강물이 휘돌고 천길 바위 벼랑으로 아름다운 월영산

월영산과 강 맞은 편 산은 바위로 된 산이며 두 산이 강 쪽으로 깎아지른 바위벼랑을 이루고 있다. 그 양 편 바위 벼랑 사이 협곡을 푸른 금강물이 굽이굽이 휘돌아 흐르고 있다.

기암괴봉과 천길 바위벼랑, 거기에 낙락장송이 어우러지고 그 아래로 푸른 강물이 굽이돌아 흐르는 경관은 그대로 한 폭의 그림이다. 그 위로 둥근 보름달이 떠오르는 광경은 상상만 해도 절로 탄성이 터져 나온다.

서쪽 산 아래 원골이나 강 건너 난들에서 강 위로 올려다보는 월영산은 기암괴봉과 높다란 바위 벼랑으로

월영산에서의 조망

쌓아 올린 산 같기도 해서 금강산이 예 아닌가 싶은 생각이 들기도 한다. 바위 사이 푸른 소나무가 그 수려함을 뽐내고 있으며 바위벽과 벼랑 사이 좁은 골짜기에는 숲도 제법 푸르다.

월영산의 산길은 바로 그 천길 바위벼랑 위로 뚫려 있다. 원골 쪽에서 오르면 길은 강물이 바로 발아래 내려다보이는 높다란 바위벼랑 위로 나선다. 거기에 제법 큰 소나무도 있고 평평해서 쉬기에도 좋다. 여기 소나무에 쉼터라는 표지가 매달려 있다.

이러한 벼랑 위의 쉼터는 위로 오르면 두 곳이 더 있다. 위로 오를수록 경관과 조망은 아름다움을 더 한다. 가까이 아래위로 온통 기암괴봉이 숲처럼 서있고 뛰어 내리면 물 속으로 풍덩 빠질 것 같은 푸른 강물이 발아래에 내려다보인다.

처음에는 제원의 개뜰과 진악산 만이 보이던 조망은 위로 오르며 물 건너 산줄기 위로 서대산의 머리가 보이기 시작하고 천태산이 보이며 남쪽으로도 성주산 양각산이 나타나고 드디어 덕유산도 보인다. 또 운장산의 모습도 볼 수 있다.

월영산 고스락과 안자봉 동쪽의 끝봉은 모두 동남쪽으로 까마득한 바위 낭떠러지여서 시원하고 경관이 뛰어난 봉우리다.

월영산 들머리 가까이에 어죽으로 유명한 원골식당이 있다. 어죽이 맛있다는 소문으로 언제나 대전에서 오는 사람들로 붐비고 더러는 원골식당의 어죽을 먹으러 서울에서도 일부러 오는 손님이 있다 한다.

월영산의 거대한 암봉

산행길잡이

산 길

월영산과 안자봉의 산행 길은 크게 세 갈래가 있다.

① 원골 큰 길(정자와 표석 자리)에서 바로 월영산으로 올라붙어 고스락에 오르고 안자봉을 거쳐 동쪽 끝봉으로 간 다음 금성골 또는 소골 들머리로 하산하는 길.

② **찜질방 방갈로 길**
- 금성골로 들어서서 골짜기를 타고 올라 안자봉과 성인봉 사이 잘록이로 오른 다음 동쪽 끝봉으로 먼저 오르고 안자봉 월영산에 오른다.
- 찜질방 뒤에서 바로 월영산으로 오르는 길도 있다.

③ 소골 들머리에서 동쪽 끝봉으로 올라 안자봉을 거치고 월영산을 지나 금성골 들머리로 내려오는 길.

물론 월영산만을 다녀올 수 있는 길도 있으나 높은 벼랑을 이루며 바위봉우리로 우뚝하여 가장 경관이 좋은 월영산 고스락과 안자봉 동쪽 끝봉은 반드시 거쳐야 한다.

그래서 위의 세 길 가운데 하나를 골라잡아야 한다. 하지만 아무래도 교통이 편리한 원골의 금성골 들머리에서 먼저 산행을 시작하는 것이 좋다. 여기에는 큼직한 월영산 표석과 안내판이 있고 정자가 있다.

거꾸로 소골 들머리에서 월영산의 산행을 시작하면 안자봉에 이르는데 지루한 숲속의 등성이길을 거쳐야 하고 월영산의 기암괴봉들을 산을 내려가며 뒤로 돌아보아야 하는 불편이 따른다.

월영산 표석(정자 68번 지방도 길가)-첫 번째 쉼터-두 번째 쉼터, 벼랑 위-세 번째 쉼터-월영 고스락-(밧줄 타기)-잘록이-안자봉-끝봉-(등성이 길)-소골 갈림길-소골 들머리, 갈기산 들머리.

총 산행시간 약 3시간

| 교 통 | 대전 통영 간 고속도로의 금산 요금소에서 빠져 나와 영동 쪽으로 나오는 것이 월영산 접근에 가장 좋다. 68번 지방도에 올라서서 제원을 지나 천내대교를 건너 천내를 지나 금강을 따라 가면 오른 편에 원골의 월영산 표석과 안내판 그리고 정자가 있다.
대중교통수단은 금산에서 제원 천내 원골을 거쳐 가선리까지 하루 5회(금산에서 8:00, 10:30, 13:30, 17:40, 19:40) 군내버스가 다니고 있고 영동에서도 하루 4회(영동에서 7:20, 10:30, 15:40, 19:20) 양산을 거쳐 가선리까지 군내버스가 다니고 있다.

| 조 망 | 북 ⇨ 마리산
동 ⇨ 갈기산, 민주지산, 덕유산, 적상산, 성주산(금산 영동), 양각산(금산)
남 ⇨ 운장산, 백암산, 진악산, 인대산
서 ⇨ 대둔산, 철마산, 만인산, 서대산, 천태산

| 참고 : 왜군이 덜게기를 지난 뒤의 이야기 : 천혜의 요충지인 양 덜게기를 무사히 지난 왜군은 천내여울에서 발이 묶였다. 영규대사가 부하들과 함께 닥실나루(천내여울의 윗쪽)의 상류 용화마을의 윗쪽 불경댕이에서 황토를 풀었기 때문에 금강물이 흙탕물이 되어 물 깊이를 알 수 없었던 것이다. 전설에 의하면 3일만에야 어느 요망한 계집의 안내로 금강을 건넜다 한다. 이 닥실나루 전투에서 임종 금산군수가 전사했다.

| 볼거리 | **용강서원** : 월영산 아래를 흐르는 금강 상류 용화마을(제원면 용화리) 강변의 경관이 좋은 자리에 용강서원이 있다. 이 서원은 여기 근동에서 유일한 서원으로 유서 깊은 서원이다. 지방문화재자료로 선현봉사와 지방자제의 교육을 위하여 17세기에 세워진 것으로 조선 후기 향촌사림의 결집장소로 이용되어 왔다.
초기에는 동춘당 송준길 시남 유계 우암 송시열 세분 만을 배향했으나 18세기 말에 미호 김원행 역천 송명흠이 추가 배향되었다. 고종 때에 서원 철폐령에 의하여 헐렸으나 1910년 지방유림에 의해 헐린 목재로 재건된 것이다. 금산에서 유일하게 당초의 목재로 지금까지 이어져 온 서원인 것이다.
바로 앞에 흐르는 용강을 내려다보는 아름다운 경관과 어울리는 이 서원은 오늘 날까지 유림들의 계를 통한 회합과 자녀교육의 장소로 이용되어 오고 있다.

info | **467m** ● 금산군 제원면

20
자지산(일명 성재산)

자지산의 이름

자지산은 '자지산'이라는 이름 외에도 '성재산' '중봉산'이란 이름이 또 있다. '성재산'이란 이름은 산성이 있는 산을 흔히 '성재산'이라 부르기 때문에 별다른 문제가 없다.

자지(紫芝)란 자주빛의 지초라는 뜻이다. 지초는 약초로 쓰는 식물인 지치 영지의 뜻이다. 옛 날 약초인 지치나 영지가 많이 있어서 붙여진 이름으로 생각된다. 우리나라에 자지산이라는 이름이 더러 있다.

그러나 '자지'라는 이름을 남성의 성기에 끌어다 붙인 이야기도 있다. 풍수지리상 자지산은 남성의 성기 비슷한 모양으로 양이며 천내 원골 건너의 강가 수십 길 바위 벼루에 여성의 성기 비슷한 음의 굴이 있다. 그래서 자지산이 우리나라에서 음양산의 대표라 할 수 있다는 것이다.

또 천태산 쪽에서 보아도 산줄기 서쪽으로 뻗어나가다 자지산에서 머리를 불끈 들어 올린 것이 남성이 성을 낸 모양이라 한다.

재미있는 이야기는 자지산에 굴이 하나 있는 데 여기에다 불을 때면 보름 뒤 원골 건너의 음굴에서 연기가 나온다는 것이다. 거기다 이 음굴을 건들이면 어느 마을 처녀들이 바람난다는 이야기도 있다.

이 음굴의 바위 줄기에 인공폭포가 만들어져 있다.

닥실에서 본 자지산 전경

자지산을 점잖게 풀이한 이야기도 있다. 자지산에 올라 보면 금산의 진산인 진악산을 마주보고 있고 금산 고을 한복판을 가로질러 흘러내리는 봉황천의 물줄기가 훤히 건너다보인다.

그런데 봉황천이 금산읍을 꿰뚫고 흘러온 금하와 합류하고 금강 큰물에 흘러드는 물줄기들의 모양이 지치 지(芝)자와 영락없이 같다는 것이다. 이래저래 자지산의 이름은 여러 가지 것들과 들어맞는다는 이야기라 할 수 있고 재미도 있다.

조중봉과 자지산 그리고 임진왜란 때의 이야기

'중봉산'이라는 이름은 임진왜란 때 수하 700의사들과 함께 장렬하게 순국하신 조헌(趙憲) 의병장이 이 산과 관련이 있다 해서 조헌 선생의 호를 따서 붙여진 이름이다.

임진왜란 때에 왜장 고바야까와 다까가게가 이끄는 왜군 2만이 금강을 거슬러 금산에 들어와 호남으로 나아가려고 기회를 노리고 있었다.

그 때문에 왜군이 머물렀던 2개월 여 동안 금산 땅에서는 큰 싸움이 세 차례 있었다. 권율 장군의 이치대첩, 제봉 고경명 의병장이 전사한 싸움, 중봉 조헌 의병장과 700의사들이 함께 순국한 싸움이 세 차례의 큰 싸움이었다.

큰 싸움 외에도 권종 군수가 개티 나루에서 강을 건너는 왜군과 싸우다 전사 하는 등 여러 차례 싸움이 있었다.

그런데도 민간 설화에서는 대부분 조중봉 선생의 이야기만이 전해지고 있다. 영규대사와 덜게기(벼루 또는 험한 바위낭떠러지의 사투리-영규대사는 덜게기에서 왜군을 막자고 했고 중봉 선생은 자지산에서의 결전을 주장했다 한다.)의 이야기 불경댕이 이야기 개티여울과 어느 여인의 이야기 자지산의 석성과 자지산을 중봉산이라고 하는 문제 자지산의 강돌 이야기 등인 것이다.

왜군이 금산으로 진출한 것은 임진년(1592년) 6월 24일 경이며 7월 8일 권율 장군의 이치대첩이 있었다. 조중봉 선생의 의병들은 8월 1일 청주싸움으로 왜군을 청주에서 몰아냈고 8월 18일 금산 벌 싸움에서 700의사 전원이 순국을 했다.

위와 같은 당시의 일정으로 볼 때 영규대사와 덜게기 이야기 왜군의 도강 등 제원 일대의 조중봉 선생 이야기는 앞뒤가 맞지 않는다. 전문가가 다시 한 번 살펴 밝혀야 할 문제다.

자지산의 이야기만을 살피면 조중봉 선생은 자지산을 거점으로 왜군과 싸움을 벌일 예정으로 성을 쌓는 등 준비를 했다 한다. 그 준비의 하나로 석전(돌을 던지는 싸움)을 하기 위하여 군사들을 섬바위 근처 금강 가에서 자지산 중턱 성까지 한 줄로 늘어세우고 손에서 손으로 돌을 그 높은 성까지 날랐다는 것이다.

그 뒤 중봉 선생은 여기 싸움에서 왜군에 밀려 자지산에서 구억리 토성리를 거쳐 금산 벌로 나아갔다 한다. 구억리는 당시 조중봉 선생이 어디로 갈까 아홉 번 생각한 곳이어서 구억리라 했다는 이야기도 있다. 아마 이 구억리 토성리 이야기는 중봉 선생이 청주 싸움에서 왜군을 몰아낸 뒤 금산의 적을 치기 위하여 양산에서 강을 따라 천내까지 온 다음 금산의 왜군을 피하여 금산 벌로 나아간 경로로 생각된다.

자지산의 뒤 쪽(북쪽) 험한 비탈 아래 골짜기를 피나무 장작골이라 한다. 전하는 이야기로는 임진왜란 때 우리 군사의 피해가 심해서 이 골짜기가 온통 피로 물들었다 해서 붙여진 이름이라는 이야기도 있으나 자지산 전투 자체가 있었나 하는 의문이 있기 때문

월영산에서 자지산의 절벽의 조망

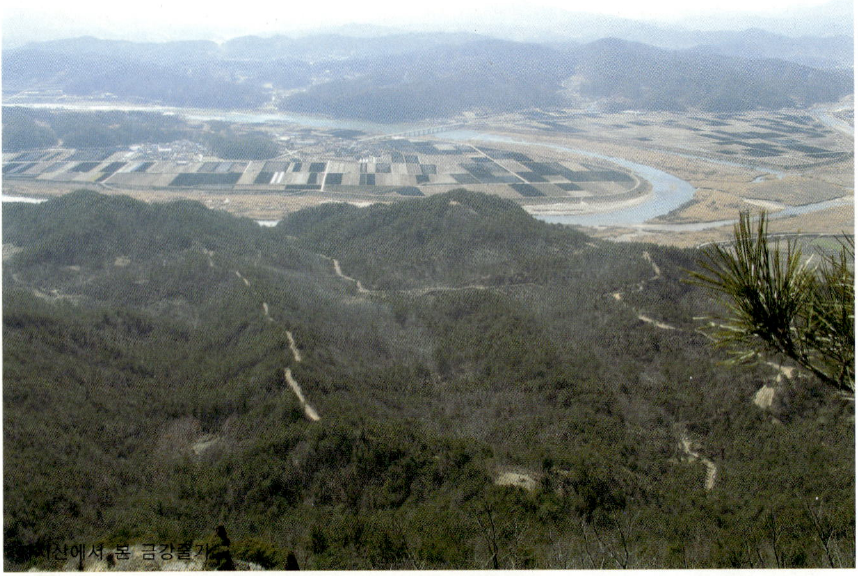

[illegible]지산에서 본 금강줄기

자지산 중턱의 산성에 있는 [illegible](볼펜과 비교)

자지산 표석

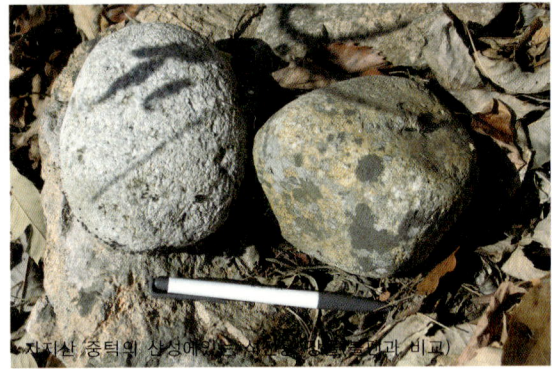

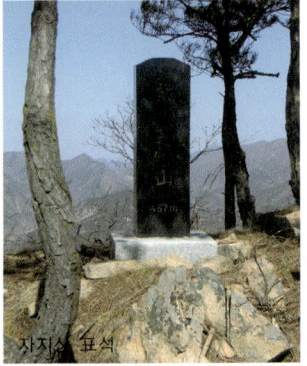

에 믿을 수 없는 이야기다. 나머지 금강을 중심으로 한 임진왜란 때의 조중봉 선생 이야기 들은 갈기산 편에서 밝힌 바 있다.

한 가지 안타까운 것은 10여 년 전 자지산에 올랐을 때는 고르게 돌싸움에 알맞은 두 주먹을 합친 크기의 강돌 무더기가 서너 곳에 있었는데 금년 (2007년) 2월 중순에 자지산에 올랐을 때는 그 강돌 무더기가 보이지 않았다.

그 강돌은 이끼도 끼지 않은 돌로 오랜 세월 강물에 닦여 둥글고 하얀 돌이어서 모나고 누런 산돌과 달라 눈에 잘 띄었다.

성이 무너진 돌 사이를 뒤져서 겨우 너 댓 개의 강돌을 찾았을 뿐이었다. 이나마 하루 빨리 어떤 보존 대책을 세워 보존해야 할 것으로 생각 되었다.

(참고-허병문 군의회 전 의장 진술)

봉황천을 내려다 보며 금강가에 우뚝 서있는 자지산

봉황천은 금산의 서쪽 오지 산중에서 발원하여 금산 고을의 한복판을 흘러간다. 자지산에서 이 봉황천의 'ㄹ' 자 모양의 물줄기가 잘 보인다. 그 뿐 아니라 금산읍과 금하천도 잘 보이고 진악산과는 마주보고 있다.

자지산은 금강이 크게 굽이도는 난들 뒤에 우뚝 솟은 바위산이다. 멀리에서도 엄청나게 깎아지른 바위벼랑이 잘 보인다. 머리 부분에 가깝고 왼 편 천앙산 쪽에 가장 큰 바위 낭떠러지가 있다. 그 낭떠러지 아래에 성이 있고 거기에 석전용 강돌 무더기가 있다.

이 산 곳곳에 바위벼랑들이 많고 기암괴봉도 많아서 홑산이지만 경관이 좋다. 특히 이 산의 서쪽 천앙봉과의 사이에 냇물이 흐르고 있어 천길 바위낭떠러지를 이루고 있고 이 산의 남쪽 비탈도 층층이 깎아지른 바위벼랑이 겹쳐 있어 매우 험하고 우뚝하게 보이는 것이다.

자지산의 머리는 서봉과 동봉 둘로 되어 있고 두 봉 사이는 약 150m 쯤 되며 거의 평탄하지만 날카로운 바위등성이다. 이 등성이 좌우(북쪽과 남쪽)는 모두 깊은 바위 절벽이어서 그 아래를 내려다보면 어지럽다.

자지산 줄기는 다만 천태산에 줄을 대고 있고 원골 건너 수백 길의 벼루를 이루고 있고 음굴이 있는 부엉이산으로도 이어져 있다. 자지산이 큰 산이 아니어서 산행이 너무 짧고 성에 차지 않으면 천태산까지 긴 등성이 길을 따라 오를 수 있고 부엉이산까지 산행을 하고 난들 마을로 하산할 수도 있다.

자지산은 바위벼랑의 전시장이라 할 수 있을만치 바위벼랑 낭떨어지 바위벽들이 많고 조망이 뛰어나게 좋은 산이다. 임재왜란 당시의 현장을 보며 우리의 어려웠던 과거를 돌이켜 보는 것도 좋은 추억이 되리라 믿는다.

산행길잡이

산 길   자지산의 산길도 여러 갈래가 있지만 교통문제, 요소를 거치는 문제 등을 생각할 때 아무래도 금강가 선바위 옆에서 시작되는 길이 가장 좋을 것 같다.

대산리에서 천내리 난들로 가는 길이 금강 물을 따라 나있다. 그 길이 신안리에서 흘러나와 천앙산과 자지산 사이를 지나 금강으로 흐르드는 목에 작은 다리가 있다.

다리를 건너면 바로 앞, 산과 밭의 경계에 큼직한 자지산 표석이 있고 안내판이 있으며 자지산의 설명판도 있다. 그 표석 뒤에서 시작하는 등성이에 바로 묘가 있다.

그러나 산길은 묘가 있는 등성이가 아니라 표석 왼편의 밭에서 시작하는 산등으로 나있다. 길이 제법 뚜렷해서 알아보기 쉽다. 이 길로 조금만 오르면 연달아 묘가 있다.

① 자지산 표석－첫 등성이－임도－임도 굽이에서 왼 편 등성이 산길－산성－서봉－동봉(고스락)
② 또는 임도－(골짜기)－임도 들머리－골짜기 건너 첫 등성이－산길－산성－서봉－동봉(고스락)
③ **부엉이산 길** : 난들 강가에서 부엉이산 뒤 등성이로 올라 인공폭포 옆으로 내려오는 길이 있다. 거꾸로 오를 수 있으나 인공폭포 옆길은 험해서 조심해야 한다.

하산은 한쪽 길로 오르고 다른 쪽 길로 내려간다. 임도에서 산성까지만 길이 다르다.

교 통   먼저 금산 제원을 찾아가야 한다. 자지산 산길 들머리에 가려면 대산(제원면)이 가장 가깝다. 제원에서 대산으로 가는 길로 접어들면 조금 뒤에 다리를 건넌다. 다리를 건너자마자 오른 편으로 냇둑을 따라가면 또 작은 다리를 건너 자지산 표석을 볼 수 있다.

조금 돌기는 하지만 제원에서 68번 지방도를 따라 제원대교를 지나 원골까지 간다음 침수교로 강을 건너 난들마을을 지나면 강을 따라 대산 쪽으로 가는 길이 있다. 좁기는 하나 포장되어 있는 이 길을 계속 가면 길가에 섬바위(바위벼랑)가 있다. 선바위를 지나면 바로 오른 편에 표석이 서있는 자지산 산행 들머리다.

군내버스(금산 기준)
대산리 쪽 : 대산리까지 가는 버스를 타면 좋겠지만 10:00 한번 밖에 없다. 제원을 지나는 버스를 이용하여 제원에서 내려 자지산 표석까지 20분 정도 걸어가야 한다. 군북 쪽으로 가는 버스를 타고 대산 길 입구에서 내리면 15분 정도 걷는다. 제원을 지나는 버스는 하루 41회나 있다.
원골 쪽 : 금산에서 원골로 가는 버스가 하루 5회 (07:30, 09:50, 13:00, 17:10, 20:00) 있다. 원골에서 난들로 건너가 강을 따라 25분 정도 걸어가야 한다.

조 망   북 ⇨ 갈기산
동 ⇨ 민주지산, 덕유산
남 ⇨ 구봉산, 운장산, 성치산, 백암산, 진악산, 인대산, 대둔산
서 ⇨ 철마산, 만인산, 성봉, 계룡산, 서대산, 천태산

info **466m** 금산군 복수면, 대전광역시 중구 정생동

21
천비산

천비산의 경관

금산군의 땅이 유등천을 따라 창끝처럼 대전 땅으로 뚫고 들어와 대전광역시의 중구와 서구를 양편으로 갈라놓았다. 유등천 양편은 제법 높은 산줄기가 이어져 있다. 특히 동쪽 천비산 줄기는 유등천 쪽으로 가파른 비탈이나 벼랑을 이루고 있어 그 쪽(서쪽)에서 접근하기는 어렵다.

천비산은 금산군과 대전광역시 중구의 경계에 자리잡고 있다. 천비산에 바위는 더러 있으나 그 바위들이 보기 좋다거나 규모가 크지도 않다. 흙산인 셈이다. 숲은 울창하고 봄에는 진달래 꽃이 좋다.

지금은 훌륭한 임도가 중암사까지 올라가 있지만 옛날에는 정생리에서 올라다녔다. 정생리에서 오르다 보면 중턱쯤 되는 곳 오른 편에 벼랑을 이룬 큰 바위가 있고 그 바위 아래에 약수가 나온다. 옛날부터 만병통치 약수로 이르는 석간수다. 중암사의 철린스님에 의하면 노루 멧돼지 토끼 등 산짐승도 많고 봄에는 취나물 등 갖가지 나물을 뜯을 수 있다.

기허당 영규대사가 임진왜란 때 금산싸움에서 부상을 입고 공주로 돌아가는 길에 머물렀다는 중암사가 고스락 바로 아래에 있다. 옛날에는 400여 명의 스님이 공부를 했다는 큰 절이었다 한다. 부도전 큰 돌떡판 등이 지금도 남아있다. 그러나 지금은 쇠락하여 초라하다.

천비산과 기허당 영규대사

어느 날 천비산에 올라 중암사에 들렀다가 깜짝 놀랐다. 중암사 뜰 한쪽에 '기허당 영규대사 순의비'라는 갓을 씌운 큼직한 오석의 비가 보였기 때문이었다. 웬 기허당의 순의비인가 싶어 비문을 읽어보고 이번에는 더 놀라야 했다. 대전광역시 중구청에서 추진하여 세운 비였다.

영규대사가 금산 연곤평 싸움에서 배에 총을 맞아 비어져 나오는 창자를 누르며 공주까지 가서 운명하셨다는 사실은 이미 알려져 있는 일이다. 그러나 금산에서 공주까지의 기허당의 행적은 알려지지 않고 있다. 물론 다친 몸으로 하루에 금산에서 공주까지 갈 수 없었을 것이라는 것은 짐작할 수 있다.

그렇다면 도중 어디에서 얼마를 묵었을가 하는 것이 문제가 된다. 그런데 기허당이 여기 중암사에서 묵어 갔다는 것이다.

조중봉을 비롯한 700의사가 모두 순절했던 금산 연곤평 싸움 직전의 기허당의 이야

천비산 전경

단재생가

단재동상

중암사의 오래된 석축

중암사의 부도

기 또는 행적 몇 가지가 이야기로 전해오고 있다.

　왜군이 금강을 따라 금산으로 들어 올 때 두 군데 벼루를 지나야 했다. 양산 덜게기와 금산 덜게기다. 현지 사람들은 깎아지른 바위 벼랑 아래 강물이 있는 벼루를 지금도 덜게기라 한다.

　기허당은 여기 금산 덜게기에 돌을 쌓아 왜군의 진입을 막자고 했으나 대장인 중봉(조헌)은 떳떳하지 못하다 해서 기허당의 건의를 들어주지 않았다 한다. 후에 왜군이 여기를 무사히 지난 뒤 그들은 하늘이 도왔다며 춤을 추었다 한다.

　상심한 기허당은 금강 개티나루 상류 현 용화마을 위 불겅댕이(강변 황토 언덕)에서 부하들을 시켜 황토를 물에 풀어 강의 깊이를 알 수 없게 했다. 여기서 사흘 동안 발이 묶인 왜군은 결국 요망한 계집의 안내로 여울을 건너 금산으로 진입하게 되었다.

　이 개티나루 싸움에서 당시 금산 권종(권율 장군의 4촌)군수가 장렬한 전사를 했다.

　(덜게기 이야기와 개티나루 이야기는 사실과 다른 점이 있다.)

　기허당이 배에 총상을 입고 연곤평에서 공주로 가는 도중 천비산의 중암사에 들려 묵었을 가능성은 있다.

　싸움이 벌어졌던 연곤평에서 북쪽으로 한발만 물러서면 대전으로 흘러드는 유등천의 상류에 있는 복수면 용진리 다복리 곡남리다. 공주로 가려면 이 유등천을 따라내려가다 유성에서 삽재를 넘으면 된다. 또 중암사가 있는 천비산은 바로 유등천 변의 신대리에 있는 산이다.

　기허당은 용력이 뛰어나고 특히 선장을 잘 썼던 승병장이었다. 만일 기허당이 중암사에 들렀다면 수하 가운데 숨기에 좋고 길에서 가까운 중암사에 있었거나 중암사를 잘 아는 승병(스님)이 있었을 것이다. 옛 날 중암사는 학인 50명이 수도하던 큰 절이었기 때문이다.

　유등천을 따라가다 신대리에서 오른 편 개울을 따라 조금 가면 문암마을이 있고 이 문암마을 위 왼 편으로 천비산 골짜기에서 내려오는 개울을 거슬러 올라가 고개를 넘으면 바로 중암사다. 지금도 이 고개에 문암마을과 중암사를 가르키는 화살표 팻말이 서있다.

　중암사 주지 철린스님은 당시 기허당이 두고 간 갑옷 창검 투구 등이 1930년대 초까지 있었다는 이야기를 하고 있었다.

그러나 기허당이 중암사에 들렀다는 기록은 없다. 중암사 조차도 그 존재에 관한 확실한 기록이 없다. 오히려 천비산 바로 북편 골짜기 금산 땅(복수면 지량리)에 있는 미륵사는 동국여지승람 진산군 편에 '미륵사, 천비산에 있다.' 는 기록이 있다.

확실하게 말하면 중암사는 대전(옛 진잠현)에 있고 미륵사는 금산 땅에 있다. 그 뿐 아니라 유등천과 그 내를 따라 공주로 통하는 길의 지량리(폐분교 자리, 미륵사가 있는 골짜기의 들머리))에서 골짜기에 들어서서 조금만 오르면 미륵사가 있다. 다시 말하면 이 길에서는 중암사로 오르는 것보다 미륵사로 가는 것이 훨씬 가깝고 쉽다.

미륵사 측에서는 기허당이 미륵사에 들려 치료했다는 주장을 하고 있고 기허당이 중암사에 들렀다는 주장을 반박하고 있다.

사실 중암사에 기허당이 들렀다는 최근의 비는 세워져 있으나 기허당이 미륵사에 들렀을 가능성은 중암사 보다는 더 크다고 할 수 있다.

또 미륵사는 동국여지승람에도 나와 있는 절이어서 전통사찰로 지정되어 정부의 보조금도 받고 있다. 이 미륵사는 터도 넓고 신라 때에 창건되었다는 옛 상량문도 남아있으며 석조(石槽) 등 오래된 석물 기와등이 남아있다.

미륵사 터에서 특기할 만한 것은 훌륭한 마애불이다. '미륵사 학술조사 보고서' 에 의하면 조성연대는 확실하게 밝혀지지 않았으나 적어도 고려 이전에 조성되었을 것으로 추측되고 있다. 절 남쪽 언덕 위 등성이에 있는 이 마애불은 많이 망가져 있으나 규모가 크고 불두(佛頭) 가사의 주름 협시보살상석 수인석(手印石) 등이 뚜렷해서 불교적인 내력과 예술적인 가치가 큰 것으로 평가되고 있다. 복원이 시급한 형편이다.

중암사와 단재 신채호 선생의 생가

중암사는 대전지역에서 비래사 고산사와 함께 오랜 역사를 가진 절이다. 금산 복수면의 신대리 지량리는 유등천을 따라 창날처럼 산을 경계로 대전으로 파고들어 있다. 신대리 지량리 서쪽은 대전의 서구이며 동쪽은 중구다.

그래서 천비산은 금산과 대전의 경계에 있는 산이고 중암사는 거의 천비산 고스락 바로 아래에 있다.

지금은 초라한 절이지만 중암사 경내에 한월 추월 천봉 홍파 수월 영월 스님 등 6기의

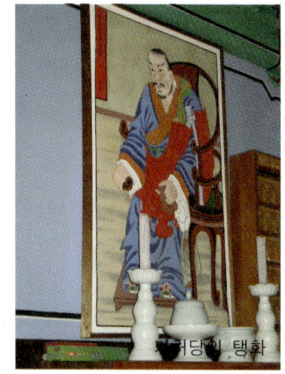
기허당의 탱화

중암일의 가허당 영규대사의 순의비   중암수 아래의 석간수

부도와 1기의 비석 그리고 시주헌답비(1864년)가 있다. 1934년에 지은 법당과 근년에 지은 산신각이 있으며 기허당 영규대사의 순의비가 있다.

 절 곳곳에 옛 돌절구 떡돌판 시식대 널려있는 기와조각 오래 된 현판 옛 우물 상암 터 불탄 건물의 주춧돌 등으로 볼 때 옛 날에는 꽤 큰 도량이었음을 알 수 있다.

 주지 철린(哲麟) 스님에 의하면 삼국시대에 창건되었다는 설과 약 800년 전 고려시대 창건되었다는 설이 있으며 원래는 묘각사(妙覺寺—중암사 아래 골짜기를 묘각골이라 한다.)라는 이름을 가지고 있었다 한다.

 또 예전에는 청허 휴정대사 사명당 유정대사 기허당 영규대사의 영정을 모신 삼충사(三忠祠)가 있었으나 갑사로 옮겼으며 화재로 불타기 전에는 50여 명의 학인들이 공부한 불교 강원이 있었다 한다.

천비산 • 151

부도나 오래된 석물로 보아 옛 날에는 큰 절이었고 따라서 임진란에 이 절 출신의 승병이 의승병장 기허당 휘하에 있었을 것이라는 것은 충분히 짐작할 수 있다.
　동쪽으로 천비산 줄기를 따라 올라가면 어남동 도리뫼 마을에 단재 신채호 선생의 생가가 잘 복원되어 있고 비 정자 등이 세워져 있다. 천비산을 찾는 길에 백절불굴의 독립운동가이며 뛰어난 사학자 문학가이고 기개 높은 언론인이며 사상가였던 단재 선생의 생가에 들려 단재 선생을 기리는 것도 뜻이 있을 것이다.

산행길잡이

산 길	금산 쪽
	❶ **신대리 길(기허당 길) :** 신대리(유등천 변)-문암마을-남향 골짜기(개울)-중암사 고개-고스락 (약 2시간)
	또는 문암마을-삼막-맨재-(등성이 길)-중암사 고개-고스락 (약 2시간 30분)
	❷ **지량리 길 :** 지량리 분교(폐교, 유등천변)-지량리 골(미륵사 골짜기)-미륵사 들머리-북쪽 고개-(임도)-고스락 (약 2시간)
	대전 쪽
	❸ **묘각골 길 :** 정생리-정생소류지-묘각골-중암사-고스락 또는 중암사-북쪽 고개-고스락 (약 1시간 30분)
	❹ **도리뫼 길(단재 생가) :** 도리뫼-맨재-(등성이)-중암사 고개-고스락 (2시간)
교 통	**금산 쪽 :** 금산 복수와 대전 안영동을 연결하는 635번 지방도가 있다. 산행기점인 신대리와 지량리는 635번 지방도 길가에 있다. 안영동(34번 버스, 40분 간격)과 복수(금산 버스) 사이를 시내버스가 다니고 있다.
	대전 쪽 : 사정동에서 무수동 목달동 정생동 어남동(도리뫼) 백암리(복수면)로 이어지는 길을 32번 버스가 서부 터미널에서 110분 간격으로 다니고 있다.
조 망	북 ⇨ 계족산, 고리산, 식장산, 보문산
	동 ⇨ 오도산, 서대산, 성봉, 만인산
	남 ⇨ 대둔산, 안평산, 향적산
	서 ⇨ 계룡산, 금수봉

info | 이배산 234m • 당진군 당진읍 사기소리 | 용주봉 222m • 구룡리 면천면 사기소리

22
이배산과 용주봉

왜군을 물리친 용주봉 승전목

이배산과 용주봉은 임진왜란과 동학농민운동과도 관련이 있는 승전목, 그리고 승전암 성당사 등 여러 절터가 있는 당진 역사문화의 대표적인 현장이다. 승전목 일대는 기암절벽 사이로 개울물이 흐른다. 그래서 바위벼랑으로 이루어진 관문처럼 생겼고 경관도 좋다.

관문처럼 생긴 좁은 목을 승전목이라 한다. 여기는 옛날 면천군의 관문으로 승전곡(勝戰谷) 즉 '싸움에 이긴 골짜기'라 한 곳이다. 이 승전목은 외적을 막기 좋은 곳이어서 실제로 임진왜란과 동학농민 전쟁 때 왜군을 물리친 곳이다.

임진왜란 때 왜군이 이곳을 지나게 된 것을 안 주민들이 벼랑 위에 돌을 쌓아 놓고 왜군이 지나려 할 때 돌을 무너뜨려 왜군을 물리쳤다 한다. 그 때부터 이곳을 승전목이라 했다는 것이다.

동학농민전쟁 때인 1894년에는 한명순 이화삼 박용태 김현구 등이 이끄는 내포지역 동학군이 아까마쯔(赤松國封) 일본 소위가 이끄는 일본군 89명을 공격해서 물리쳐 많은 전리품을 얻은 일도 있었다 한다. 이 싸움은 동학군이 일본군을 이긴 유일한 싸움으로 기록된다.

이배산의 승전목 바위벼랑 위가 용주봉이다. 이 용주봉 아래 바위벼랑이 이어져 있고

이배산의 벼루(승전목)

바위벼랑 사이에 승전암 터가 있다. 옛 날 승전암에 노승과 상좌 둘이 살고 있었다. 이 암자 뒤 바위 구멍에서 겨우 두 사람이 밥을 해먹을 만큼의 쌀이 나와 그 쌀로 두 사람이 살아가고 있었다.

배불리 밥을 먹을 수 없었던 그 상좌는 노 스님이 출타한 사이 쌀이 나오는 구멍을 키우면 더 많은 쌀이 나오겠지 하고 쌀바위의 구멍을 키웠다. 그러나 그 뒤부터 쌀이 나오지 않았다는 이야기가 있다.

승전목과 함께 목을 이루고 있는 건너에도 물론 바위벼랑이 이어져 있다. 거기에 할아버지가 그려져 있었으나 지금은 지워진 할아비바위 안바위와 바깥바위가 있다. 물 건너 지금은 없어진 도깨비바위에서 돌을 던져 안으로 쏙 들어간 안바위를 맞히면 딸을 낳고 밖으로 나온 바깥바위를 맞추면 아들을 낳는다는 미신이 있었다 한다.

그 밖에도 승전목 일대는 민백준 청덕휼민마애비 장승 서낭당 도깨비바위 등이 있었으나 개발등 여러가지 원인으로 흐지부지 없어져 버렸다. 안타까운 일이다. 1930년까지

이배산 전경

있었다는 할아비 바위 앞의 천하대장군 지하여장군 장승도 지금은 보이지 않는다.
　당진에서 가뭄이 심할 때는 용주봉에서 기우제를 지냈다 한다.
　용주봉(龍珠峰)의 한자는 용의 여의주라는 뜻으로 쉽게 이해할 수 있으나 이배산(離背山)의 한자는 '떠난다 등진다'의 뜻으로 어떤 유래가 있을 것 같은데 알 수가 없다.
　(참고-위 글과 내용은 거의 이인화 박사(당진향토문화 연구소장)의 글을 옮겼거나 인용한 것이다.)

이배산의 경관

　승전목 일대 용주봉 아래의 기암절벽은 지금도 장관이다. 어느 산의 경관에 못지않은 절경이다. 일부를 빼고는 온 산이 짙은 숲으로 덮여 있고 깨끗하고 조용하다. 그러나 그 나머지 산의 모습이나 상황은 별다른 것이 없다.
　안타까운 것은 산이 많이 망가졌고 지금도 산을 망가뜨리는 채취 개발공사가 진행중

승전목위의 기암절벽

이라는 점이다. 이대로 가면 많은 유래와 이야기를 품고 있고 경관도 훌륭한 승전목도 더 큰 상처를 입지 않을까 걱정된다.

산 위에 우뚝 솟아있는 높은 송전 철탑도 보기 싫었다.

산행길잡이

산 길 찾는 사람들이 없어 산길이 희미하고 찾기도 쉽지 않다.
① **검암교 길** : 대전 당진 고속도로 면천 나들목에서 나오면 면천 쪽 사기소에서 승전목을 지나 구룡리로 가게 된다. 승전목을 지나기 전 사기소다리에서 보면 오른 편으로 이배산을 깎아 들어간 규모가 큰 현장을 볼 수 있다. 이 개발현장과 승전목 용주봉 기암절벽(승전암 등)을 가르는 등성이로 길이 있다. 검암교를 지나면 70번 지방도에서 시작하는 임도 비슷한 경운기 길이 검암교 길의 시작이다.
검암교-70번 지방도로변 경운기 길-등성이-묘-용주봉-이배산 (약 1시간)
② **성당마을 길** : 성당마을-(등성이)-이배산 (약 40분)

교 통 당진 면천(당진군) 운산(서산군) 가운데 한 곳을 지나야 한다. 당진과 대전 사이 고속도로가 개통되어 교통이 편리해졌다. 대전 당진 고속도로에서 면천 나들목에서 나와 70번 지방도에 들어가면 바로 승전목에 이른다.
서해안 고속도로 서산 나들목에서 나오면 32번 국도로 들어가 당진 쪽으로 가다 구룡리에서 70번 지방도를 타고 면천 쪽으로 가면 바로 승전목이 나온다.
당진 쪽에서도 역시 32번 국도로 서산 쪽으로 가다 70번 지방도에 들어서면 된다. 당진 면천 사이를 군내버스가 자주 다니고 있다.

조 망 산이 낮고 가까이에 높은 산들이 없어 조망을 바랄 수 없다. 동쪽에 아미산 남쪽에 가야산 서쪽에 팔봉산이 보인다.

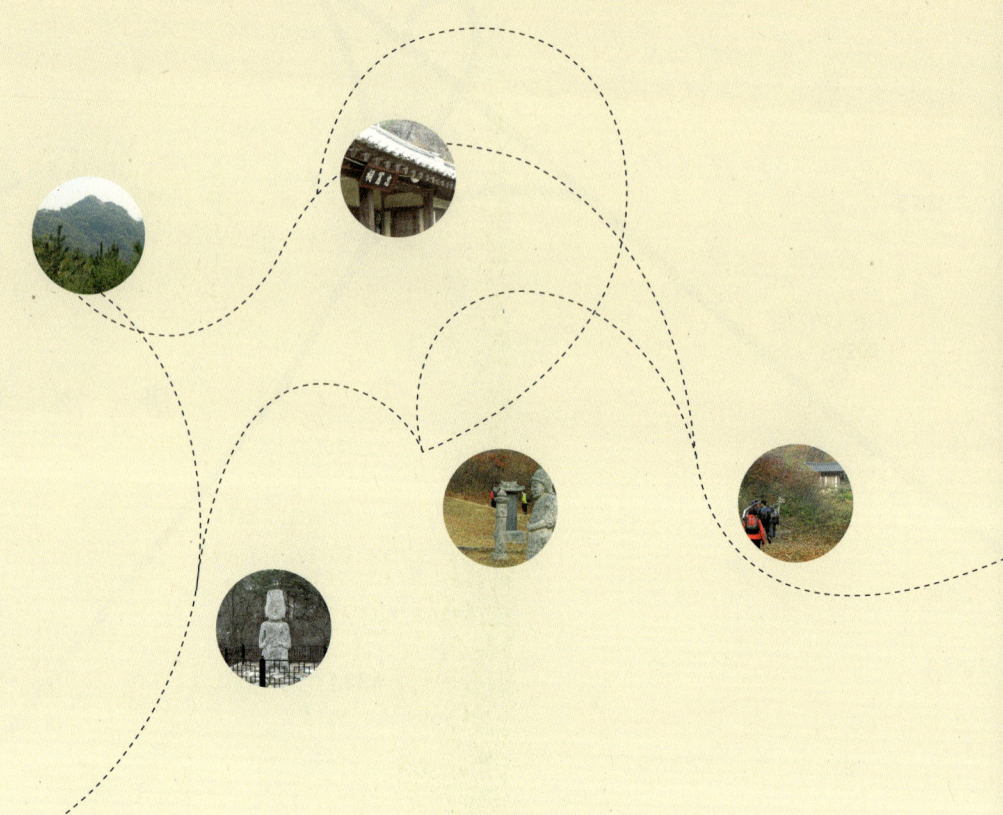

IX • 토정 이지함의 이야기와 어사 박문수의 묘

info | **364m** ● 아산시 영인면

23
영인산

영험한 산 영인산

영인산이 있는 면의 이름이 영인면이다. 원래 '산이 영험하다 해서 영인산'이라 했다는 이야기가 있으나 영인산(靈仁山)의 한자의 뜻은 '신령스럽고 어질다.'는 뜻으로 쓰고 있다.

신증동국여지승람 아산군 편 산천조에 '신성산(薪城山) 본현 서쪽 5리에 있다.'로 되어 있고 1819년에 발간된 신정아주지에 '영인산'으로 기록되어 있다 한다. 따라서 영인산이라는 이름은 그리 오래된 것 같지는 않다.

'영인'이라는 이름은 신증동국여지승람 아산군 편 건치 연혁 조에는 고려 초기에 '인주(仁州)'로 고쳤다 했고 군명 조에 '영인(寧仁)'이라는 이름이 보이는 것으로 보아 지명에서 산 이름을 딴 것 같다.

그러나 한자로는 서로 다르다. 산 고스락에 기우제를 지냈던 '용샘'이 있기 때문에 기우제를 지내고 난 뒤 효험이 있어 신령 령(靈) 자를 쓴 영인산이라 하지 않았나 하는 생각이 든다.

아산시에서 발행한 '아산의 산'에서 영인산의 설명에 "삼한시대에 축성된 것으로 보이는 고성이 둘이 있는데 북쪽에 있는 성은 '신성산성' 남쪽에 있는 성은 평택사람들이 피난하여 쌓았다 하여 '평택성'이라고 한다."라 써있다.

영인산 전경

영인산의 영광의 탑

고려시대 몽고의 침입이 잦았던 때에 산이 없는 평택의 백성들이 난리를 피하여 집단으로 평택의 남쪽에 있는 영인산성에서 피난 생활을 했던 것으로 보인다. 또 그때는 아산이나 평택이나 천안부의 소속이었던 것 때문이기도 했다.

토정 이지함의 이야기

이 성에 관하여 재미있는 이야기가 사실과 관계 없이 구전되고 있다. 학자이며 기인으로 알려진 토정 이지함은 의약복서 천문지리 음양 술서에 능통해서 '토정비결' 을 쓴 것으로 알려져 있다. 물욕이 없어 평생 가난하게 살았고 아산현감 시절에 걸인청을 두어 거지 노약자 굶주리는 자의 구호에도 힘썼다 한다.

토정은 임진왜란이 일어나기 조금 전 조선조 선조 초에 아산현감 재직중 별세했다. 토정은 죽기 전에 힘이 장사인 아산관아 한 아전의 아들을 데리고 영인산의 성을 자주 둘러보았다 한다. 토정은 영인산에 올 때마다 큰 바위나 돌을 둘러보며 혼자 말처럼 '황금이 여기 어디 바위 나 돌 밑에 숨겨져 있는데' 라며 바위나 돌들을 유심히 보았다 한다.

토정이 아산현감 현직에서 별세하자 토정이 한 말을 잘 알고 있는 그 장사는 황금을 찾으려 틈만 나면 영인산성 안의 바위와 돌들을 뒤집어보고 들썩여 보았다. 물론 황금이 없으니 허탕을 친 것은 말할 것도 없다.

그 뒤 곧 임진왜란이 일어나 온 나라가 바람 앞에 등잔불 형편이 되었다. 아산도 왜군이 몰려와 우리 군사들과 싸움이 벌어지게 되었다. 그 때 영인산의 성에서 버티던 우리 군사들은 산 아래에서 밀고 올라오는 왜군에게 돌을 굴려 왜군을 물리쳤다 한다.

바위나 돌들이 모두 뒤집혀 있거나 들썩여져 있어 바위와 돌을 굴리기가 매우 쉬웠던 것이다. 이는 토정이 미리 앞을 내다보고 장사인 아전의 아들을 속여 미리 손을 써놓은 결과였다. 그러나 임진왜란 때 이 영인산성에서 왜군과 싸웠다는 기록은 없다.

또 토정은 아산만 가까이 사는 백성들에게 여기가 곧 바다가 된다면서 바다에서 떨어진 곳으로 이사 갈 것을 권하기도 했다 한다. 아산만 방조제조가 만들어져 토정의 말은 현실화 됐다.

이 영인산은 청일전쟁의 전장이기도 했다.

산행하기에 좋은 영인산

영양향교

산기슭에 있는 석불

영인산의 7층석탑

   영인산은 그리 높은 산은 아니다. 그러나 신선봉 깃대봉 연화봉 닫자봉 상투봉으로 이어지는 산세가 만만치 않다. 주봉인 신선봉은 남으로 급한 암벽지대를 가지고 있고 거기에 두 개의 산성이 있으며 병풍바위도 있다.

   상투봉은 거대한 암봉으로 상투처럼 우뚝 솟아 있으며 사방이 절벽이어서 긴 쇠사다리가 놓여 있고 그 남쪽에 흔들바위가 있다. 닫자봉도 남쪽 비탈이 거의 바위벼랑으로 되어 있다.

   무엇보다 영인산이 좋은 것은 조망이다. 이 아산만과 삽교천 하류 근처에 그리 높은 산이 없기 때문에 서해와 서해대교 아산만 방조제 그리고 삽교천 방조제 일대의 조망이

상투봉으로 오르는 계단

매우 좋다. 연화봉에는 높고 하얀 '민족의 시련과 영광의 탑'이 세워져 있어 산 아래 멀리에서도 보인다.

영인산의 서쪽에는 청석으로 된 9층석탑이 있는 세심사가 있고 산행들머리인 북쪽 아산리에는 아산향교 관음사가 있고 영인석불 5층석탑 등 문화재가 있다. 김옥균의 사당과 묘도 있다. 영인산 중턱에는 통나무집 야영장 눈썰매장 수영장 등 각종 시설이 잘 되어 있는 휴양림이 있고 각종나무가 있는 수목원도 있다.

해돋이를 보는 것도 좋지만 석양의 조망이 특히 좋다. 또 산이 순하고 낮아 가족산행에 좋고 현충사 온양온천 아산만방조제 삽교천방조제 서해대교가 모두 영인산 가까이에 있어 관광 겸 가족나들이에도 좋다.

좋은 산이지만 영광의 탑 수련원 휴양림 수목원 등이 들어서 있으며 그바람에 임도가 산을 누비고 있어 자연미가 적은 게 흠이다.

산행길잡이

산 길
① 영인초교-아산향교-5층석탑-삼거리-수련관-흐느재-영광의 탑-연화봉-깃대봉-신선봉(고스락) (약 1시간 30분)
② 영인초교-아산향교-관음사-휴양림-수목원-상투봉-수목원-수련관-흐느재-영광의 탑-깃대봉-신선봉 (약 2시간)
③ 세심사-신선봉
  참고 : 신선봉에서-영인산성-평택산성-병풍바위-골짜기-닫자봉-상투봉으로 이어지는 지름길이 있고 쇠사다리 등 시설도 좋다. 이 길을 이용할 경우 산행시간은 4시간 가까이 된다.

교 통
온양 평택 당진 등이 거점이 된다. 영인은 39번국도 아산만 방조제와 온양 사이에 있다. 평택과 당진을 잇는 34번 국도에서는 인주 IC에서 39번 국도에 들어서서 온양 쪽으로 가면 바로 영인이 나온다.
온양에서 좌부동까지 시내버스가 80분 간격(08:05~19:15)으로 7회 다니고 있다. 영인면사무소가 있는 아산리에서 내리면 된다.

조 망
북 ⇨ 평택, 연암산, 용와산
동 ⇨ 태화산, 설화산, 망경산, 광덕산
남 ⇨ 도고산, 덕봉산, 용봉산, 덕숭산, 가야산
서 ⇨ 삽교천 방조제, 서해대교, 아산만 방조제

info **은석산 455m • 작성산 497m** 천안시 목천면, 병천면

24
은석산과 작성산

겨울 산행에 좋은 은석산과 작성산

은석산과 작성산은 한남정맥에서 가지 쳐 나온 꽤 뚜렷한 산줄기에 자리 잡고 있다. 두 산은 바위가 별로 없는 흙산으로 부드럽고 숲이 우거져 있다. 또 여러 가지 이야기가 얽힌 산이어서 은밀의 산행에 알맞고 겨울 산행에 특히 좋다.

은석산과 작성산 산행의 멋은 산길에 있다. 두 산의 산길에는 소나무가 거의 없고 참나무 등 활엽수 숲이어서 가을과 겨울은 산길에 낙엽이 두텁게 깔린다. 그래서 푹신하고 빠삭빠삭 소리도 정겨워 길을 걷는 재미가 유별나다.

은석산은 여름에도 좋다. 은석사 들머리 은지리에서 은석사로 들어가는 긴 골짜기의 개울이 아름답고 물도 제법 많다. 온 산이 거의 흙산인데도 은석골의 개울은 바위와 돌로 이루어져 있어 물이 맑고 시원하며 경관도 좋다. 여기 개울가에 넓은 넙적바위도 잘 알려진 명소다.

작성산은 버드우드 골프장을 오른 편으로 싸고 도는 긴 등성이 숲속 길이 편안하고 호젓하다.

은석산과 작성산은 높이와 모양이 비슷한 산으로 서로 이웃해 있다. 어느 한 산 만을 산행하기에는 너무 싱겁다. 그래서 두 산을 모두 오르는 것이 좋다.

두 산이 한 줄기에 이웃해 있는 산이지만 두 산 사이에 있는 개목고개가 매우 낮아서

작성산 전경

두 산을 이어서 산행을 하려면 한 산을 다 내려 간 뒤 다시 다음 산을 올라야 한다.

천안시의 자료에는 은석산이 대순 같이 수려하고 수석이 아름다우며 산 정상에 기우제 제단이 있다고 써 있다.

영성군이 고른 자신의 묘와 옛 절 그리고 전설 들

은석산은 옛 절 은석사가 있고 영성군 박문수 어사의 묘가 있는 산으로도 잘 알려져 있다.

영성군 박문수는 훌륭한 어사였을 뿐만 아니라 지리에도 밝았다. 그 밝은 풍수지리 지식을 살려 자신의 신후지지(身後之地, 죽기 전에 미리 잡아둔 묏자리)를 은석산으로 정했던 것이다. 벗처럼 여겼던 영성군이 66세로 죽자 영조는 정승으로 임명하지 못한 것을 안타까워 했다 한다.

은석산에는 불개미가 많다. 불개미는 소나무 잣나무를 망치는 송충의 천적이다. 영성군의 묘가 있는 은석산의 소나무를 불개미가 지키고 있는 셈이다. 영성군이 어사시절 억울하게 죽게 된 사람들을 살려준 일이 여러 차례 있었다. 그 은혜를 입은 사람들이

어사 박문수 사당

은석산의 유래비

은석산의 산행

은석산의 불개미가 되어 은석산의 송충을 잡아먹는 것으로 박어사에게 보은한다는 것이다. 은석산의 불개미를 다른 산에 옮기면 살지 못한다고 한다.

은석사와 영성군 묘로 들어가는 은석골 들머리에 영성군의 사당과 '충헌공 박문수 유물관'이 있다. '충헌공'은 영성군의 시호다. 유물관에는 보물 제1189호 지정된 영성군의 영정이 있다 한다.

은석사는 영성군의 묘소 아래 꽤 높은 곳에 자리 잡고 있다. 신라 문무왕 때 원효대사가 창건한 절로 알려져 있다. 여러 차례 불에 탔다고 한다. 절을 새로 짓는 중이어서 지금은 아무 것도 볼 것이 없다. 법당의 목불이 지방문화재라 한다. 왼 편 언덕 위의 삼성각만이 옛 모습이다. 병천 쪽에 찻길이 터져 있다.

은석산과 작성산 사이 잘록이를 개목고개라 한다. 옛날 근처에 사는 어느 농민이 장에 다녀오다 술이 취해 개목고개에서 잠이 들었다. 마침 그 때 산불이 나서 타죽게 된 것을 따라온 개가 몸에 물을 묻혀와 뒹굴면서 주인을 살렸다. 그러나 개는 죽고 말았다.

사람들은 그 고개를 개목고개라 불렀으며 '의구비'도 세웠다고 한다. 그러나 우리는 의구비는 보지 못했다.

신증동국여지승람에 목천현 편 산천조에 작성산은 있으나 은석산은 나와 있지 않다. 불우 조에는 은석사가 작성산에 있다고 기록되어 있다. 예전에는 지금의 은석산까지 모두 작성산이라 한것 같다.

여기서 분명하게 밝혀 두어야 할 것이 있다.

천안시의 자료나 은석사 스님은 은석산의 이름이 은 은(銀)자 자를 쓴 은석산(銀石山)이라 하고 있다. 그러나 신증동국여지승람의 은석사의 은은 은혜 은(恩)자를 쓰고 있다. 은석사 스님은 은석산에 돌이 많고 돌을 깨면 속이 하얗다고 해서 은(銀)석산이라 한다고 했으나 믿을 수는 없었다.

더 하나 밝혀야 할 것은 신증동국여지승람 목천현 편 성지 조에 작성산에 성터가 있다고 적혀있다. 산행하며 작성산에서 분명한 성터를 보았다. 그러나 천안시의 자료에도 없고 그 누구도 작성산의 성터를 아는 이가 없다.

어사 박문수의 묘

산 길   은석산과 작성산을 잇고 영성군 사당과 유물전시관 은석사 영성군 묘 작성산 고스락 개목고개 작성산 고스락을 보려면 오직 한 길 밖에 없다.
은지리(천안시 목천면)–영성군 유물전시관, 영성군 사당–넙적바위–은석사–영성군 묘–은석산 고스락–개목고개–작성산 고스락–버드우드 골프장 들머리(매성리 노인회관). 또는 거꾸로 버드우드 골프장 들머리(매성리 노인회관)에서 시작하여 은지리 영성군 사당에서 끝내는 것 둘 가운데 하나다.
영성군 사당에서 넙적바위 골짜기에 들어서기 전에 왼 편 산등성이를 타면 은석사를 거치지 않고 바로 영성군 묘에 오를 수 있다.
중간에 매성리–개목고개, 병천리–은석사(찻길), 병천리–개목고개 길이 있으나 영성군 묘 은석사를 볼 수 없거나 먼 길이어서 좋지 않다.

교 통   천안시 목천읍(목천면사무소) 또는 병천리(병천면 사무소)로 찾아가야 한다. 천안시와 독립기념관 앞 목천 병천을 21번 국도가 잇고 있기 때문에 천안 IC나 목천 IC에서 고속도로를 빠져나와 21번 국도에 들어서야 한다.
영성군(박문수)사당, 묘, 은석사로 가려면 21번 국도로 병천 방면으로가다 상동리(북면)에서 길가에 있는 박문수 묘 표지를 보고 좌회전하여 2번 지방도를 따라 들어가면 바로 사당이 있는 은지리에 이른다.
버드우드가 있는 매성리는 병천에서 6번 지방도를 타면 바로 나선다.
천안의 대중교통은 연계노선으로 되어 있다. 천안에서 시내버스를 타면 독립기념관에서 바꿔 타야(환승)한다. 독립기념관 정류장에서 460번 461번 병천행(15분~20분 간격)을 타고 가다 상동리(북면)에서 내려 은지리로 걸어 들어가야 한다.
작성산 버드우드가 있는 매성리는 병천에서 1시간 간격으로 있는 봉항리 행 마을버스를 타고 가다 매성리에서 내리면 된다.

조 망   북 ⇨ 개죽산, 봉황산, 만뢰산, 작성산
동 ⇨ 동림산, 망경산
남 ⇨ 운주산, 작성산, 국사봉, 무학산, 국사봉, 광덕산, 망경산, 태화산, 설화산, 배방산, 도고산
서 ⇨ 흑성산, 태조산, 서억산

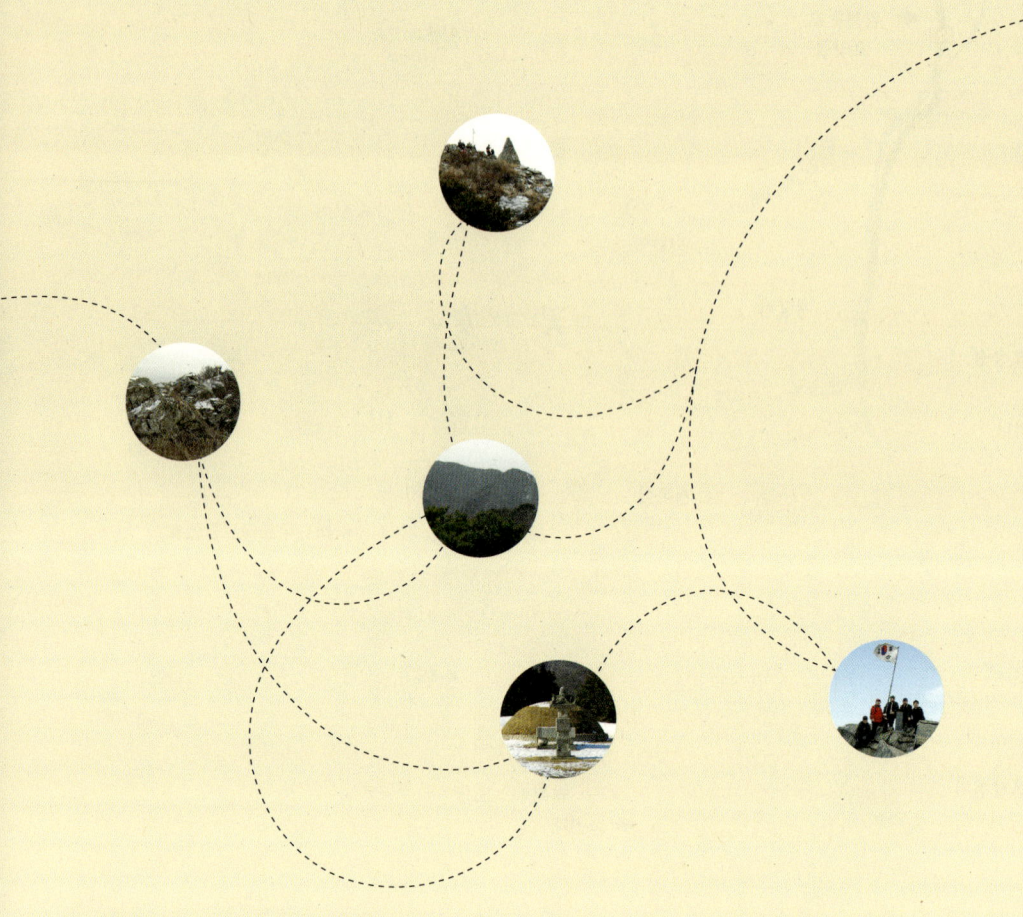

X. 대원군과 가야산 석문봉

info **가야산 678m · 석문봉 653m** ● 예산군 덕산면, 서산시 해미면, 운산면

25
가야산(석문봉)

내포지방의 명승지 가야산

'내포'라 함은 원래 바다나 호수가 육지로 휘어들어간 부분을 말한다. 그러나 우리가 흔히 말하는 내포지방은 아산만 남쪽이 되고 금북정맥 북쪽이 되는 지역으로 아산, 예산, 당진, 서산 지역과 보령, 청양의 일부 지역을 말한다.

이 지역은 땅이 기름지고 아산만 등 해물이 나는 바다와 가까워 물산이 풍부한 지역이다. 이 지역은 서울과도 가까워 옛날에는 거개의 서울 권문세가와 호족들이 내포에 농토를 가지고 있었다.

이 내포지방의 제일 명승지가 가야산이다. 성주 합천에 있는 국립공원 가야산과 이름이 같기 때문에 그 가야산과 구별하기 위해서 여기 가야산은 예산 가야산 또는 충남 가야산이라 부르기도 한다.

가야산 일대의 산들은 내포지방의 한가운데에 자리 잡고 있는 산들이지만 거의 독립되어 있다. 희미하기는 하지만 금북정맥과 이어져 있기는 하다.

가야산의 주봉인 가야봉(또는 가사봉)은 높이가 678m로 서해안에서 오서산 다음으로 높은 산이어서 옛날은 서해 항해의 지표가 되었다 한다.

가야산은 크게 보면 이 가야봉을 비롯하여 원효봉 석문봉 옥양봉 일락산 상왕산 덕숭산으로 이루어져 있다. 그러나 가야봉은 특수시설이 있고 상왕산 덕숭산은 좀 벗어나

가야산의 바위등성이

석문봉과 돌탑

있는 산이어서 가야산 산행대상으로의 산은 석문봉 옥양봉 일락산 일대라 할 수 있다.

가야산은 경관이 좋아 흔히들 충남의 금강산 또는 호서 제일의 명승지라 일컬었다. 이 가운데 특히 석문봉 일대는 기암괴봉과 바위벼랑으로 이루어져 있고 이들이 푸른 소나무와 어울리고 가을엔 억새와도 어울려서 경관이 매우 좋다.

석문봉의 암릉 한 곳은 양편에 높은 바위봉이 솟아 폭 30m 깊이 30m의 바위벽을 이루어 마치 거대한 대문처럼 보이기도 해서 석문봉이란 이름을 얻었다.

석문봉과 옥양봉 사이 계곡을 일조암계곡, 옥녀폭포계곡이라 한다. 이 계곡의 위쪽에 일조암이라는 암자가 있었고 아래쪽에 경관이 좋은 한줄기 옥녀폭포가 있기 때문에 위쪽을 일조암 계곡이라 하고 아래쪽을 옥녀폭포계곡이라 한다.

옥양봉도 쉰길바위 등 기암괴봉이 곳곳에 자리 잡고 있어 경관이 좋다. 옥양봉(玉陽峰)이라는 이름은 옥녀폭포의 북쪽에 있는 봉우리라는 뜻으로 '옥양봉'이라 부른다는 것이다. 지명에서 양(陽)이라 하면 보통 남쪽을 말하지만 물(水)을 기준으로 할 때는 북쪽을 양(陽)이라 한다는 것이다. 서울은 한강의 북쪽에 있기 때문에 한양(漢陽-한강의 북쪽)이라 하는 것이다.

가야산에서 보는 서해의 낙조가 참으로 장관이라 한다. 가야산에서는 낙조뿐만 아니라 내포와 서해의 조망이 좋다.

백제 불교의 본산 가야산

가야산은 불교와 깊은 관계가 있는 이름이다. '가야'라는 이름은 복합적이다. 원래 이 '가야'라는 이름은 석가모니가 성도한 부다가야(인도 가야시 근처)의 가야에서 유래했고 이 '가야'를 절 가(伽) 자와 나라 이름 야(倻)로 음차해서 한자로 표기한 것으로 생각된다.

이름이 불교의 뜻이 짙은 가야산은 실제로 백제불교의 본산이었으며 영광 법성포와 함께 불교 서래설의 근거가 되는 곳으로 믿는 사람들이 많다.

가야산에 있었던 가야사는 99개의 암자가 있었던 큰 절이었고 가야사 외에도 가야산 둘레에는 개심사 일락사 원효암 보덕사 수덕사가 있고 보원사가 있었던 곳이기도 하다.

가야산 줄기 북쪽 산자락 서산 운산면 용현리에는 유명한 국보 서산 마애삼존불이 있고 옥양봉과 일락산 사이의 용천골 아래 쪽 보원사 터에는 당간지주 석조 5층석탑 법인국사보인탑 법인국사보승비 등 5개의 보물이 있다. 절다운 멋을 지금까지 간직하고 있는 개심사의 대웅전도 보물이다.

그 밖에 가야산 자락은 매헌 윤봉길 의사가 나서 자라고 활동하던 곳으로 윤의사를 기리는 충의사가 있고 대원군의 친산인 남연군묘도 있다. 또 지구유라는 좋은 온천도 있어서 휴양지로 이름난 곳이기도 하다.

| 산 길 | **석문봉을 중심으로 하는 가야산의 산행** |

가야산의 산행은 경관이 가장 아름다운 석문봉을 중심으로 해야 한다. 가야산의 주봉이 가야봉(가사봉)이긴 하지만 특수시설이 있고 거기에 올라도 경관 등 별다른 뜻이 없기 때문이다.
석문봉에 오르는 길은 네 갈래라 할 수 있다. 상가리(예산군 덕산면)에서 오르는 길 세 갈래, 일락사(서산시 해미면 황락리)에서 한 갈래 모두 네 갈래다.
이 네 갈래 길 가운데 상가리에서 옥녀폭포 길로 올라 남연군 묘로 내려오는 길을 많은 사람들이 이용한다.
더 많이 산을 타고자 하면 옥양봉으로 먼저 오른 뒤 석문봉으로 건너가 남연군 묘로 내려오는 길을 고르면 된다.
여기서 알아두어야 할 것은 하산 길에 남연군 묘를 거치는 것이 좋다는 것과 석문봉에서 가야봉 쪽으로의 암릉 경관이 매우 좋기 때문에 반드시 이 곳을 거쳐야 한다는 것이다. 그렇다면 결국 석문봉에서 남연군 묘 쪽으로 하산하는 것이 좋다는 이야기가 된다.

❶ **일조암 옥녀폭포 길** : 상가리 주차장-옥양봉 갈림길-옥녀폭포-쉼터 정자 (약 1시간 30분)
❷ **남연군 묘, 고갯길** : 상가리 주차장-(10) 남연군 묘-(5) 저수지 뚝-(90)주릉 고개-(25) 석문봉
(약 2시간 10분, 하산은 약 1시간 40분)
❸ **옥양봉 길** : 상가리 주차장-갈림길-옥양봉-(주릉 길)-석문봉
❹ **일락사, 일락산 길** : 황락저수지-일락사-일락산-석문봉 (약 2시간 20분)

| 교 통 | 예산의 가야산 산행을 하려면 반드시 덕산(예산군)을 거쳐 가야산 산행의 들머리와 끝머리가 되는 상가리(예산군 덕산면)로 들어가야 한다.
서해안고속도로 해미 나들목을 이용하거나 예산 해미를 거쳐야 할 경우에는 45번 국도를 이용

석문봉 고스락

하면 덕산에 가게되고 홍성에서는 609번 지방도를 이용하여 덕산에 갈 수 있다.
대중교통수단을 이용하려면 직행버스 등을 이용하여 먼저 덕산에 이른 다음 덕산에서 상가리를 왕복하는 군내버스를 이용해야 한다.
덕산에서 하루 네 차례 상가리를 왕복한다. 덕산에서 7:30, 10:00, 14:30, 17:40에 상가리로 떠나고 상가리까지 10분정도 걸리는 이 버스가 상가리에서 바로 되돌아가기 때문에 시간에 유의해야 한다.
덕산에서 상가리로 가는 길은 덕산시내를 거치게 되어있는데 그 길을 글로 설명하기 어렵다. 덕산에서 잘 물어서 길을 찾아야 한다.

조망
북 ⇨ 수정봉, 이배산, 아미산, 영인산, 도고산, 덕봉산
동 ⇨ 관모봉, 안락산, 금오산, 천방산, 극정봉, 원효봉, 봉수산, 용봉산, 오서산, 덕숭산, 일월산
남 ⇨ 삼준산, 연암산
서 ⇨ 백화산, 팔공산 일락산 석문봉

명소

남연군 묘

남연군은 구 한말 고종의 아버지인 흥선대원군의 아버지다. 고종의 할아버지인 것이다. 그 남연군의 묘가 석문봉의 들머리 끝머리 두 산행길 사이에 자리잡고 있다. 그래서 가야산을 산행하면 자연스럽게 남연군 묘를 둘러볼 수 있다.

남연군 묘

이 남연군 묘는 2대에 걸쳐 천자(황제)가 나온다는 천하의 명당으로 알려져 있다. 실제로 남연군의 손자 대에서 고종과 순종 두 황제가 나왔다.

원래 남연군 묘 자리에는 99개의 암자를 거느렸다는 큰 절 가야사가 자리잡고 있었다.

풍수지리설이 위세를 떨치고 있는 시대였고 명당의 효험을 굳게 믿고 있었던 대원군은 그의 자손을 황제 자리에 올려놓으려는 욕망 또한 대단했었다. 대원군은 당대의 명지관인 정만인에게서 가야사 자리가 천하의 명당으로 2대의 천자가 나온다는 이야기를 듣고 가야사를 불태우고 그 절에 있었던 금탑을 부수고 그 자리에 남연군의 유해를 이장했다. 이로써 1,400년의 역사를 가진 큰 절 가야사와 나옹의 금탑은 없어지고 그 자리에 남연군의 묘가 들어선 것이다.

남연군을 가야사 자리에 이장한 뒤 7년이 되던 해에 대원군은 뒤에 왕위에 오른 둘째 아들 명복(재황)을 얻었고 그 아들은 12세에 철종에 이어 왕위에 올랐다. 그가 고종인 것이다.

대원군은 아들이 왕위에 오른 고마움과 보답의 뜻으로 남연군 묘의 건너 산자락에 보덕사(현재의 보덕사)라는 절을 세웠다.

남연군 묘는 1886년(고종 3년) 독일 상인 오페르트에 의해 파헤쳐지는 어처구니 없는 일을 당하기도 했었다. (오페르트 남연군 묘 굴총 사건)

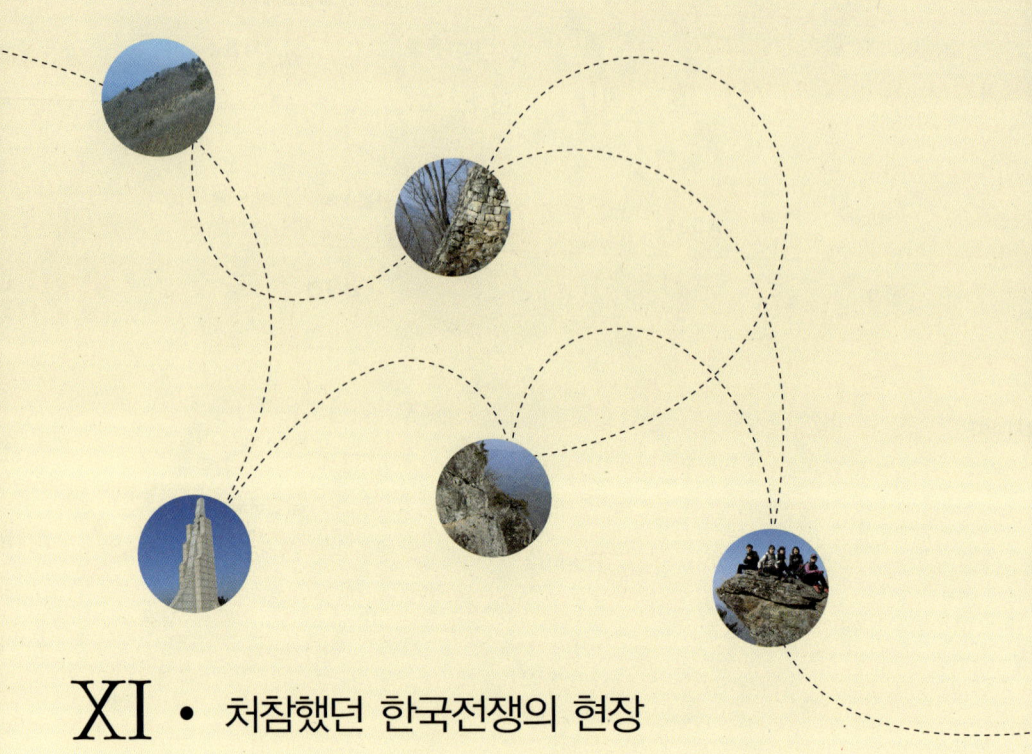

XI · 처참했던 한국전쟁의 현장

info | **654m** • 금산군 남이면

26 백암산

바위벼랑과 숲 그리고 조망이 아름다운 백암산

백암산을 처음 오르는 사람들은 두 번 놀란다. 뜻밖의 아름다움에 놀라고 한국전쟁 때 이 산에서 숨진 2,400 여명의 전사자 수에 놀란다.

또 대전 사람들은 대전 가까이에 이토록 좋은 산이 있다는 것을 미처 몰랐다며 무척 신기해하기도 한다.

백암산은 금남정맥 줄기를 이루고 있는 산이다. 옛 날에는 깊은 산중으로 이름난 곳이어서 사람들이 별로 찾지 않았던 곳이다.

그러나 지금은 포장도로가 이 산줄기를 넘어가고 있고 이 산의 서쪽 선야봉과의 사이에 남이 휴양림이 있어서 많은 사람들이 찾아들고 있다.

특히 백암산의 매부리봉은 다른 산에서 볼 수 없는 장관이다. 이 백암산 원 줄기의 북쪽 끝봉을 서암산이라고 하는 바 이 북편의 서암산 쪽에서 보면 매부리봉의 날카로운 바위가 마치 매의 부리처럼 서쪽의 하늘로 내밀고 있어 신기하다. 이 매의 부리는 공중에 떠있는 셈이다.

이 매부리봉 외에도 주릉 일대의 바위등성이는 주로 서쪽 휴양림 골짜기 쪽으로 천길 낭떠러지를 이루고 있고 거기에 노송이 어우러져 한 폭의 그림 같다.

또 수봉의 동북편 아래 골짜기 높은 곳에 '큰굴' 이라는 큰 바위굴이 구경거리다. 1950

년 한국전쟁 때에 많은 사람들이 목숨을 잃은 참상의 현장이다. 입을 크게 벌리고 있는 굴의 넓이가 20여 평에 이르고 비가 내린 뒤면 굴 앞으로 흘러내리는 물줄기가 구슬을 엮어서 쳐놓은 발처럼 보여 신기하다.

백암산 산행은 승전탑이 있는 배티재에서 백암리 고개까지 금남정맥이기 때문에 더욱 더 뜻있는 산행이 될 수도 있다.

600고지로 알려진 한국전쟁의 격전지 백암산

백암산 줄기의 남쪽에 거대한 바위봉우리가 있다. 이 바위봉우리 남면의 바위벽이 아침나절 햇빛을 받으면 하얗게 빛나기 때문에 배암산(白岩山)이란 이름을 얻었고 이 바위봉우리 바로 아래에 흰바위(백암리)라는 마을도 있다.

그러나 1950년 한국전쟁 때는 이 산이 '600고지'라는 이름으로 알려진 전략적 요충지였다. 이 600고지를 둘러싸고 군경토벌군과 공산군 빨치산 사이에 수개월에 걸쳐 격전이 펼쳐졌다. 이 치열한 싸움으로 군 경 민 등 270여 명이 전사했고 빨치산(공산군)은 2,280여명이 사살되었으며 1,000여 명이 생포되기도 했다.

그래서 남이면 역평리에서 건천리로 넘어가고 금남정맥이 지나는 배티재 마루에 육백고지 승전탑과 육백고지 참전공적비 및 전사자의 이름이 새겨진 비가 세워져 있다. 산행기점이 되는 고개마루 광장에는 정자와 매점, 넓은 주차장이 있다.

백제 땅을 지켰던 백령성

승전비가 세워져 있는 여기 해발 500m의 배티재 고개 마루 뒤로 작은 봉우리 하나가 있고 그 봉우리에 백제 땅을 지켰던 백령성의 터가 뚜렷이 남아있다. 충청남도 기념물 83호로 테뫼식의 성으로 둘레가 300m이고 높이가 5.8m~6.9m이며 안 쪽 높이는 3m 성채의 넓이는 4m라 한다. 봉수대 흔적이 있으며 백제시대의 토기와 기와 조각이 나왔다 한다. 이 백령은 고산자 김정호의 청구도(1834)에는 백자령으로 되어있고 1861년에 쓴 대동여지도에는 탄현으로 되어있다 한다.

백암산의 산행길은 발굴 복원작업이 진행되고 있는 이 백령성을 지나게 되어있다.

산행길잡이

| 산 길 | 산길은 크게 세 갈래라 할 수 있다. 그러나 역평(역뜰) 마을 위 저수지 아래에서 임도를 따라 큰 굴까지 가는 산길은 주로 하산 길로 이용하는 것이 좋다.

❶ 배티재 길
육백고지 승전탑(배티재) – 백령성 – 서암산 옆 주릉 – 매부리봉 – 헬기장, 큰굴 갈림길 – 고스락(상봉) – 흰바위봉 – 흰바위고개(헬기장) – 흰바위 마을 (약 2시간 30분)

❷ **흰바위 마을 길 (배티재 길의 역순)**
흰바위마을-흰바위 고개(헬기장)-흰바위봉-고스락-헬기장, 큰굴 갈림길-매부리봉-서암산 옆 주릉 갈림길-승전탑, 배티재

❸ **큰 굴 길 (고스락까지 약 80분)** : 대중 교통편이 불편하기 때문에 승용차를 이용할 경우 배티재 광장에서 산행을 시작하여 고스락까지 갔다가 큰굴을 거쳐 임도를 통해 역평 저수지로 하산하는 것이 바람직하다.
상역평 버스 정류장-저수지 아래-(임도)-은행나무 단지-임도 끝-큰 굴-주릉 갈림길(헬기장)-고스락
헬기장 직전 큰 굴 갈림길에서 큰 굴에 다녀와 다시 헬기장으로 올라오는데는 약 30분이 걸린다.

교 통

산행을 시작하기 좋은 배티재(육백고지 승전탑) 광장을 중심으로 한 교통편을 소개한다.
대전에서 충청남도 금산군 역평리와 건천리의 경계가 되는 배티재(백령)의 육백고지 승전탑 광장으로 가는 길은 크게 두 갈래다.
대전에서 국도나 고속도로(대전 통영)나 어느 길이던 이용하여 우선 금산으로 간다. 금산에서 남이면 사무소가 있는 하금리로 가는 길이 금산읍의 서쪽 양지리를 거쳐 진악산 줄기의 수리너머재를 넘게 된다. 수리너머재를 넘어 가면 곧 하금리에 이른다.
하금리에서는 635번 지방도를 타고 서북방 진산방향(건천리)으로 가면 역평리를 지나 배티재 고개마루에 오르게 된다.
또 하나의 길은 대전의 안영동에서 금산군의 복수면으로 가는 635번 지방도를 타면 된다. 635번 지방도는 복수를 거쳐 진산면의 부암리 삼가동 석막리 오항리를 거쳐 남이면 건천리로 들어가고 건천리에서 역평리(남이면)로 넘어가는 고개가 배티재이다. 대전 안영동에서 배티재 광장까지 635번 지방도만 타면 된다.
흰바위 마을은 하금리에서 역평리로 가는 도중 대양리(명고동)로 가는 길이 갈라지고 또 원대양에서 흰바위(백암) 마을로 가는 길이 갈라진다.
대중교통 수단은 매우 불편하다.
금산에서 역평으로 가는 버스 편이 하루 세 번(금산에서 8:20, 15:10, 16:40) 있고 역평에서 금산으로 나가는 버스 편도 역시 세 번(9:30, 16:10, 17:50)이다. 역평에서 승전탑 광장까지 걸어 올라가야 한다.
금산에서 흰바위 마을 근처의 대양리 명고동으로 가는 버스는 하루 다섯 번(금산에서 6:00, 10:40, 12:20, 14:10, 19:50 명고동에서는 6:40, 11:30, 13:30, 15:20, 20:30) 다닌다.

조 망

북 ⇨ 인대산, 보문산, 만인산, 식장산, 고리산, 서대산, 대성산, 천태산, 진악산, 자지산, 월영산, 갈기산, 성주산, 민주지산
동 ⇨ 대덕산, 적상산, 성치산, 남덕유산, 명덕봉, 구봉산
남 ⇨ 운장산, 연석산, 칠백이산, 봉수대산, 선야봉
서 ⇨ 천등산, 대둔산, 계룡산, 안평산

XII. 천여 년 불교와 함께 한 산들

info 423m 공주시 사곡면

27
태화산

십승의 땅, 태화산

택리지 정감록 등 지리서 비기 등에 삼재(三災-전쟁 질병 기근)와 팔난(八難-배고픔 목마름 추위 더위 물 불 칼 병란)이 들지 않는다는 '십승지지(十勝之地-열 곳의 뛰어난 땅)' 또는 몸을 지키기 좋고 오래 살 땅이며 착한 정승과 좋은 장수가 나온다는 '보신의 땅' 열 곳이 기록되어 있다.

십승의 땅은 경치 좋은 명승지로 해석하기도 한다.

도참설과 풍수지리설에 따른 그 열 곳의 땅은 조선 명종 때의 학자 남사고(南師古)의 주장이 알려져 있다. 그 열 곳은 풍기 금계촌, 안동의 춘양, 보은 속리산, 운봉 두류산(지리산), 예천 금당동, 성주의 만수동, 공주의 유구와 마곡, 영월의 정동 상류, 무주의 무풍, 부안 변산이다.

한 편 정감록에 기록된 보신(保身)의 땅 열 곳은 풍기 예천, 안동의 화곡, 개령의 용궁, 가야, 단춘, 공주의 안산심마곡, 진목, 봉화, 운산봉 두류산, 풍기의 대 소백산이다.

마곡은 양 쪽에 다 들어가 있다. 십승의 땅 유구와 마곡 사이 또 보신의 땅에 들어 있는 안산 심(深)마곡은 모두 태화산을 말한다. 정감록에는 '공주 유구 마곡 양 수(水) 사이, 두루 돌아서 백리 안에서는 가히 살육을 면할 수 있다.'로 되어 있다.

지리설이나 도참설에서 태화산을 높이 평가하고 있지만 태화산의 경관은 그다지

화려하지 않다.

그렇지만 태화산은 세 가지 좋은 점이 있다. 첫째, 산길 모두가 부드러운 흙길로 내내 편안하다. 바위를 거의 볼 수 없다. 둘째, 처음에서 끝까지 노송이 대부분인 소나무 숲속을 걷게 된다. 셋째, 등성이만으로 이어지는 산길은 그리 가파르지 않으면서 여러 개의 봉우리를 타고 넘는 점이다.

따라서 태화산은 어려운 바윗길이 없고 가파르지 않아 눈 많고 길이 얼어붙는 추운 겨울에도 산행하기 좋고 나무 그늘과 순한 산길로 더운 한 여름에도 산행하기에 알맞다. 노년의 산행에 좋은 것은 물론이다.

나발봉과 활인봉 두 봉우리에 정자가 있고 곳곳에 긴 의자가 놓여 있어 산행 도중 쉬기에 좋다. 좀 가파른 곳에는 인조 통나무로 계단을 만들어 놓아 편리하다. 마곡사가 산행의 들머리이며 끝자리인 회귀산행인 것도 좋다.

태화산 북편의 상원골은 아름다운 계곡이다. 여름에는 많은 사람들이 찾아든다.

마곡사와 백범 김구 선생님

태화산에서도 마곡사 자리는 핵심이 되는 곳이다. 산과 물이 태극(太極)을 이루는 산태극 수태극의 중심이라 한다.

고려 명종 때 보조국사가 폐찰을 중건하라는 왕명을 받고 여러 곳을 돌아다니다 마곡사 자리를 보고 너무 좋아서 다리 위에서 춤을 추었다 한다.

그는 춤을 추며 '복지가 맑은 개울에 임하였으니 금방울 소리가 소나무 사이에서 울린다.' 라는 시를 읊었다. 보조국사가 춤을 추었다는 다리를 '무교(舞橋-춤춘 다리)' 라 하고 지금도 그 무교와 함께 '춤다리' 라는 마을도 있다. 또 절 땅을 잡으면서 '은혜는 금 못에 적시고 덕은 용의 귀보다 높은 형국의 땅' 이라 했다는 이야기도 있다.

도선대사도 '천만년 오래도록 절이 들어앉을 큰 터이며 삼재가 들지 못하는 곳' 또 '유구와 마곡 두 냇물 사이는 천명의 목숨을 살릴만한 곳.' 이라 했다 한다.

당시 이곳은 도둑들이 차지하고 있어 절을 지을 수 없었으나 보조국사의 제자 수우 스님이 묘한 방법을 써서 도둑들을 몰아내고 절을 지었다 한다.

'마곡사' 라는 이름의 '마(麻)' 는 베를 짜는 '삼' 또는 '마약' '마비' 의 뜻으로 쓰인다. '마곡' 이라는 이름의 유래는 세 가지로 전해지고 있다.

태화산의 고스락 부분

태화산속의 개울

대화산의 소나무 숲길

마곡사의 모습

　첫째는 청양의 장곡사 예산의 안곡사와 함께 삼곡사(三谷寺)라 했는데 마곡사가 있는 골짜기는 '삼골'이기 때문에 '마곡사'라는 했다는 이야기와 둘째는 신라 보철화상이 설법을 할 때 모인 사람들이 마치 삼밭의 삼대와 같이 많았다 하여 '마곡사'라 했다는 것과 셋째는 성주산문의 개창자인 신라 무염 스님이 중국의 '마곡사'에서 법을 이어와 '마곡사'라 했다는 것이다.
　마곡사는 조선조 세조가 매월당 김시습이 숨어있다는 말을 듣고 왔으나 매월당을 만나지 못하자 연(왕이 타는 가마, 현재 보관 중)을 버리고 갔다는 이야기, 나발봉을 조산으로 하는 군왕대 영산전 이야기 등 많은 이야기가 전해지고 있다.
　그 밖에 세조가 썼다는 영산전 현판, 시문서화 사절(四絶)로 꼽히던 표암 강세황이 쓴 대광보전의 현판, 청백리 송하 조윤형이 쓴 심검당의 현판이 있고 5층석탑 대광보전 대웅보전 괘불 감시은니묘법연화경 2점 등 보물 6점이 있다. 백범 김구 선생님이 마곡사에 머물렀던 사실이 백범일지에 적혀있다.
　백범은 한말 명성황후 시해에 대한 복수를 결심하고 일본인 장교 쓰치다를 황해도 안악군 치하포 나루에서 죽였다.
　1898년 23세의 청년 백범은 인천감옥에서 탈옥하여 마곡사에 숨어들어 하은당 스님을 스승으로 모시고 삭발을 했다. 원종(圓宗)이라는 법명으로 주로 마곡사 부속 암자인 백련암에서 물도 긷고 장작을 패며 천수심경 등 불경을 외며 6개월 동안 스님생활을 했다.

해방 후 마곡사를 찾은 백범이 기념으로 심은 향나무가 대광보전 왼 편 응진전 앞에 있다. 백범이 마곡사로 들어가며 '한 걸음씩 혼탁한 세계에서 청량한 세계로 지옥에서 극락으로 세간에서 걸음을 옮겨 출세간의 길을 간다' 라 한 말이 백범일지에 적혀있다.

산행길잡이

산 길
마곡사에서 시작하여 마곡사로 돌아오는 산길은 세 갈래로 잡는다.
1 코스 : 마곡사-은적암 입구-백련암-마애불-활인봉-제2코스 갈림길-나발봉-묘-유물관-마곡사, 또는 마곡사-은적암 입구-백련암-마애불-활인봉 (약 3시간)
2 코스 : 마곡사-은적암 입구-활인봉-주릉 갈림길-샘골-마곡사 (약 2시간)
3 코스 : 마곡사-백련암-영은암-마곡사 (약 1시간 30분)

교 통
대중교통 : 공주 또는 마곡사 들머리인 사곡(사곡면 사무소 소재지, 32번 국도변)에서 시내버스(공주 발)를 이용해야 한다. 버스는 사곡에서 오후 4시 이전에는 매시 25분, 오후 4시 이후에는 매시 45분에 마곡사로 들어간다. 이 버스가 마곡사 정류소에서 바로 되돌아 나온다.

승용차 관광버스 : 공주 예산을 지날 때는 32번 국도를 타야 한다. 공주를 지날 때는 사곡에서 629번 지방도, 예산에서 갈 때는 유구에서 604번 지방도를 타면 마곡사에 이른다. 천안 아산에서도 직접 갈 수 있다. 천안에서는 623번 지방도, 아산에서는 625번 지방도를 타고 남쪽으로 가다 629번 지방도에 들어서면 된다.
부여에서는 내내 39번 국도를 타고, 청양에서는 36번 국도를 타고 가다 정산에서 39번 국도에 들어서서 유구로 간 다음 604번 지방도를 타면 마곡사에 가게 된다.

조 망
북 ⇨ 광덕산, 구갓봉, 갈미봉, 무학산, 흑성산, 무성산, 운주산,
동 ⇨ 우산봉, 장군봉, 계룡산, 향적산
남 ⇨ 구절산, 칠갑산, 대덕봉, 오서산, 국사봉, 법산
서 ⇨ 천봉, 옥녀봉, 가야산, 안락산, 극정봉, 천방산, 금계산, 봉수산

info | 575m ● 부여군 외산면, 보령시 성주면

편안하고 아늑한 산, 만수산

매월당 김시습은 세상이 자기의 뜻과 같지 않아 설악산 등 이곳저곳을 오랫동안 방랑했고 말년에 만수산에 들어와 지내다 이승을 떠났다.

매월당은 이 산에 찾아 들면서 '만수산은 험하고 외진 곳이기 때문에 100년이 지나도 나를 귀찮게 할 관리가 하나도 없을 것이다.' 했다는 이야기가 전한다.

매월당이 헤아린 100년보다 400년이 더 지난 지금 만수산은 험하고 외진 산이 아니다.

만수산 줄기 서쪽에 성주산 휴양림 북쪽에 만수산 휴양림이 있다. 만수골 들머리 면청이 있는 곳은 보령으로 통하는 40번 국도가 지나고 무량사에는 사철 사람들이 찾아들고 있다. 이제는 외진 곳이 아니라 번잡한 곳이 되어 버렸다.

만수산은 빼어나게 아름답거나 기암괴봉이 있지도 않다. 여느 산처럼 높지 않고 부드러우며 숲이 짙은 수더분한 산이다.

만수산을 오를 때 나는 매월당이 왜 이 산에서 삶을 끝내려 한 뜻을 감히 헤아려 보고자 했다. 매월당이 관리를 피하기 위해서만 이 산에 왔다고는 생각되지 않았기 때문이다.

많은 사람들의 이야기가 산이 순하고 편안하며 포근하게 감싸는 듯 한 산이라고 했고

만수산의 단풍숲

만수골 들머리

비슷한 말로 수수하다, 이무럽다, 아늑하다는 말도 했다.

부여와 보령의 경계가 되는 웅천 냇가 수리바위 어림에서 시작한 만수산 줄기는 장군봉(530m) 499m봉(국토지리정보원 2만 5천 지형도에는 만수산이라 표기되어 있다.)을 거쳐 480m봉을 지나 상봉(575m)에 이른다.

여기서 전망대(545m)와 비로봉(563m)을 또 지나면 만수산 골짜기의 막바지 고개가 있고 고개를 지나 산줄기는 만수골의 오른 편 산줄기로 이어져 448m봉을 거쳐 307m봉을 마지막으로 만수골 들머리의 만수리 마을로 내려선다.

그 산줄기가 만수골을 싸고 돌며 긴 주머니처럼 되어 있고 그 막바지 고개 아래에 태조암이 있다. 이 긴 산줄기의 비탈은 물론 등성이도 한결같이 부드러우며 편안하다. 특히 장군봉에서 상봉을 지나 비로봉으로 이어지는 산길은 넓게 잘 손질되어 있고 의자 정자 안내표지 등도 있어서 산행하기에 좋다.

무량사가 덤으로 붙는 만수산 산행은 가을이 되면 무량사 일대의 단풍이 눈이 부시도록 맑고 아름다워 더욱 좋다.

매월당과 무량사

무량사 영정각에 보물로 지정된 매월당의 영정이 모셔져 있다. 박원식씨가 쓴 천년산행에 의하면 매월당은 젊은 시절과 나이 든 시절에 각각 한 점씩의 자화상을 그렸다 한다. 무량사의 초상화가 매월당이 직접 그린 것인지 남이 그린 것인지는 알 수 없다고 한다.

그러나 무량사의 초상화가 꼭 다문 입술과 총기가 넘치는 눈을 꼼꼼하게 그린 걸작임에는 틀림없다.

매월당은 돌이 지나기 전에 글을 깨쳤고 세 살 때부터 시를 지은 신동이었다. 세종대왕은 다섯 살의 매월당을 불러 그 재주를 시험하고 극찬을 한 뒤 비단을 상으로 내렸다. 그 무거운 비단을 풀어 그 끝을 허리에 매고 끌어가서 또 한 번 사람들을 놀라게 했다.

앞날이 밝았던 매월당의 운명은 세조(수양대군)가 어린 조카 단종을 몰아내면서 크게 바뀌었다. 매월당은 모든 것을 팽개치고 책을 불태운 뒤 열아홉 살에 머리를 깎고 이 곳 저곳을 방랑하며 절개를 지켰다. 사육신에 비유되는 생육신으로 일컬어지는 매월당은 자연을 벗 삼아 유랑하며 수많은 시를 짓고 금오신화 등 글을 남기기도 했다.

만수산의 모습

김시습의 부도

태조암

만수산의 고스락의 정자

만년에 무량사에 찾아들어 불사에 참여하기도 하며 지내다 쉰아홉 살에 이 곳 만수산 무량사에서 삶을 마쳤다. 그의 팔각원당형 부도(충남 유형 문화재)가 만수산을 오르는 길가 무진암 들머리 부도전에 있다.

무량사에는 매월당 영정 외에도 극락전 오층석탑 석등 당간지주 등 다섯 점의 국가지정 보물이 있다.

산행길잡이

산 길 | 상봉을 중심으로 모두 여섯 갈래의 길이 있다.

❶ 무량사 쪽
- 무량사 주차장-무진암-(등성이 길)-장군봉 삼거리-480봉-만수산 (약 1시간 30분)
- 무량사 주차장-태조암-태조암 삼거리(등성이)-조망대 정자-상봉 (약 1시간 20분)
- 무량사 주차장-태조암-만수산 휴양림 고개-비로봉-태조암 삼거리 (등성이)-조망대 정자-상봉 (약 2시간 10분)

❷ 성주 쪽
- 개화리(40번 국도 변)-조계마을-(화장골)-575봉-상봉 (약 1시간 30분)
- 백운 마을-(심원골)-수원터-(등성이)-552봉-태조암 삼거리-조망대 정자-상봉 (약 1시간 20분)

❸ 수리바위 쪽 (미확인)
수리바위-장군봉-499봉-상봉 (약 2시간 30분)

참고 : 만수산 산행에서 무량사를 빼놓을 수 없다. 따라서 무량사에서 시작하고 끝내는 산행이 가장 좋다.

교 통 | 부여 보령 사이를 40번 국도가 잇고 있다. 이 40번 국도가 지나는 외산면 만수리(외산면청 소재지)에서 무량사로 들어가게 된다. 성주면 쪽도 40번 국도가 지나는 개화마을에서 산행을 시작하거나 성주리(성주면청 소재지)에서 백운동으로 들어가면 심원골이다.

무량사 쪽은 부여에서 성주 쪽은 보령에서 시내버스가 자주 왕래하고 있다.

조 망 | 북 ⇨ 성주산, 문봉산, 백월산, 성태산, 오봉산, 법산, 국사봉, 대덕봉, 칠갑산, 계룡산, 월하산
동 ⇨ 축융봉, 향적산, 월명산, 아미산
남 ⇨ 동달산, 양각산, 진당산
서 ⇨ 옥마산, 진당산, 오서산

info | 495m ● 예산군 덕산면

29 덕숭산

수덕사와 한 몸인 덕숭산

덕숭산은 숲 바위 등 모든 것이 수덕사와 한데 어우러져 있다. 그래서 수덕사를 위한 산이라 할 수도 있다. 그때문에 덕숭산을 수덕산이라고도 한다.

덕숭산은 남쪽을 향하여 양편의 등성이가 양팔을 벌려 가운데 바위 골짜기를 감싸고 있는 형국이며 가운데 골짜기에 수덕사가 자리하고 있다.

원래 덕숭산은 호서의 금강이라 불리기도 했다. 산 전체에 숲이 울창하고 멋이 있는 노송을 어디서나 볼 수 있다. 숲에 둘러싸인 산 한가운데의 골짜기는 바위로 되어 있으며 깊고 가파르다. 낮에도 해를 보기가 어렵다.

이 경관이 좋은 덕숭산 남면 일대는 거의가 수덕사 경내로 산 여기저기에 정혜사 정월사 금선대 향운각 소림초당 비구니 암자인 견성암 환희대 그리고 만월당 선수암 운수암 극락암 만공탑 관음보살상 등이 자리 잡고 있다.

소림초당 등은 깎아지른 바위벼랑 위에 바위벽을 등지고 숨은 듯 앉아있기 때문에 길에서는 나무에 가려 잘 보이지 않는다.

덕숭산의 또 다른 멋은 등성이 산비탈 곳곳에 갖가지 모양의 큰 바위덩이가 높이 솟아 있는 점이다. 숲 위로 솟아 있어 그 위에 서면 조망이 좋고 시원하다.

덕숭산은 내포 땅을 조망하기에 좋은 자리에 있다. 당진 서산 예산 홍성 고을 일대를

덕숭산에서의 조망

일컫는 내포는 산과 바다가 조화를 이루고 있고 농산물과 해산물도 넉넉하여 살기 좋고 민심도 좋은 곳으로 알려져 있다.

바로 건너의 가야산은 물론 도고산 금오산(예산) 봉수산 오서산 백월산 팔봉산 삼준산 내포의 모든 산들이 조망된다.

수덕사 이야기

수덕사의 창건 연대는 확실하지 않다. 백제 위덕왕(554년~597년) 때에 창건되었을 것이라는 설이 유력하다. 수덕사 안내판에도 그렇게 추측을 하고 있고 명저 '명찰순례'를 쓴 최완수씨도 1권 수덕사 편에 같은 주장을 하고 있다.

최완수씨는 그 근거로 백제가 위세를 떨친 위덕왕 때에 홍주(현재 홍성)가 당진 태안 등 해상활동의 배후 거점(정치 중심지)으로 굳혀가는 시기여서 이 때에 서산 마애불이 조성되었으며 주류성(현재의 홍주, 김정호, 대동지지 홍주 편)을 위한 비보사찰의 필요에서 수덕사가 창건되었을 것이라고 주장하고 있다.

또 최완수씨가 그 근거로 당나라 도선이 쓴 속 고승전 '백제국 달나산 석혜현 전'에 써있는 혜현스님(570년~627년 – 삼국유사 혜현 구정 편 참조)의 행적을 들고 있다. 그 기록에는 혜현스님이 '본국 북부 수덕사에 살면서 삼론을 강론했다'는 내용이 있다는 것이다.

국보 19호인 수덕사의 대웅전은 영주 부석사 무량수전과 함께 고려시대에 지어진 가장 오래 된 목조 건물이며 그 기둥이 예술적인 배흘림 기둥으로도 유명하다.

이 대웅전은 1937년 해체 수리 때에 나온 묵서명에 의해서 고려 충렬왕 34년(1380년)에 세워졌다는 사실이 밝혀졌다.

수덕사에 관한 재미있는 전설도 있다. 백제 때에 세워진 이 절은 백제가 망한 뒤 매우 쇠락했다. 중창을 하려 했으나 비용이 모자랐고 시일도 많이 걸리게 되어 어려움을 겪고 있었다. 이 때 묘령의 여인이 중창을 돕겠다며 나섰다. 이 수덕아씨의 소문으로 많은 사람이 중창을 돕게 되었다.

그 때 신라의 대부호이며 재상의 아들도 수덕아씨를 보고 한눈에 반하여 청혼을 하게 되었다. 청혼을 받은 수덕아씨는 대불사가 이루어지면 청혼을 받아드리겠다는 약속을 했다.

그래서 돈과 권력의 뒷받침으로 10년이 걸려야 할 불사가 3년만에 이루어졌다. 정승의 아들은 수덕아씨를 만나 혼인을 재촉했다. 수덕아씨는 잠깐 옆방에서 옷을 갈아 입고 나오겠다며 옆방으로 갔다. 한참을 기다리던 정승의 아들이 그 방에 가보았으나 수덕아씨는 없고 언뜻 수덕사 대웅전 오른 편(서편) 큰 바위의 갈라진 틈으로 수덕아씨가 들어가는 것을 보고 급히 따라갔으나 수덕아씨의 버선 한 짝 만 줍게 되었다.

사람들은 그 뒤 관음보살이 수덕사 중창을 돕기 위해 수덕아씨로 현신했다는 것을 알고 그 바위를 관음바위라 부르게 되었다 한다. 지금도 매년 봄이면 관음바위에 버선 모양의 꽃이 피고 사람들은 그 꽃을 버선꽃이라 한다는 것이다.

수덕사가 또 유명한 것은 경허, 만공 스님 등 걸출한 스님들이 일본의 압제에 굽히지 않고 선지를 연구하고 실천하며 많은 제자를 길러 근대 선(禪)의 중흥을 이룬 것이다. '청춘을 불사르고'라는 글을 남긴 일엽스님도 수덕사에서 평생을 지냈다.

절 바로 아래에 있는 수덕여관 뜰에는 세계적인 화가 고암 이응로 화백이 '삼라만상의 영고성쇠를 문자적 추상'으로 새긴 암각화가 여러 점 있다. 이것은 독백림 간첩사건

수덕사의 일부

수덕사 근처의 석불

수덕여관에 있는 이응로의 각화

초립초당

덕숭산 • 205

으로 서울에 붙잡혀와 옥살이를 하고 풀려나온 고암이 수덕여관을 경영하며 수절하고 있던 본부인에게 와서 정양을 하고 있을 때 새긴 작품이다.
 덕숭산과 수덕사를 찾아들어가는 관문인 덕산에는 매헌 윤봉길 의사의 사당 충의사가 있고 덕산온천도 있다.

산행길잡이

산 길
① **견성암 등성이 길 :** 금강문 – 사천왕문 – 견성암 – 향적당 – 돌문 – 정혜사 갈림길 – 고스락 (약 1시간 30분)
② **만공탑 골짜기 길 :** 금강문 – 사천왕문 – 황화정루 – 대웅전 – 관음바위 – 관음불상 – 만공탑 – 정혜사 갈림길 – 고스락 (약 1시간 30분)

교 통
덕숭산 접근 거점은 덕산(예산군 덕산면 읍내리, 덕산면청 소재지)이다. 덕산에서 홍성으로 가는 40번 국도를 타고 매헌 윤봉길 의사의 사당인 충의사 앞을 지나 첫 고개를 넘으면 바로 덕숭산과 수덕사의 들머리가 있다. 예산 또는 덕산에서 군내버스가 수덕사를 드나든다.

조 망
북 ⇨ 석문봉, 가야산, 원효봉, 도고산, 금오산, 안락산
동 ⇨ 천방산, 극정봉, 무성산, 봉수산, 국사봉, 법산, 칠갑산, 천마봉, 백월산, 성주산, 오서산
남 ⇨ 진당산, 삼준산, (서해)
서 ⇨ 연암산, 백화산, 팔봉산, 일락산

info | **521m** ● 서산시 해미면, 예산군 덕산면

30
일락산

옛 절과 문화재들을 잇는 일락산 산행

　예산과 서산의 경계를 달리는 가야산 줄기에는 원효봉 가야 상봉 석문봉 옥양봉 일락산 등 좋은 산들이 연이어 솟아 있다. 그 가운데 일락산은 그 자락에 서편에는 옛 절 개심사가 있고 동북 편 운산 쪽에는 보원사 터와 '백제의 미소'로 이름난 서산삼존마애불 등 국보 보물 등 문화재들이 많다. 남쪽 자락에 일락사도 있다.
　위의 절과 보물 국보를 감상하는 것 외에도 일락산의 산행은 울창한 숲속 길을 걷고 아름다운 용현계곡과 용현휴양림까지 거칠 수 있어 좋다.
　일락산은 기암괴봉이 있거나 경관이 뛰어난 산은 아니다. 그러나 서산과 당진의 넓은 들이 내려다 보이고 서해가 보여 조망이 좋은 산이다. 산 중턱에 조망대까지 마련되어 있다. 일락산은 험한 곳이 없고 험한 바윗길도 없는데다 심하게 가파른 비탈도 없다. 절에서 시작하여 호젓하게 숲속을 걷고 봉우리에서는 시원한 조망을 즐길 수 있다. 개울이 아름다운 긴 골짜기를 지나면 넓은 보원사 터에 다섯 점의 보물 그리고 그 아래 쪽에 예술성이 뛰어난 국보 삼존마애불을 볼 수 있는 곳이다.
　그래서 편안한 산행을 할 수 있고 많은 문화재도 볼 수 있는 일락산은 겨울 산행에 좋고 나이 지긋한 은발들의 산행에도 좋다. 또 어린이들과 함께 가족산행을 하며 조망과 문화재를 감상하는 기회를 가질 수 있다.

일락산의 전경

일락산에서 본 석문봉

일락산의 개심사

서산 마애삼존불(백제의 미소)

보원사터 탑

개심사의 종각

개심사, 보원사 터 그리고 백제의 미소 삼존마애불

개심사는 백제 마지막왕인 의자왕 14년(654년)에 혜감국사에 의해서 창건된 절로 알려져 있다. 처음 이름은 '개원사'였으나 고려 충정왕 2년 (1350년)에 처능대사가 중창한 뒤 개심사로 이름을 바꿨다 한다.

충남의 4대 사찰로 불려질 만큼 큰 절이었다 한다. 현재의 대웅전은 조선조 15년 (1484년)에 지어진 건물로 보물 143호다. 이 절에 있는 영산회괘불탱도 보물(1264호)이다.

요즈음에는 절들이 커지고 개화되어 절이 절답지 않다는 말을 많이 한다. 그러나 개심사는 아직은 절다운 절이라는 말을 듣고 있다.

개심사의 범종각과 심검당 등 건물의 기둥이 꼬불꼬불한 통나무 그대로고 크게 늘렸거나 변한 게 별로 없다.

보원사 터는 백제시대에 창건된 절로 통일 신라시대와 고려시대에 매우 융성했던 절로 알려져 있다.

지금은 발굴을 위하여 개울을 사이에 두고 넓은 터가 온통 파헤쳐져 있다. 여기에 석탑 양식의 5층석탑(보물 104호), 통돌로 된 한국 최대의 석조(보물 102호), 왕사 국사였던 법인국사가 입적하자 고려 광종의 지시로 만든 법인국사 보승탑(보물 105호) 법인국사의 생애가 기록된 보승탑비(보물 106호) 불교행사에 썼던 당간지주(보물 103호) 등 문화재가 여기 저기 흩어져 있다.

우리나라에서 가장 뛰어난 마애불로 알려진 국보 84호 서산 삼존마애불은 백제 후기 작품으로 보원사 터에서 아래 쪽으로 약 1.5km 지점에 있다.

'백제의 미소'로 이름 나 있는 이 삼존마애불은 개울에서 보면 저 위에 소나무를 머리에 얹은 크나큰 바위의 옆 면에 새겨져 있어 현장에 올라야 볼 수 있다. 그래서 특히 떠오르는 햇살을 받을 때 가장 아름답게 보이다 한다.

얼굴 가득한 미소가 백제의 쾌활한 장자풍을 나타내고 있고 부드러움과 세련된 조각의 아름다움도 함께 보이고 있다. 작품의 특징으로 보아 서기 600년 경의 작품으로 추정되고 있다.

일락산 산행은 하나의 국보와 일곱 점의 보물을 볼 수 있는 산행이기도 하다.

산 길

① **개심사 길** : 개심사-조망대 삼거리-민머리봉-일락산-샛고개-용현휴양림-(용현계곡)-보원사터-삼존마애불(약 3시간 30분)

② **용현계곡 길** : ①번 길의 역순

③ **일락사 길** : 일락사-샛고개-일락산-조망대 삼거리-개심사,
또는 조망대 삼거리-(상왕봉 줄기)-보원사터 삼거리-보원사 터-삼존마애불.(약 3시간 30분)

④ **석문봉 길** : 상가리 주차장-남연군 묘-옥녀폭포 길-석문봉-샛 고개-일락산-조망대 삼거리-개심사
또는 조망대 삼거리-(상왕봉 줄기)-보원사터 삼거리-보원사 터-삼존마애불 (약 4시간)

참고 : 물론 ③, ④번 길은 용현계곡 쪽 보원사 터나 삼존마애불 혹은 개심사 쪽 가운데 한 쪽은 볼 수 없다.

교 통

해미나 운산을 거치는 교통이 편리하다. 개심사나 삼존마애불이 매우 유명하기 때문에 대중교통 편도 좋다.

① **개심사 쪽** : 해미에는 서해고속도로 해미 나들목이 있고 45번 국도가 지난다. 해미에서 647번 지방도를 타고 운산 쪽으로 가다 신창에서 오른 편으로 꺾어 나가 신창저수지를 끼고 지나면 바로 개심사 주차장이 있는 동구말에 이른다.
시내버스가 신창까지 시간마다 온다.

② **용현 쪽(삼존마애불 쪽)** : 서해고속도로와 32번 국도가 운산을 지난다. 운산에서 618번 지방도로 들어서면 경관이 좋은 고풍저수지를 지나 삼존마애불이 있는 고풍리에 이르게 된다.
운산에서(서산발)시내버스가 시간마다 다닌다.

조 망

북 ⇨ 이배산, 수정봉, 서원산
동 ⇨ 도고산, 덕봉산, 관모봉, 안락산, 원효봉, 가야산, 덕숭산, 오서산
남 ⇨ 석문봉, 용봉산, 삼준산, 연암산
서 ⇨ 백화산, 팔봉산

info | 680m | 보령시 성주면, 명천면, 청라면

31
성주산

밝고 깨끗하며 맑고 시원한 산

"성주산은 남쪽과 북쪽 두 산이 합쳐져 큰 골이 되었다. 산중이 평탄하여 개울과 산이 밝고 깨끗하며(溪山 明淨) 물과 돌이 맑고 시원스럽다.(水石 蕭)" 조선조 숙종조 이중환이 택리지에 성주산에 관하여 쓴 구절이다.

택리지 100여 년 뒤에 나온 김정호의 대동지지에도 남포현(藍浦縣)의 산수 란에 성주산에 관하여 택리지와 똑같은 글귀가 보인다. 두 문헌의 내용이 다른 점은 택리지에는 매월당 김시습이 홍산 무량사(성주산 옆 만수산 무량사)에서 별세했다는 내용이 있고 대동지지에는 남쪽에 고운 최치원의 비(낭혜화상백월보광지탑비)가 있다는 내용이 있다.

또 우리나라 풍수지리설의 원조인 도선국사가 성주산에 들려 노래한 다음과 같은 한시가 있다. 그 시를 새긴 비가 화장골 성주산 자연휴양림 관리사무소 앞에 있다.

'가며가며 길 트인 깊은 성주산 구름 안개 겹겹이 쌓여 있는 곳
모란줄기 어디에 꺾여지는가 푸른 산 첩첩이 물 천 번 도네'

구산 선종 성주산파의 종찰이었던 성주사 터

성주산은 위 문헌에 나와 있는 것처럼 예부터 산수가 아름답기로 이름 난 산이다. 게다가 명산대찰(名山大刹-이름 난 좋은 산에 큰 절이 있다.)이라는 옛말이 있듯 이

성주산의 골짜기에 신라 말 고려 초의 구산 선종(九山 禪宗) 가운데 성주산 파의 종찰이었던 성주사라는 큰절이 있었다. 그 절터에 많은 문화재가 남아 있다.

그 밖에도 심원골 화장골 물탕골 조계골 등 골짜기가 아름답고 숲도 짙고 좋다. 그래서 시비조각공원도 가지고 있는 훌륭한 성주산 자연휴양림도 있다. 화장골에는 8모란의 명당이 있다는 이야기도 전해지고 있다.

또 성주산이 좋은 것은 시원한 서해의 조망을 비롯한 충남 서해안 일대의 조망이 무척 좋은 점과 성주산에 다녀가며 대천해수욕장 등 서해안의 관광 휴양지에도 들릴 수 있는 점이다.

얼마 전만 해도 성주산 일대에 석탄이 많아 석탄광으로도 유명했던 곳이다. 그러나 지금은 모두 폐광되고 이제 아름다운 성주산과 성주사의 유적 그리고 서해안의 관광 휴양 명소들이 어우러져 많은 사람들을 불러들이고 있다.

성주산에 이어진 산줄기의 산들

백두대간에서 갈라져 나와 칠현산에서 시작한 금북정맥은 겨우겨우 백월산(청양 보령-624m)으로 이어진다. 백월산에서 금북정맥은 북으로 방향을 틀어 오서산 쪽으로

성주산 전경

성주산의 숲

성주산의 보광탑비(사상비의 하나)

천황산의 바위벽

나아간다. 또 백월산에서 산줄기 한 가닥이 성태산(청양 부여 보령-624m) 문봉산(부여 보령-633m)으로 이어진다.

산줄기는 문봉산에서 다시 두 가닥으로 갈라져 한 가닥은 바로 곁에 있는 성주산으로 솟은 다음 옥마산(보령-602m) 잔미산(보령-417m)으로 뻗는다. 문봉산에서 갈라진 나머지 한 가닥은 보령과 부여의 경계를 이루며 만수산(432m)으로 뻗고 더 나아가 아미산(639m) 월명산(544m)을 거쳐 옥녀봉(368m)으로 뻗는다. 만수산 서쪽 산자락 부여 외산 땅에 매월당 김시습이 삶을 마쳤던 무량사가 있다. 그래서 무량사에는 매월당 자신이 그린 초상화와 그의 부도가 모셔져 있다.

백월산에서 금북정맥과 갈라선 이 산줄기는 보령 부여 일대에 큰 산 덩어리(산괴)를 이루고 있고 이 산의 무리(山群)의 맹주가 성주산인 것이다.

산행길잡이

산 길   성주산 산행 길은 만수산 등 성주산 언저리의 산들을 잇는 산행이냐 아니냐에 따라 크게 달라진다. 그러나 성주산 산행은 성주사 터와 심원동 중심의 산행으로 할 수 밖에 없다.
대자연의 아름다움을 중심으로 하는 산행에서 속도는 중요하지 않다는 소신으로 산행에 걸리는 시간은 어림잡아 쓴 것이다.

❶ **백운사 성주산 길 (가장 짧은 산행 길)**
백운교-백운사-등성이-571m봉-613m봉-주봉(680m)-달재(문봉산과의 사이 잘록이)-사방댐-마을회관(심원동)-백운교 또는 그 역순 (약 3시간 30분)

❷ **백운사 성주산 문봉산 물탕골 길**
①번 길에서 달재-문봉산(633m)-461m봉-물탕골(임도)-마을회관-백운교 또는 그 역순 (약 4시간 30분)

❸ 기타 성주산 문봉산을 거쳐 등성이를 타고 만수산(보령 성주면 부여 외산면-575m)까지 간 다음 화장골 성주산 자연휴양림으로 내려오거나 무량사로 내려갈 수도 있으나 6시간 이상의 시간이 걸린다.
또 문봉산에서 성태산으로 돌아 다리재로 갈 수 있으며 성주산에서 장군봉(583m)을 거쳐 옥마산(보령시 남포면 성주면-597m)으로 돌 수도 있다.

교통	**관광버스 승용차** : 우선 보령시를 거치는 것이 가장 편리하다. 보령시에서 부여로 통하는 40번 국도를 타고 부여 방면으로 가다 성주터널을 지나 성주 (면청 소재지)에서 좌회전하여 들어가면 성주사터를 거쳐 심원동으로 들어 간다. 호남 영남 등 부여가 가까운 지역에서는 부여를 거쳐 40번 국도를 타고 보령 방면으로 가다 성주에서 들어가면 된다. **대중교통** : 보령시에서 심원동으로 가는 시내버스가 20분~30분마다 왕복하고 있다. 보령시에서 약 30분 정도 걸린다. 부여 방면에서는 보령으로 가는 직행버스를 타고 가다 성주에서 내리면 된다.
조 망	북 ⇨ 천마봉, 백월산, 오봉산, 국사봉, 칠갑산 동 ⇨ 계룡산, 감봉산, 축융봉, 월하산, 문봉산, 월명산, 아미산 남 ⇨ 만수산, 진대산, 옥마산 서 ⇨ 진당산, 오서산, 아차산
명소	**성주사 터** : 성주산 아래 골짜기 들머리에 넓은 성주사 터가 있다. 반드시 둘러보아야 할 곳이다. 신라 말 고려 초의 9산 선문의 하나인 성주산문의 중심 사찰이었던 성주사가 있던 자리로 불교 역사상 중요한 곳이다. 백제 법왕 때에 오합사(烏合寺)라 부르던 절터에 신라 문무왕 때에 낭혜화상(무염선사)이 크게 중창하면서 성주사라 했다 한다. 넓이가 약 8,800여 평 정도이며 동서 200여m 남북 142m로 이 성주사 터에는 국보 8호이며 고운 최치원의 사산비(四山碑)의 하나인 '낭혜화상백월보광지탑비(朗慧和尙白月保光之塔碑)'를 비롯하여 보물 석등 석탑 금당지 강당지 등 유물 유적 등 많은 문화재가 남아 있다. 현지에 가면 문화유적 해설사가 자세하게 설명해준다.

성주사터의 석탑들

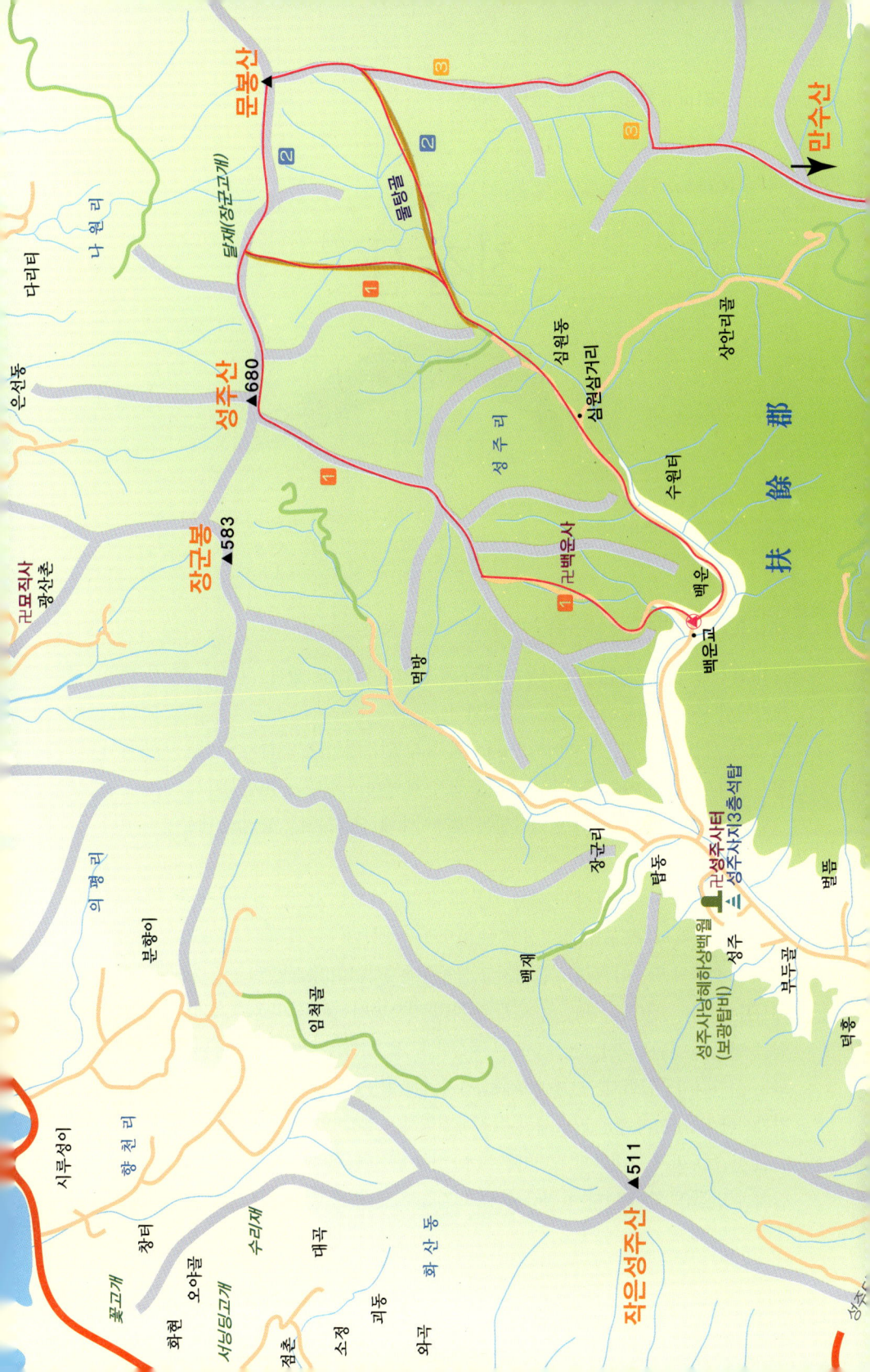

info | 561m · 청양군 대치면 장평면 정산면

32
칠갑산

청양사람들의 자랑 칠갑산

저마다 자기의 고향은 아름다우며 정답고 푸근하다고 생각한다. 그래서 고향을 떠나 객지에서 사는 사람들은 고향을 그리워한다.

청양 사람들은 칠갑산 이야기만 나오면 몹시 언짢아한다. 그들의 불만은 사람들이 칠갑산의 아름다움이나 훌륭함을 제대로 잘 알지 못하고 있다는 것이다.

청양 사람들의 말에 의하면 칠갑산은 백제시대에 신성시되고 숭앙의 대상이 되었던 산이라 한다.

칠갑산은 삼국시대의 시가(詩歌) 가운데 우리나라 맨 처음의 정형시라 할 수 있는 도솔가(신라 유리왕 5년)에 칠악산(漆嶽山)으로 등장한다.

그 뒤 백제의 도읍이 부여로 옮겨지고 산천숭배사상(山川崇拜思想)으로 명산대천에서 제사를 지내는 것이 국가의 큰 행사로 자리 잡으면서 칠악산의 이름을 북두(北斗)의 일곱 성인인 칠원성군(七元聖君) 또는 칠성(七星)을 뜻하는 칠(七)과 천지시운의 원리가 되는 십간(十干) 십이지(十二支) 즉 육십갑자(六十甲子)의 으뜸이 되는 갑(甲) 자를 써서 칠갑산(七甲山)이라 부르고 백제의 주요 제천행사를 칠갑산에서 올렸다는 것이다.

또 칠갑산 현지 안내판에는 지(地).수(水).화(火).풍(風).공(空).견(見).식(識)의 일곱자가 합쳐야 만물의 싹이 난다며 칠갑산이 그 일곱 자를 뜻하고 일곱 장군이 나올 명당이

천장호

칠갑산에 있다고 씨 있다.
 그 친구의 칠갑산 자랑은 많다. 칠갑산은 일곱 개의 유래 있는 골짜기(백운골 강감찬골 송골 냉천골 천장골 아흔아홉골 지천골)가 부챗살처럼 자리 잡고 있으며 우리나라에서 유일하게 대웅전이 두 개가 있는 장곡사가 있다고 자랑한다. 좋은 명당이 일곱 군데 있다는 전설도 있다 한다.
 그 밖에 봄에 철쭉꽃 여름에 울창한 천연의 숲 가을의 단풍 겨울의 설경이 좋다.
 '콩밭 매는 아낙네야...'로 유명한 칠갑산 노래가 있지만 청양과 '콩'을 잇는 뚜렷한 연관은 없다.
 칠갑산은 일찍이 1973년에 도립공원으로 지정되었다.

대웅전이 둘인 장곡사의 국보 2점 등 문화재 들

 공주 마곡사 예산 안곡사 와 함께 삼곡사의 하나인 청양의 장곡사에는 상 하 두 대웅전이 있어 재미있다. 둘 다 대웅보전이라는 현판이 있지만 편의상 상대웅전 하대웅전으로 부르고 있다. 우리나라에서 한 절에 대웅전인 둘인 절은 장곡사 밖에 없다.

그러나 이상한 것은 대웅전에는 으레 석가모니불이 모셔져 있어야 하는데 이곳 두 대웅전에는 석가모니불이 모셔져 있지 않다. 상대웅전에는 비로자나불과 약사불이 모셔져 있고 하대웅전에도 약사불이 모셔져 있다.

언제부터 대웅전이 둘이 되었는지 그 유래는 알 수 없다. 신라 문성왕 12년 (850년) 보조선사가 창건했다 한다. 그러나 이 절에 고려시대의 문화재가 많은 것을 볼 때 고려시대에 매우 번창했던 것 같다.

장곡사에는 국보 2점 (제58호인 철조약사여래 좌상부 석조대좌 제300호 장곡사미륵불 괘불탱)과 보물 4점(제174호 철조비로자나불 좌상부 석조대좌 제162호 상대웅전 제181호 하대웅전 제337호 금동약사여래좌상) 등이 있다. 또 이 절에는 스님들의 밥통으로 썼다는 4m 가량의 구유처럼 생긴 나무밥통이 보관되어 있다.

그 밖에 칠갑산에는 북서쪽에 자연휴양림이 있고 대치재에는 면암 최익현 선생의 동상이 있다. 장곡사 아래 칠갑산도립공원 관리사무소 아래 광장에는 가지각색의 많은 장승이 있는 장승공원이 있으며 대치재 약수도 이름이 나있다.

근래에 청양호가 새로 생겨 호수 위로 보는 칠갑산의 모습이 아름답다. 또 최근 (2009.7.28.) 칠갑산 고스락 아래 해발 약 500m 쯤 되는 곳에 칠갑산 천문대가 문을 열어 화제가 되고 있고 게다가 7갑로의 천장로에 이어지는 긴 천장호의 출렁다리가 개통되어(2009.7.28.) 많은 사람들이 줄을 이어 찾아들고 있다.

칠갑 칠로 (七甲 七路)

칠갑산에는 저마다 특색이 있는 일곱 개의 산길이 있다. 모두 등성이로 난 길이다.

칠갑산은 아흔아홉골(99계곡-안이골)과 냉천골 외에는 골짜기에 물이 적고 경관이 그리 좋지 않다. 그러나 부드럽고 숲이 짙은 칠갑산은 등성이 길이 산행하기에 좋다. 그래서 청양군에서는 칠갑산의 칠(일곱)에 맞게 일곱 갈래의 산길을 개발했다.

칠갑산 고스락

스타파크

칠갑산 고스락

천장호 가는 길

장곡사 주차장의 장승

산행길잡이

산 길

❶ **산장로** : 고스락에서 북쪽으로 대치(한치-터널이 생기기 전 고개길)까지의 3km의 길이다. 대치고개에 산장이 있기 때문에 붙여진 이름이다. 대치고개에는 면암 최익현 선생의 동상이 있고 옛 고갯길 위에 다리가 있다. 부드럽고 고개에서 자비정이 있는 2km는 차도 다닐 수 있는 임도가 닿고 있어 많은 사람들이 이 길을 이용한다. '대치고개 길' 이라 했으면 좋겠다.

산장 위치의 높이가 대략 310m정도이며 칠갑산 고스락은 560m여서 불과 250m만을 오르는 셈이다. 고스락에 오르는 마지막 단계가 매우 가파르고 밧줄이 매어져 있다. 1시간 30분 정도 걸린다.

❷ **사찰로(절 길)** : 고스락에서 서쪽으로 장곡사까지의 3km 길을 사찰로라 한다. 숲 속으로 이어진 등성이 길이 호젓하고 좋다. '절 길' 이란 말이 좋은 데 구태어 사찰로라 하는 것이 못마땅하다. 소나무 숲도 좋다. 약 1시간 40분이 걸린다.

❸ **휴양로** : 사찰로에 장곡사 뒤에서 광대리 칠갑산 자연휴양림까지의 6.5km의 길을 휴양로라 한다. 그래서 사찰로는 휴양로를 겸하기도 한다. 이 길도 역시 숲 속의 평안한 길이다. 약 1시간 30분이 걸린다.

❹ **지천로** : 고스락에서 남쪽의 삼형제봉을 지나 지천구곡이 있는 지천리까지 3.9km의 산길이다. 가파른 곳이 많다. 약 2시간이 걸린다.

❺ **장곡로** : 고스락에서 삼형제봉을 거쳐 장곡리 장승공원까지의 5km의 등성이길이다. 고스락에서 삼형제봉까지는 지천로와 공통된다. 칠갑 칠로에서 가장긴 길이다. 사람이 많이 다니지 않아 호젓하고 가파른 곳이 많다. 2시간은 걸려야 고스락에 오를 수 있다.

❻ **천장로** : 고스락에서 동쪽으로 천장호까지의 약 3.7km의 길이다. 천장호에서 고스락까지 2시간이 걸린다. 최근 천장호를 건너는 예쁘고 긴 출렁다리가 새로 생겼다.

❼ **도림로** : 고스락에서 남동쪽 도림리까지의 약 3.5km의 길이다. 가파른 곳이 많고 별로 이용하는 사람들이 없다. 약 2시간 이상이 걸린다.

교 통

승용차 관광버스 : 먼저 36번 국도를 타고 청양으로 간다. 천장로는 천장호에서 산장로는 옛 대치재에서 휴양로는 대치재를 지나 광대리에서 찾아들면 된다. 장곡사는 청양 읍내에 들어서기 직전에 왼편으로 645번 지방도를 이용하여야 한다.

대중교통 : 일단 청양으로가서 군내버스를 이용하여 장곡리 지천리 도림리에 간다. 천장로의 천장호 산장로의 대치재 휴양로의 광대리는 36번 국도변에 있다.

조 망

북 ⇨ 국사봉, 천방산, 봉수산, 대덕봉, 국사봉, 갈미봉, 태화산, 무성산
동 ⇨ 계룡산, 향적산, 까치봉, 부소산, 성흥산
남 ⇨ 축융봉, 월명산, 아미산, 만수산, 옥마산, 성주산, 백월삼
서 ⇨ 오봉산, 오서산, 일월산, 삼준산, 덕숭산, 용봉산, 가야산, 원효봉, 법산, 관모봉, 안락산

info | **연암산 433m** · 서산시 고북면 해미면 | **삼준산 489m** · 서산시 고북면, 예산군 갈산면

33
연암산과 삼준산

바위와 숲이 어우러진 연암산과 삼준산

서산과 예산의 산들에서는 조망이 좋다. 높은 산이 없고 내포의 넓은 들이 있으며 바다가 가까이 있기 때문이다. 가야산 줄기가 동쪽을 가리고 있지만 북쪽과 남쪽 그리고 서쪽은 터져있다.

천수만 간월호 안면도 태안 서산이 보이고 넓은 서산의 들이 앞에 펼쳐져 있다. 또 오서산과 예산 일대의 산이 보이며 당진의 서쪽 자락도 보인다. 날씨가 좋으면 태안 서산 너머 서해의 조망이 매우 좋다.

연암산과 삼준산 줄기는 장요리(서산시 고북면)를 중심으로 부챗살 처럼 퍼져 있다. 북쪽 끝에 연암산 남쪽 끝에 삼준산이 하늘을 찌를 듯 솟아 있다. 이 두 산은 모두 숲이 짙고 우람한 바위도 있다. 그 바위지대는 모두 서쪽을 향해 높은 벼랑을 이루고 있어 장쾌하다.

연암산(燕岩山)의 '연암'은 '제비바위'를 뜻한다. 그 제비바위 일대는 장관이다. 서쪽으로 깎아지른 벼랑이 층을 이루며 위로 길게 이어져 있다. 벼랑 위는 반석으로 되어 있어 쉬기 좋고 서쪽을 조망하기에도 매우 좋다.

풍수지리설에서 연암산은 제비가 알을 품고 있는 형국이라 한다. 제비바위가 있고 천장사가 제비 알이 들어있는 제비집 자리라고 한다.

연암산 전경

큰 명당이기 때문인지 지난 2000년의 큰 산불에 주위가 모두 탔으나 천장사에는 불이 들지 않았다 한다. 지금도 천장사 주위 불탄 자리에 큰 나무들이 없어 산불 흔적을 분명히 알 수 있다.

삼준산 고스락 남쪽의 바위등성이도 볼 만하다. 기암괴봉으로 이루어진 등성이가 소나무와 어우러져 있어 아름답다. 삼준산의 주봉이 삼각으로 뾰족하게 솟아 있는 것은 이 산이 바위로 되어 있기 때문이다. 온 산에 드문드문 바위가 숨어 있는 것이다.

경허스님과 천장사 그리고 연암산

경허 성우(鏡虛 惺牛)스님은 우리나라 선불교의 맥을 이은 대선사이다.

경허스님은 계룡산 동학사에서 '중이 공부를 안 하면 소가 되어 평생 일을 해야 한다.' '소가 되어도 코뚜레를 뚫을 콧구멍이 없으면 되지' 하는 이야기를 우연히 듣고 문득 깨달았다 한다. 견성(見性-문득 천성을 깨달음)을 한 뒤 천장사에서 참선을 하며 오후보임(悟後保任-견성 뒤 성불을 위한 수도)을 하여 성불 한 것으로 알려져 있다. 이때

연암산의 고스락

이 천장사에는 스님의 어머니와 형님이 함께 있었으며 경허스님이 정진에 들었던 곳이 천장사의 한 간 집 원구문(圓求門)이다.

'홀연히 콧구멍 없다는 말을 듣고 문득 삼천 대천 세계가 내 집임을 깨달았네. 유월 연암산 아래 들 사람, 일 없이 태평가를 부르노라' 라는 오도송을 남겼다.

경허 스님의 문하에 세 달(월)이 있었다. 천진불로 알려진 혜월(慧月)스님은 경허스님에게서 수심결을 배웠고 수월(水月)스님은 늘 짚신을 삼아 남에게 보시하며 땔감을 대는 부목 노릇을 했고 막내 만공 월면(滿空 月面)스님은 경허스님을 모시는 시봉역할을 했다 한다.

경허스님은 어린 만공을 데리고 자주 천길 제비바위에 올라 툭 터진 서천을 향하고 앉아 참선을 했다 한다. 만공 스님은 뒤에 수덕사에 주석하면서 우리 불교를 지키며 비구의 법통을 이어가는 데 힘을 썼다. 백야 만해 등과도 교류하며 광복에도 많은 관심을 가졌고 견성암을 세워 비구니도 양성했다.

경허스님의 기행도 유명했다. 천장사 첫 법회에서 친어머니가 있는데도 알몸으로 나와 설법을 하는가 하면 여자 나병환자가 불쌍하다고 데리고 자기도 했다는 것이다.

연암산 등성이

연암산과 삼준산 • 229

경허 스님과 탁월한 세 달의 제자 혜월 수월 만공이 수도한 천장사는 명찰임에 틀림 없다. 명산대찰(名山大刹)이라는 말이 있지만 명산에 이름 난 절이 있다는 명산명찰(名山名刹)이라는 말도 그럴 듯 하다.

산행길잡이

산 길 연암산과 삼준산을 오르려면 장요리가 거점이 된다. 어느 한 산만을 오를 경우에는 연암산과 삼준산 중간에 있고 임도가 넘어가는 무넘이고개를 이용하면 된다.
다른 길로 연암산이나 삼준산을 오르는 길이 있으나 찾기가 어렵고 잘 이용되지 않고 있다.
천장사 들머리 : 천장사-제비바위-연암산 주봉-무넘이고개-벽장바위-405m봉-갯골재-삼준산 주봉-갯골재-임도-화계사 들머리-천장사들머리 또는 그 역순이다.

교 통 서해안고속도로가 연암산 삼준산 아래를 지나고 있다. 서울 쪽에는 해미 나들목이 있고 홍성 쪽에는 갈산에 홍성 나들목이 있다. 연암산 삼준산에 가려면 먼저 해미나 갈산(또는 홍성)을 찾아 가야 한다.
29번 국도도 해미와 갈산을 잇고 있다. 해미 갈산 중간 쯤에 고북(서산시 고북면)이 있고 고북에서 장요리로 들어간다. 해미에서 하루 7회 시내버스가 장요리를 드나든다.
참고 : 여기 쓴 연암산과 경허스님의 이야기는 위 천년산행에서 읽은 내용들이다.

조 망 삼준산에서
북 ⇨ 일락산, 석문봉, 가야산, 덕숭산, 원효봉, 금오산, 도고산, 관모봉, 안락산, 천방산
동 ⇨ 용봉산, 극정봉, 국사봉, 무성산, 봉수산, 국사봉, 법산, 칠갑산, 오봉산, 백월산, 오서산 성주산, 만수산, 아미산, 옥마산, 진대산
남 ⇨ (안면도) (서해)
서 ⇨ 도비산, 백화산, 팔봉산, 연암산

천장사

천장사 전경

info | 639m ● 보령시 미산면, 부여군 외산면, 내산면

34 아미산

보령의 명산, 아미산

우리 나라의 전체 지형은 이른바 동고서저(東高西底)로 동쪽에는 큰 산 높은 산들이 많지만 서쪽은 크고 높은 산이 별로 없다. 그러나 아미산 일대는 바다가 가까운데도 높은 산들이 많아 내륙 못지않은 산중이다.

'아미(峨嵋)산' 이름 자체가 높고 험한 산을 뜻한다. 이 산이 있는 지역의 이름도 미산이다. 그러나 같은 산을 두고 신증동국여지승람에는 전혀 뜻이 다른 두 개의 이름이 나와 있다. 남포현 편에는 제대로 '높고 험한 산' 이라는 뜻의 아미산으로 되어 있지만 홍산현(부여)편에는 불교의 '아미타불' 을 뜻하는 '아미(阿彌)' 산으로 되어 있다.

원래 아미산은 중국의 불교 성지인 아미산에서 이름을 따온 것이라는 이야기도 있다. 실제로 아미산에는 옛 절 중대사 상대사가 있으며 요즈음에 지은 아미사 광덕사 산암사도 있다. 도화담에서 가까운 산암사는 제법 규모가 크다.

아미산은 험한 산이다. 복주개봉(상봉 638.5m) 장군봉(598m)을 중심으로 남북 약 6.5km쯤 뻗쳐있는 아미산 줄기는 북쪽으로 가까이에 만수산 성주산이 있고 서쪽으로 양각산 옥마산등 높은 산들이 있다. 그렇지만 그 산들은 반교천 보령호가 갈라 놓아 아미산에 이어져 있지 않다. 그래서 북쪽 서쪽 동쪽 비탈은 벼랑처럼 가파르고 골짜기는 깊다.

아미산의 개울

아미산에는 기이한 바위들도 많이 볼 수 있다. 특히 아미산이 반교천에 의해서 잘라진 북면은 그야말로 천길 바위벼랑으로 되어 있다. 그 바위벼랑을 수리바위라 한다. 그 밖에도 전설이 얽혀있는 턱거리바위 등이 있고 이름 없는 괴상한 바위들도 많다.

특히 상봉(복주개봉)에서 도화담으로 내려가는 등성이와 수리바위로 내려가는 등성이는 바위벼랑이 많은 등성이여서 험하다. 중대사 상대사 일대도 바위 골짜기로 경관이 좋다.

아미산이 산행하기에 좋은 점의 하나는 장군봉에서 복주개봉에 이르는 긴 주릉이 거의 숲속의 평지여서 천천히 걸으며 동행과 정담을 나누기에 좋다.

복주개봉은 나무가 없는 바위봉우리여서 조망이 시원하다. 아미산이 푸른 보령호와 어울리는 것도 아미산의 값을 올리고 있다.

중대암 상대암, 그리고 황팔도의 이야기

신증동국여지승람 남포현 편에 영흥사가 아미산에 있다고 했으며 남포읍지 여지도서 등에도 아미산에 영흥사가 있다는 기록이 있다 한다. 영흥사가 현재의 중대암 자리에 있지 않았나 하는 추측을 하고 있다.

산행 들머리 또는 끝머리로 많이 이용하는 절골에 중대암 상대암 두 암자가 있다. 중대암에 있는 안내판에는 신라 헌강왕 4년(879년) 도선국사가 개창했으며 상대암(보현선원)이 있고 하대암도 있었으나 임진란에 모두 불탔다는 말을 하고 있다.

사실 이 중대암 골짜기는 절터로는 매우 좋은 곳이다. 상대암에는 높은 바위에 마애불이 새겨져 있어 신기하다.

또 상대암에는 영천(靈泉)이라는 약수가 있다. 한말 미산의 한학자 송암 송익순 선생이 가뭄에 물을 찾다가 바위 벽 아래에서 물줄기를 찾고 '영천'이라는 비까지 세웠다. 물 맛이 좋고 시원하다는 소문이 났으나 지금은 물이 나지 않는다.

지금은 남쪽 영흥에서 이 상대암까지 임도가 올라와 승용차가 다닐 수 있다.

도화담에 전해지고 있는 황팔도의 이야기는 흔히 있는 민담이다. 효자인 황팔도는 어머니의 중병을 고치려고 산신령께 기도를 했다. 황구 백 마리를 먹으면 병을 고칠 수 있다는 말과 개를 잡는 호랑이로 둔갑하는 방법을 적은 책을 산신령에게서 받고 밤마다 호랑이로 둔갑하여 개 사냥에 나섰다.

아미산의 억새꽃
아미산의 산길
아미산의 상대암 마애불
아미산의 소나무
상대암 고개의 모습

 남편이 무서운 호랑이로 둔갑하는 것이 싫은 황팔도의 아내는 남편이 호랑이로 둔갑하여 개 사냥에 나선 사이 둔갑법이 적혀있는 책을 태워버렸다. 다시 사람으로 돌아올 수 없게 된 황팔도는 아내를 죽이고 어머니 마저 죽자 세상을 원망하여 사람들을 해치기 시작했다.

호랑이 황팔도를 잡으러 온 나라의 사냥꾼들이 나섰으나 신출귀몰하는 호랑이를 잡을 수 없었다. 그런데 호랑이가 턱거리바위에서 자주 턱거리를 한다는 사실을 알게 된 포수들이 바위에 숨어 기다리다 턱거리를 하는 호랑이를 쏘아 죽였다는 이야기다.

턱거리바위가 어디 있는지 확실하게 알려진 것은 없으나 도화담 사람들은 도화담에서 복주개봉으로 오르는 등성이에 큰 절벽과 바위가 있는 조망바위 근처가 턱거리바위가 아닌가 생각하고 있다.

풍수지리설의 옥룡자결이나 만산도에 아미산 남쪽 끝 평라리 근처에 금반하엽형(金盤荷葉形-금 쟁반의 연 잎형)의 명당이 있다고 알려져 있다.

산행길잡이

산 길 산길은 세 갈래라 할 수 있다.
- ① **중대암 길** : 중대암 들머리-중대암-상대암-주릉 잘록이(헬기장)-장군봉-복주개봉
- ② **도화담 길** : 미산초등학교-조망바위-복주개봉
- ③ **수리바위 길** : 40번 국도변 휴게소-수리바위-복주개봉 (이 길은 비 온 뒤 개울 물이 많을 때는 어렵다.)

중대암 길은 반드시 거치는 것이 좋다. 나머지 하나는 도화담 길 수리바위 길 둘 가운데 하나를 고르면 된다.

교 통 보령이나 부여 둘 가운데 한 곳을 거쳐야 한다. 보령 부여를 40번 국도가 잇고 있기 때문에 40번 국도를 타면 수리바위 도화담(미산면 사무소 소재지)에 이를 수 있다.

중대암 길은 도화담에서 보령호 호반의 617번 지방도를 따라가면 중대암(절골)들머리에 안내판이 있다.

보령에서 보령호를 도는 시내버스 편이 자주 있기 때문에 도화담이나 중대암 들머리는 교통이 좋은 편이다. 수리바위는 시내버스를 이용하려면 도화담에서 내려 1.5km정도 40번 국도를 따라 걸어야 한다.

조 망 북 ⇨ 문봉산, 백월산, 성태산, 감봉산, 칠갑산, 축융봉, 계룡산, 향적산
동 ⇨ 월명산, 천방산
남 ⇨ 동각산, 양각산, 진대산
서 ⇨ 옥마산, 만수산, 오서산, 성주산

info 달이성 650m • 바랑산 555m ● 논산시 양촌면, 벌곡면

35
달이성과 바랑산

불교와 관련이 있는 달이성 바랑산과 여러 전설

양촌면 오산마을 일대에 다음과 같은 이야기가 전해지고 있다.

옛날 옛적 호랑이가 담배 피우던 시절, 삶이 얼마 남지 않은 노승이 오산마을(논산시 양촌면)로 찾아 들었다. 그 노승은 바랑을 바랑산에 걸고 장삼을 벗어 장삼봉에 걸었다.

그런 다음 장삼봉 아래 목탁골에 목탁을 치며 들어가 상여봉에 상여를 꾸며 받쳐놓게 한 다음 장삼봉에 머리를 베고 채광리 쪽으로 다리를 뻗고 누워 조용히 숨을 거두었다.

물론 오산리 채광리 일대의 산봉우리 이름과 지형을 바탕으로 이루어진 전설로 추정되지만 모든 것이 잘 맞아 떨어진다. 바랑산의 암봉은 틀림없는 중의 바랑이고 상여봉(일명 짜개봉)은 상여 모양이 틀림없다.

또 재미있는 것은 달이성이나 바랑산에서 내려다보면 윗오산과 중리마을 사이에 채광리 쪽으로 길게 뻗은 야산의 숲이 영락없는 사람이 누운 형국이다. 그래서 사람들은 그 것을 여기서 삶을 마친 노승의 몸통이라 하는 것이다.

여기에 더욱 묘한 것은 최근 중산리 절골(달이성과 바랑산 사이)에 불교 양로원 격인 108실의 크나큰 법계사가 들어선 점이다. 후손이 없는 많은 노승들이 여기서 노후 생활을 하고 있다.

오산리 중리마을에서 수락고개 쪽으로 좁은 골짜기를 거슬러 오르면 넓은 반석에

바랑모양의 바랑산 전경

맑은 물이 흐르고 개울가 한 쪽은 병풍처럼 서너 길 바위벽이 둘러쳐져 있는 곳이 있다. 마을사람들은 이곳을 미역소바위라 한다. 옛날 여기가 바다여서 이 바위에 미역이 달려 있었기 때문에 미역소바위라 한다는 것이다.

미역소바위는 좋은 기도터로 항상 촛불이 밝혀져 있다. 마을 사람들은 여기서 기도를 하면 명주실처럼 오래 산다는 이야기가 있어 명주바위라고도 한다.

또 달이성의 머리부분에는 북쪽의 봉우리와의 사이에 제법 넓은 더기가 있다. 옛날에는 여기에 날아다니는 독사가 있다 해서 여름에는 주민들이 이곳에 들어가기를 꺼려했다.

오산리에는 또 1950년 한국전쟁 당시의 아픈 상처를 다시 생각하게 하는 흔적도 있다. 공산군들은 북으로 쫓겨 가며 논산과 성동 강경 일대 유지 군경 가족 등 200여명을 이곳으로 끌고 와서 학살했다.

그들은 탄약을 아끼려 죽창 돌 쇠스랑 등으로 참혹하게 학살했다 한다. 상리 마을버스

정류소 자리, 그 학살 현장에 '6.25 피학살 기념비'가 오석으로 잘 가꾸어져 있다.

달이성과 바랑산의 경관

달이성과 바랑산은 여기 오산리 뒷산이라 할 수 있다. 달이성과 바랑산은 오산리 쪽으로 100여m가 넘는 바위 직벽으로 이루어져 있어 장엄하고 경관이 좋으며 조망이 좋다.

그토록 멋이 있고 이야기도 많은 산인데도 명산 대둔산에 가려 잘 알려져 있지 않은 산이다.

이 두 산이 또 멋이 있는 점은 산길이다. 두 산 모두 남쪽 오산리 쪽으로 천길 벼랑을 이루고 있고 길은 이 벼랑 위로 이어져 있다.

낙락장송과 어우러진 여기 벼랑의 경관도 좋지만 마치 하늘에서 내려다보는 것처럼 벼랑 아래의 조망이 무척 시원하다.

달이성의 수락고개 쪽 등성이는 바위로 되어있고 거의 직벽에 가깝다. 달이성은 이곳의 바위벽을 타고 올라야 한다. 줄도 타고 좀 어렵기는 하지만 아기자기하고 재미있다. 달이성과 바랑산의 산 타기에서 이곳이 가장 아기자기한 곳이다.

어려운 고비를 지나 오르면 연이어 벼랑 끝의 바위가 나타나고 성터도 보인다.

달이성과 바랑산의 가장 좋은 곳은 아무래도 두 봉우리의 고스락이 된다. 두 곳 모두 벼랑 위의 끝이지만 서로 다르다.

달이성의 고스락은 높고 높은 벼랑 위이지만 층으로 쌓인 것 같은 납작바위가 벼랑 밖 공중에 내밀고 있어 아찔하다. 여기에는 또 두개의 둥근 납작바위 옆에 '수락 흔들바위'란 표지가 세워져 있다. 여러 사람이 위에 올라가서 구르면 흔들리는 모양이다.

근처에는 또 단지 모양의 석축이 있고 넓은 평지에 헬기장이 있다. 여기에 흩어져 있는 많은 기와조각이 보인다. 옛 날 이곳에 절이나 어떤 건물이 있었지 않나 생각된다.

바랑산의 고스락도 벼랑 위이긴 하나 '바랑' 모양의 위이기 때문에 낭떠러지는 아니고 도도록하게 배가 부른 바위벼랑의 위어서 묘한 경관을 이루고 있다.

달이성과 바랑산은 참으로 묘하고 재미있는 산이다.

달이성과 바랑산의 이름

지도에는 바랑산과 달과 별의 봉우리라는 뜻의 '월성봉(月星峰)'으로 표기되어 있었

수락고개

바랑산의 법계사 전경

달이성에서 조망하는 산꾼들

다. 그러나 마을 사람들은 월성봉을 알지 못했다. 마을 사람들은 월성봉을 '달이성' 이라 부르고 있었다. 양촌 논산 지역의 많은 사람들이 초저녁에 달이성 위로 달과 별을 보며 살았기 때문에 월성봉이라 부른 것으로 여겼는데 '달이성' 이라 부르는 이유는 알 수 없었다. 달이성을 오르고 난 뒤에야 '달이성' 의 뜻을 알 수 있었다. '달이성', 벼랑 위를 따라 성터 흔적이 있었다. '달' 과 쌓는 '성(城)' 의 뜻으로 '달이성' 이라 이름 붙였음에 틀림없었다.

지도에 있는 이름의 뜻대로 달과 별이라면 주민들이 '달이별' 이라 했지 '달' 은 순수한 우리말로 하고 별은 한자로 별 '성(星)' 자를 써서 '달이성' 이라 했을리 없다.

'괘관산(掛冠山)' 을 '갓걸이산' 이라 하듯, 어느 산이던 산 둘레의 민초들은 순수한 우리말 이름을 오랜 동안 간직해왔다. '달이성' 은 산에 성이 있기 때문에 '달' 과 '성(쌓는 城)' 의 뜻으로 '달이성' 으로 한 것이다.

산행길잡이

산 길 상리에서 달이성과 바랑산 사이 잘록이를 통해 두 봉우리로 오르는 길도 있고 절골에서 달이성 머리 동쪽으로 오르는 길도 있다. 이 길들을 통해 달이성이나 바랑산 어느 한쪽만을 오를 수 있으나 그렇게 하면 길이나 시간이 너무 짧다. 상리에서 먼저 밤나무단지 절터를 거쳐 바랑산을 먼저 오를 수도 있으나 밤나무단지에 나무도 없고 길도 포크레인으로 밀어붙여 만든 것이어서 너무 거칠다. 산행의 첫머리가 너무 멋이 없어 산행의 맛을 해칠 수도 있다.
먼저 미역소바위를 거쳐 수락고개 달이성 바랑산을 거치는 것이 좋다.
❶ 중리 정류장(피학살 현장 기념비) - 미역소바위 - 수락고개 - 성터 - 절골 갈림길(달이성 아래) - 달이성(흔들바위, 헬기장) - 바랑산 - 끝봉 아래 등성이 - 밤나무단지 - 정류장
❷ 중리 - 밤나무 단지 - 바랑산 - 달이성 (총 산행시간은 3시간 30분 내외면 된다.)

교 통 **대중교통 :** 대중교통 편으로 달이성과 바랑산에 가려면 논산과 양촌을 거치는 것이 가장 좋다. 열차 또는 버스로 논산에 가면 양촌(면 소재지)을 거쳐 산 아래 오산리로 가는 버스가 7:00, 10:00, 14:00, 16:00 네 차례 있다. 오산리에서 논산으로 되돌아가는 버스시간은 8:00, 11:00, 15:00, 18:30이다.
논산에서 하루 10차례 거의 매시간마다 양촌을 거쳐 신기리(양촌면, 전북 완주군 운주면 경계)로 가는 시내버스가 채광리 앞을 지난다. 채광리에서 내려 15분 정도 걸어 들어가면 오산리 상리마을과 중리마을에 이른다.

관광버스, 승용차 : 대전을 거칠 경우 달이성 바랑산으로 가는 길은 두 갈래가 있다. 연산 양촌 경유 - 1번 4번 국도를 이용하여 연산(논산시 연산면)으로 간 다음 697번 지방도에 들어서서 양촌을 거쳐 운주방면으로 가다 채광리에서 좌회전하여 산 아래의 오산리로 들어간다.
진산 운주 경유 - 635번 지방도를 통해 진산으로 가고 진산을 지나는 17번 국도를 타고 대둔산 시설지구를 거쳐 운주에 이르고 운주에서는 697번 지방도로 양촌 방면으로 가다 채광리에서 우회전으로 들어가면 오산리다.
기타 지역에서 논산 경유 - 논산에서 1번 4번 국도를 통하여 연산으로 간 다음 양촌을 거쳐 오산리로 들어가는 것이 가장 편리하다.

조 망 북 ⇨ 장군봉, 안평산, 보문산, 식장산, 만인산, 서대산, 대성산, 천태산
동 ⇨ 대둔산, 선야봉, 천등산, 운장산, 연석산
남 ⇨ 봉수대산, 운암산, 서방산, 천호산(함열), 미륵산
서 ⇨ 성주산, 칠갑산, 항적산, 천호산, 계룡산

info | **455m** ● 천안시 풍세면, 광덕면. 아산시 배방면

36
태학산 (일명 태화산)

마애불이 운해를 일으키는 태학산

태학산은 전체가 휴양림이라 할 수 있고 불교의 도량이라 할 수 있다. 태학산의 풍세면 쪽(동면)은 온통 휴양림으로 되어 있다. 태학산 턱 밑으로 깊숙이 들어간 용문골에 태학사와 법왕사 두 절이 있고 그 절들에는 천연 동굴을 이용한 굴 법당이 있으며 천연 바위의 벽에 마애불(삼태리 마애석불 보물 제 407호)이 새겨져 있다. 삼태리 마애불에 대한 재미있는 이야기가 전해지고 있다. 우리나라 산 속에 있는 석불은 외적을 막아 달라는 기원을 담고 있어 거의가 바다를 향하고 있다 한다. 그러나 이곳의 석불은 이 근처에서 가장 높은 남쪽 광덕산을 바라보고 있다. 이는 광덕산을 중심으로 이는 운해가 여기 마애불에서 시작하기 때문이라는 것이다. 그래서 여기 마애불은 바다 대신으로 운해를 향하고 있다는 것이다.

천안 등지 높은 곳에서 보면 마애불이 있는 태학산 자락이 운해로 덮여 있는 때가 많다 한다. 태학사는 신라 진덕여왕 대에 진산대사가 해선암(海仙庵)으로 창건하고 마애불을 조각했다 한다. 그러나 마애불이 고려시대에 만들어진 것으로 추정되기 때문에 확실한 이야기는 아니다.

태학산(泰鶴山)은 한자로 큰 학이라는 뜻으로 학이 춤추는 형국이라서 태학산이라 했다는 이야기가 있고 단지 태학사가 있는 산이어서 태학산이라 했다는 이야기도 있다.

태화산(太華山)이라 부르기도 한다.

고스락을 갈미봉이라 하기도 하고 북쪽 산줄기는 배방산과 배방산성으로 이어지며 서쪽으로는 높티고개를 넘어 망경산을 거쳐 광덕산으로 이어지기도 한다.

태학산의 고스락 남부에 봉수대 터가 있다. 북으로 아산 연암산 봉수대가 여기 신호를 받아 서울로 보냈고 남으로는 쌍령 봉수대가 받아 공주로 이어졌던 봉수대였다.

태학산의 경관

태학산 풍세면 쪽은 두 절과 마애불 그리고 넓은 자연휴양림을 양 팔로 모두 감싸 안고 있다. 태학산은 소나무가 집단으로 자리 잡고 있어 사시사철 푸르다. 원추리 할미꽃 등 야생화가 많고 소나무 말고도 피나무 산딸나무 등 많은 종류의 나무들이 자라고 있어 자연휴양림으로 좋은 조건을 갖추고 있다.

자연휴양림에는 산책로 등산로가 잘 되어 있고 잔디광장도 좋다. 숲속의 집 체육시설 숲 속의 공연장 곡류천 쉼터 편의시설 등이 잘 되어 있다.

고스락에 있는 정자는 천안과 아산일대를 조망하며 쉬기에 좋다. 자연휴양림에서 두 절을 거쳐 마애불을 배견하고 느긋하게 산에 올랐다가 동쪽 줄기로 하산하면 깊은 숲속을 거쳐 다시 자연휴양림으로 내려올 수 있다. 마애불 쪽에서 오르면 한바탕 가파른 곳

태학산 전경

태학사   굴법당
삼태리 마애석불

도 있지만 동쪽 하산길과 숲속은 편안하고 조용해서 산행하기에 매우 좋다. 특히 가족과 더불어 가볍게 산행하기에는 더없이 좋은 곳이다.

산행길잡이

산 길

① **마애불 길** : 휴양림 들머리(주차장) - 매표소 - 휴양림 관리사무소 - 태학사 - 마애불 - 고스락 (약 1시간 10분)
② **동편 등성이 길** : 매표소 - (등성이) - 등성이 삼거리 - 동편 등성이 - 고스락 (약 1시간 30분)
③ **휴양림관리사무소 길** : 관리사무소 - 골짜기 길 - 동편등성이 삼거리 - 고스락 (약 1시간 10분)
④ **늪티고개 길** : 늪티고개 - 백련사 - 풍세 갈림길 - 389봉 - 445봉 - 고스락 (약 1시간 20분)
⑤ **카터고개 길** : 카터고개 - 호서대학 갈림길 - 헬기장 - 마애불 삼거리 - 고스락 (약 1시간 40분)

교 통

거의 태학산 휴양림 쪽에서 오른다. 천안시 남쪽을 동서로 가로지르는 21번 국도의 봉강삼거리에서 15번 지방도로 들어서면 호서대학교로 가게 된다. 태학산은 호서대학교 남쪽에 있는 산이다. 면청이 있는 풍세면을 거쳐도 호서대학교 앞을 지나 태학산으로 갈 수 있다.
천안 버스터미널에서 하루 7회(06:05, 07:40, 09:50, 11:50, 16:20, 19:20, 21:00) 시내버스가 삼태리로 떠난다. 삼태리에서는 06:50, 08:40, 10:50, 12:50, 17:25, 20:20, 22:00 천안 버스터미널로 떠난다.
늪티고개는 623번 지방도 카터고개는 15번 지방도가 지나고 있지만 태학산 산행에는 별로 이용되지 않고 있다.

조 망

북 ⇨ 성거산, 흑성산, 태조산, 은석산, 고려산
동 ⇨ 동림산, 운주산, 작성산, 금성산, 국사봉, 천태산
남 ⇨ 무성산, 태하산(마곡사), 광덕산, 망경산, 봉수산, 안락산
서 ⇨ 덕봉산, 도고산, 설화산, 영인산, 배방산

XIII • 옛 선비들의 멋과 인삼 이야기

info 648m 금산군 남이면, 남일면. 전북 진안군 용담면

37
성봉

폭포와 각자의 전시장 성봉

성봉은 충청남도와 전라북도 경계에 있는 산이다. 금남정맥에서 갈라져 나온 산줄기가 도계를 이루며 선봉을 지나 건무리재(용덕리고개, 또는 광대정이재)를 넘어 성치산 성봉 봉화산으로 이어지고 솔재를 넘어 덕기봉 수로봉으로 나아가다 지삼재를 넘어 베틀봉 삼도봉으로 이어진다.

이 산줄기 가운데 건무리재(용덕리고개)에서 솔재까지 사이에 성치산 성봉 봉화산이 솟아있어 제법 험하고 아기자기하며 용담호의 조망도 좋다.

모치마을 앞에서 곧장 성봉으로 파고드는 골짜기가 무자치골이다. 무자치골은 12폭포로 이름 지어진 많은 폭포들이 자리 잡고 있어 마치 폭포의 전시장처럼 되어 있다.

또 각 폭포들에는 각 폭포의 아름다운 경관을 묘사한 큼직한 글귀 들이 폭포 주변의 암반에 새겨져 있어 폭포들의 품위를 높여주고 있다.

폭포와 폭포의 아름다움을 그린 각자의 전시장 무자치골

금산 사람들은 모두 무자치골의 폭포를 12폭포라 부른다. 마을 사람들은 무자치골이라 부르지만 첫 폭포 위의 암반에 초포동천(岬浦洞天)이라 크게 새겨져 있는 것을 보면 이 고장 선비들은 이 무자치골을 초포동천이라 부르며 이곳을 찾아와 즐기지 않았나

12폭포골의 선경

하는 생각이 든다.

이 무자치골 들머리에 있는 첫 폭포가 직폭으로 가장 멋이 있고 좋다. 바위벽으로 둘러싸인 골짜기의 한가운데 그 위에서 떨어져 내리는 용의 초리가 장관이며 아름답다. 무자치골의 폭포 가운데 이 첫 폭포가 가장 크고 멋이 있으며 아름답다.

그래서인지 이 첫 폭포를 12폭포로 알고 있는 사람들이 많다. 그러나 사실은 무자치골의 모든 폭포를 일컬어 12폭포라 하지 않나 생각된다. 첫 폭포의 이름을 12라는 숫자와 연결 지을 수 있는 끈이 없기 때문이다.

그렇다면 '12폭포'를 무자치골의 많은 폭포를 통틀어 붙인 이름임이 분명하다. 그렇지만 많은 폭포 가운데 12개를 골라서 '제1' '제2' 하는 식으로 구분되어 있지도 않고 구분 할 수도 없다. '12폭포'는 무자치골의 '많은 폭포'를 뜻하는 것이라 해석해야 할 것 같다.

이 무자치골의 폭포들은 그 모양, 흐름, 크기와 용의 초리의 굵기와 갈래 등이 갖가지여서 과연 폭포의 전시장이라 해도 지나친 말이 아니다.

폭포의 바탕이 되는 바위 면이 꼿꼿하게 일어선 것 누운 것, 누운 것도 길고 짧은 것, 용의 초리가 굵고 힘찬 것 가늘고 힘없이 흘러내리는 것, 용의 초리가 일자로 흘러내리는 것 이리저리 틀며 부딪치며 흘러내리는 것, 홈 속으로 흘러내리는 것 미끈한 바위로 흘러내리는 것, 물줄기가 한 가닥인 것 두어 가닥 또는 여러 가닥인 폭포 등 열둘도 넘는 가지각색이어서 그저 놀라울 뿐이다.

폭포만이 모두가 아니다. 폭포 사이사이 계류의 경관 또한 훌륭하다. 맑은 물이 넓은 너럭바위 위를 흘러 내려가기도 하고 큰 바위 사이를 이리 비집고 저리 비집으며 흐르기도 하고 잔자갈 위를 잔잔하게 흘러내리기도 하여 볼만하다.

또 놀라운 것은 각가지 모양의 폭포마다 청뢰(晴雷 – 맑은 하늘에 천둥, 위뢰소리, 폭포소리) 산종(山鍾 – 폭포 소리가 우렁차 산을 울리는 종과 같다.) 학룡(鶴龍 – 학과 같고 용과 같다.) 초포동천(艸浦洞天 – 물이 흐르고 풀 우거진 명승) 등 그 폭포의 모양이나 아름다움을 그린 큼직한 열 개의 글귀(10 개가 초서)와 한 편의 한시(오언절구)가 폭포 주변의 암반에 새겨져 있는 것이다.

아직 글을 새긴 선비나 새긴 연대가 밝혀져 있지 않지만 참으로 놀라운 일이 아닐 수 없다.

12폭포의 장관

너럭바위의 물웅덩이

이로 볼 때 12폭포(무자치골)는 11개의 각자 글귀와 함께 문화 풍류 관광 면에서 매우 특이하고 귀중한 곳이라 할 수 있다.

이처럼 한 골짜기에 11개나 되는 각자 그것도 폭포의 아름다움을 묘사한 각자가 있는 곳은 우리나라 그 어디에도 없다. 어떤 이는 화양동(괴산군)의 많은 각자와 견주는 사람도 있지만 화양동의 각자와는 그 내용과 성질 그리고 상황이 전혀 다르다.

화양동의 각자는 모두 바위벽에 새겨져 있고 첨성대 능운대 등 몇

12폭포에 새겨있는 한자들

몇 각자 외에는 대부분이 화양동의 경관과는 전혀 관계가 없는 유교적인 교훈적인 내용이며 글씨도 직접 쓴 것이 아니라 조선조 선조 명의 신종 의종의 글씨등 집자(딴 곳에서 글자를 따로따로 따다가 쓴 것)한 것을 새긴 것이 많다.

성봉의 산행은 이 많은 폭포들과 글귀를 감상하는 것이어서 더욱 뜻있고 귀중한 것이 된다.

산행길잡이

산 길 | 성봉의 산행은 당연히 무자치골을 따라 거슬러 오르며 폭포와 각자들을 보고 성봉에 오른 다음 내려올 때는 산등성이를 타고 내려가 신동재를 거쳐 다시 12폭포의 첫 폭포로 내려가 한 번 더 첫 폭포의 장관을 보고 모치로 나가는 순서가 가장 좋다.

| | 모치마을-갈림길-첫 폭포-(무자치골)-잘록이 삼거리-성봉-잘록이 삼거리-중봉-(등성이)-신동고개-첫폭포-모치마을
총. 산행시간 약 3시간 30분이 된다.

교 통 성봉을 찾아 가려면 우선 충남 금산군의 금산읍으로 가야 한다.
금산에서 13번국도를 타고 진안 쪽으로 가다 보면 남일면(금산군) 면청 소재지인 음대리에 이르기 직전, 봉황천을 건너는 다리를 만나게 된다.
다리를 건너지 않고 우회전하여 55번 지방도를 타고 봉황천을 따라가면 약 5분 만에 왼 편 봉황천을 건너는 징검다리를 볼 수 있다. 오른 편 산 아래 마을이 모치마을이다. 냇가에 차를 놓고 징검다리를 건너가야 한다.
진안 쪽에서 13번 국도를 타고 오게 되면 음대리를 지나 봉황천 다리를 건너자마자 55번 지방도에 들어서면 된다.
모치마을로 가는 군내버스는 금산 군내버스 터미널에서 06:10, 06:30, 08:00, 08:30, 10:20, 12:40, 13:30, 14:10, 16:00, 18:00, 19:50에 있다.
모치마을을 통과하여 금산으로 들어가는 버스는 대략 07:10, 07:15, 09:00, 09:35, 11:20, 13:35, 14:30, 15:20, 17:05, 19:00, 20:45에 있다.

볼거리 **금산의 인삼약초와 금산 세계 인삼엑스포**
매년 금산 인삼약초시장을 중심으로 세계 인삼엑스포가 열리고 있다. 이 기간에는 전 세계에서 인삼에 관심이 많은 상인들과 관광객들이 모여들어 성황을 이룬다.
금산 인삼약초시장은 금산읍 중도리 '인삼거리'를 말한다. 이곳에 인삼 약초상가들이 밀집되어 있고 전국 인삼 거래의 80%가 이곳에서 이루어지고 있다. 각종 약초도 거래되고 있는 우리나라 인삼 유통의 중심지라 할 수 있다.
여기에서는 생삼(수삼), 홍삼, 흑삼, 백삼, 미삼 등은 물론 인삼주, 인삼엑기스, 인삼차 등 인삼 가공식품 또 인삼샴푸 등 인삼 미용제품, 병방, 열쇠고리 등 인삼 장식품과 수많은 약초가 거래되고 있다.
평일에도 관광 겸 건강상품인 인삼약초를 사고자 전국에서 수많은 사람들이 관광버스를 이용하여 몰려들고 있다.
성봉 산행 길에 금산의 인삼약초시장을 둘러보는 것은 큰 소득의 하나가 될 수 있다.

조 망 북 ⇨ 식장산, 서대산, 국사봉, 천태산, 성주산, 양각산, 덕기봉
동 ⇨ 백운산, 적상산, 조항산, 덕유산, 봉화산, 남덕유산
남 ⇨ 마이산, 부귀산, 옥녀봉, 구봉산, 운장산, 명도봉
서 ⇨ 왕새봉, 칠백이고지, 선봉, 선야봉, 대둔산, 진악산

info | 732.3m ● 금산군 금산읍, 남이면

38
진악산

금산의 진산 진악산

각 고을마다 그 고을의 상징 또는 지킴이라 할 수 있는 진산(鎭山)이 있다. 이 진산은 그 고을 사람들의 사랑을 받으며 그 고을 사람들과 여러 가지 깊은 인연을 맺고 있다.

그래서 그 고을 학교들의 교가 가사에 그 고을 진산의 이름이 들어가는 경우가 많다. 진악산도 금산의 여러 학교 교가의 가사에 들어있다.

금산의 진산인 진악산은 금산 고을의 한가운데에 자리 잡고 있는 우람한 산으로 금산 고을 사람들의 삶에 직·간접으로 많은 영향을 주고 있다.

금산의 상징이 되어 있는 인삼이 처음 사람의 손으로 재배된 개삼터가 진악산 자락에 있으며 금산 고을의 복판을 흐르는 금화천이 이 진악산으로부터 비롯되며 봉황천은 진악산을 감아 돈다.

그래서 금산 사람들은 사시사철 아침저녁으로 진악산의 위연한 모습을 우러러보며 삶을 엮어 나간다. 아침 햇살을 받아 밝게 빛나는 진악산의 모습에서 밝은 내일을 내다보고 용기를 얻는다.

우람하고 아름다운 진악산

나는 명산의 조건 가운데 하나로 산상(山相-산의 모습)을 꼽고 있다. 진악산의 모습은

진악산의 운해

특히 금산고을의 동부 일대에서 보면 우람하고 장중하여 군자의 기상이 뚜렷하다.

　진악산의 좋은 점은 하나 둘이 아니다. 그 모습이 우람할 뿐 만 아니라 남북으로 뻗은 바위 등성이가 무척 아기자기해서 산행의 재미가 좋은데다 이 바위 등성이는 동서로 천길 바위벼랑을 이루고 있어 등성이에 서면 마치 공중에 떠있는 듯 한 느낌을 갖게 한다. 특히 동쪽으로 깎아지른 바위 벼랑을 이루고 있다. 그래서 금산읍과 금산의 동부 일대 들녘을 내려다보게 되어 조망의 재미가 매우 좋다. 주봉에서 남쪽의 상봉까지 바위로 된 높은 벼랑 위를 지날 때는 마치 새가 되어 하늘을 나는 것 같다. 상쾌한 기분과 그 멋은 이루 다 말할 수 없다.

　사실 이 높은 바위벼랑길은 주봉의 북쪽 멀리에서부터 시작된다.

　산상과 바위 등성이 그리고 조망이 좋은 것에다 진악산이 또 좋은 것은 숲과 골짜기 개울도 매우 좋다는 점이다.

진악산 자락의 명소와 명물

또 진악산 산자락 일대에는 명소와 명물 절 등 볼거리도 여러 곳에 있다. 옛날 불교 31본산의 하나였던 보석사, 원효대사가 창건했다는 원효암과 원효폭포, 영천(영험한 샘물)으로 유명한 영천암이 있다.

보석사는 그 들머리의 전나무 숲이 좋다. 전나무 숲 끝에 1,300여 년의 수령을 자랑하고 영험하다는 천연기념물 은행나무가 있다. 이 은행나무는 높이가 40m 가슴 높이 나무 둘레가 10.4m나 되는 거대한 나무로 신라 헌강왕 때 조구대사가 보석사를 창건하며 여섯 제자와 함께 심었다는 전설이 있고 한일합방 6.25 한국전쟁 때 등 나라가 위태할 때에는 이 은행나무가 운다는 이야기가 있다.

봉화를 올린 봉화대 터 임진왜란 때의 의승병장인 기허당 영규대사가 왜란 전에 보석사에 머물렀던 인연으로 보석사에 의선각과 의승장비가 있다.

진악산 동쪽 산자락에 인삼을 처음 재배하기 시작한 개삼터가 있는가 하면 큰등성이(주릉)에 있는 명물 도구통바위는 우뚝하고 높아 산 아래에서도 올려다 보인다. 또 주봉 아래 바위벼랑 중간에는 관음굴(빈대굴)이 있어서 구경거리가 되고 있다.

그리고 개삼터가 있는 비실(남이면 성곡) 뒤의 산중턱에는 유명한 물굴도 있다. 동국여지승람에는 이 물굴에 관하여 '진악산 군의 남쪽 7리에 있다. 동쪽 봉우리 아래에 바위굴이 있는데 그 굴에 너댓 걸음 들어서면 물소리가 요란하며 깊이를 알 수 없다. 전하는 말로는 용이 사는 곳이라 하는데 날이 가물때 호랑이 머리를 집어넣으면 응함이 있

보석사의 천년 은행나무

보석사 들머리의 전나무길

진악산의 기암

다.'라 적혀 있다.

 이 물굴은 영천암 뒷산의 비실 쪽(동쪽) 산 중턱에 있는 굴로 굴속의 물이 밖으로 흐르지 않는다. 마을 사람들은 이 굴의 물이 반대 쪽 영천암의 약수와 서로 통해져 있다고 믿고 있다. 또 이 굴은 일제 강점기에 독립투사들의 은신처로도 알려져 있다.

산행길잡이

산 길
진악산은 남북으로 길게 놓여있다. 그래서 주봉의 동쪽 족실(금산읍 계진리)이나 원효암 또는 수리너머재에서 주봉으로 오르거나 석동(남이면 석동리)에서 보석사 영천암 도구통바위를 지나 상봉에 오른 뒤 주봉으로 나아간다.
주봉에서는 족실 또는 원효암 혹은 수리너머재로 하산하면 진악산을 온전하게 타게 된다.
그러나 이 남북을 종주하는 산행은 차의 운전자가 산행을 하지 않고 반대쪽으로 차를 몰고 가서 기다리는 경우에는 좋지만 그렇지 않을 경우에는 교통편이 좋지 않아 매우 불편하다.
그래서 산의 경관이 뛰어나게 아름답고 조망이 좋은 북쪽 주봉을 중심으로 산행을 한 뒤 차를 타고 보석사로 돌아 보석사와 의승장비 은행나무 등을 둘러보는 것이 좋다.
❶ **수리너머재 길** : 수리너머재 – 재(장승) – 주릉 – 주봉 (약 1시간 20분)
❷ **원효사 길** : 원효사 들머리 – 원효사(또는 원효폭포) – 주봉 (약 1시간 20분)
❸ **보석사 길** : 보석사 – 영천암 – 도구통바위 – 상봉 – 주봉 (약 2시간)

교 통
진악산은 금산의 중심에 자리잡고 있고 금산읍에서도 가깝기 때문에 금산을 거점으로 해야 한다. 고속도로를 이용하게 되면 전국 어디서나 대전–통영 고속도로에 들어서서 금산 요금소에서 빠져나와 우선 금산 읍내로 들어선 뒤 계획에 따라 산행 들머리를 찾아가야 한다.
금산에서 산행 들머리가 되는 수리너머재 족실 보석사(석동) 등으로 찾아가는 길은 다음과 같다.
❶ **수리너머재 또는 원효사**
금산읍에서 서쪽으로 금산산업고등학교 앞을 지나 수리너머재를 넘어 진악산 뒤(서쪽)의 하금리(남이면 면청 소재지)로 넘어가는 길이 있다. 이 길이 수리너머재를 넘기 직전에 제법 넓은 주차장이 있는 작은 휴게소가 있다. 여기가 진악산 산행의 수리너머재 기점이 되는 곳이다.
또 수리너머재를 넘어 조금 내려가면 왼편(진악산 쪽)으로 원효사 안내판이 보이고 산속으로 들어가는 길 들머리에 주차장이 있으며 조금 더 들어가도 작은 주차장이 있다. 이 주차장이 원효사길의 들머리가 된다.
군내버스는 금산에서 11:00, 19:30 수리너머재에서 약 11:45, 20:05 두 차례씩 있다.

❷ **족실 방면**

수리너머재길과 같이 시작한다. 이 길이 금산산업고등학교 앞으로 꺾여지기 전에 다리를 건너 냇물을 따라 올라가다 남쪽으로 방향을 틀어 올라가면 족실 마을에 이른다.

족실 마을에서 서쪽으로 고샅을 지나는 길을 따라 올라가면 선공암이라는 작은 암자를 지나 관음굴 아래를 거쳐 진악산의 주봉으로 오를 수 있다. 차는 족실 마을에 두어야 한다.

군내버스는 서당골 행이 금산에서 7:35, 10:10, 12:10, 13:20, 18:10에 있으며 서당골(족실)에서는 7:55, 10:30, 12:35, 15:40, 18:35에 있다.

❸ **보석사 방면**

금산읍에서 남쪽으로 진안을 향하는 13번 국도를 따라가면 개삼터가 있는 비실(남이면 성곡리) 마을 앞을 지나게 된다. 이 길을 5분 쯤 더 가면 다리가 나서고 다리를 건너기 전에 635번 지방도가 오른 편으로 갈라져 나간다.

이 635번 지방도를 따라 5분 쯤 가면 보석사 안내판이 있고 이어 널찍한 보석사 주차장이 나선다.

군내버스는 금산에서 6:10, 8:40, 11:35, 15:20, 17:00, 19:00이며 석동에서(보석사)는 9:40, 13:05, 20:15에 있다.

조 망 진악산에서 진안 마이산의 두 귀를 찾아보면 재미있다.

북 ⇨ 식장산, 고리산, 서대산, 장룡산, 속리산, 대성산, 천태산, 포성봉, 마리산, 주행봉, 월영산, 갈기산, 황악산

동 ⇨ 각호산, 민주지산, 석기봉, 대덕산, 적상산, 덕유산, 남덕유산, 성수산

남 ⇨ 덕태산, 마이산, 명도봉, 구봉산, 운장산, 백암산, 선야봉

서 ⇨ 천등산, 대둔산, 인대산, 향적산, 계룡산, 금수봉, 안평산, 만인산, 보문산

볼거리 **보석사**

진악산의 남쪽 산자락 산행의 들머리 또는 끝머리가 되는 곳에 옛 절 보석사가 있다.

신라 헌강왕 12년(886년)에 조구대사가 창건한 절로 한 때는 우리나라 31본산의 하나로 호남의 여러 절을 관할하는 본사이기도 했다.

창건 당시 절 앞에서 캐낸 금으로 불상을 만들었다 해서 '보석사'라는 이름을 얻었다 한다. 본래의 절은 없어지고 지금의 대웅전은 조선 말기의 건물로 알려져 있으며 정면 3간 측면 3간의 맞배지붕으로 되어 있다.

임진왜란 때에 의승병을 이끌고 왜군과 싸우다 순절한 기허당 영규대사가 머물던 '의선각'이 대웅전 오른 편 위에 있고 기허당의 장한 뜻을 기리는 '의승장비'가 절 들머리에 있다. 절 옆에 있는 거대한 은행나무도 유명하다.

대웅전에는 석가모니불 좌우에 문수보살과 보현보살을 모신 전형적인 삼존불이 있다.

보석사

XIV · 풍수지리와 전설이 있는 산들

info 갑하산 469m ● 공주시 반포면 온천리, 대전광역시 유성구 갑동
우산봉 574m ● 공주시 반포면 온천리, 대전광역시 유성구 반석동

39
갑하산과 우산봉

자연과 대도시의 조망을 함께 즐길 수 있는 갑하산과 우산봉

갑하산과 우산봉을 잇는 산등성이는 충청남도(공주시)와 대전광역시(유성구)를 가르는 경계다.

사시사철 사람들로 북적대는 계룡산을 건너에 두고 있는 갑하산과 우산봉은 늘 조용하고 다소곳하다.

갑하산과 우산봉은 유성에서는 물론 계족산 식장산 보문산 구봉산 자락에서 잘 보인다. 뿐만 아니라 동서로 뻗은 대전시가 대부분의 넓은 도로에서 또는 높은 건물에서도 볼 수 있다. 특히 석양을 배경으로 한 갑하산과 우산봉 줄기는 한 폭의 그림이다.

갑하산에서 신선봉(570m)으로 건너가는 바위등성이, 신선봉 바위벼랑과 암봉, 또 469m 봉과 우산봉 사이 곳곳에 계룡산 쪽을 향한 바위 벼랑이 좋고 우산봉 고스락도 멋이 있다. 또 갑하산 우산봉 줄기 어디서나 동학사 계곡을 중심으로 한 계룡산의 아름다움을 속속들이 건너다 볼 수 있어 좋다.

또 이 갑하산과 우산봉이 좋은 것은 숲이 울창하고 대부분의 등성이 길이 그늘 속의 편안한 흙길이라는 것이다. 두텁게 깔린 낙엽을 밟으며 시원한 그늘 속을 벗이나 연인 또는 가족과 함께 오손 도손 정담을 나누며 산행을 하기에 알맞은 산이다.

5월에 우산봉의 철쭉은 아름답다.

산행길에 갑하산 아래에 있는 현충원에 들려 순국 선열과 호국 영령들의 얼을 기리는 참배를 하고 여러 가지 유물과 전시물을 살펴보며 느긋하게 쉬는 것도 뜻이 있다.

갑하산의 이름과 풍수지리설

갑하산(甲下山)의 갑(甲) 자는 갑옷이라는 뜻도 있지만 갑 을 병 천간(天干)의 첫째로 제일 또는 우두머리의 뜻도 있다. 전해오는 이야기에 의하면 갑하산의 이름은 갑하산 줄기에 천하제일의 명당이 있기 때문에 붙여진 이름이라 한다.

천하제일의 명당이 있다는 갑하산 아래에 국립현충원이 자리 잡아 순국선열과 호국 영령들의 영면의 자리가 된 것은 우연이라 하기에는 너무도 공교롭다.

또 갑(甲) 자가 갑옷을 뜻하기도 해서 군인과 관계가 있기 때문에 더욱 갑하산의 이름이 많은 관심을 불러 일으켰다.

갑하산의 봉우리들

갑하산 줄기에는 눈에 띄는 세 개의 봉우리가 있다. 높이로 볼 때 맨 남쪽(서쪽을 향해 맨 왼편)으로부터 첫 봉우리가 469m 다음 봉우리가 570m 맨 북쪽에 있는 오른 쪽 끝봉우리가 가장 높은 573.8m로 되어 있다.

가장 높은 북쪽의 봉우리의 이름은 우산처럼 생겨서 우산봉이라 한다. 그리고 국립지리원의 공식지도에 표기 된 것과 옛날부터 불러온 유래로 볼 때 원래의 갑하산은 가장 남쪽에 있고 가장 낮은 469m 봉우리다.

그런데 469m의 갑하산과 그 이웃의 신선봉이 대전 쪽에서 볼 때 뾰족한 삼각의 모습이 닮았고 570m봉이 갑하산보다 백여m나 높으며 우람하기 때문에 많은 사람들이 570m봉을 갑하산이라 잘못 알고 있다. 요사이는 570m봉을 신선봉 또는 문필봉이라 부르기도 한다.

현충원에서는 '세 개의 봉우리를 포함한 이 산 전체를 갑하산이라 하고 570m 봉을 신선봉 또는 문필봉, 469m의 원 갑하산을 장군봉이라 부르고 현충원 쪽으로 내민 390m봉을 옥녀봉(국립묘지의 주산)이라 불러야 한다' 는 주장을 하고 있었다.

갑하산의 전경

우산봉길의 소나무

갑하산에서 본 도덕봉

우산봉의 너럭바위

산행길잡이

산 길

갑동 또는 먹뱅이골에서 갑하산(469m)에 오르면 570m봉 우산봉 연화봉을 거쳐 구암사로 가는 길이 가장 많이 이용된다. 산행시간은 약 3시간에서 3시간 30분이 걸린다. 거꾸로 구암사에서 연화봉 우산봉을 570m봉을 거쳐 갑하산 까지의 길도 마찬가지다.

요사이는 산꾼들이 우산봉과 산등성이로 연결된 계룡시 반포면의 송곡리나 봉암리를 타는 경우가 많다. 그러나 송곡리나 봉곡리는 교통이 불편하다.

갑하산 쪽

❶ **먹뱅이 길** : 갑동 앞을 지나 32번 국도로 삽재를 넘으면 첫 골짜기가 먹뱅이골이다. 먹뱅이골 오른 편 등성이에 갑하산으로 오르는 길이 있다.

❷ **갑동 길** : 32번 국도를 타고 공주 방면으로 가다 국립현충원을 지나 삽재를 넘기 전에 갑동 정류소(계룡휴게소)가 있다.

여기서 다리를 건너 갑동마을 쪽으로 가면 길이 집(약수산장)에 막히며 좌우로 갈라지는 삼거리가 된다. 왼 편(서쪽)으로 과수원을 끼고 100m 쯤 가면 외딴집이 있다. 이 외딴집 앞에서 왼편으로 작은 개울(물이 거의 없음)을 건너면 갑하산으로 오르는 길이 보인다.

우산봉 쪽

❶ **송곡(공주시 반포면 송곡리)2리 길**
문암사 길 : 문암사 – (등성이, 대전 공주 경계) – 우산봉
또는 송곡저수지 길 : 송곡저수지 – 등성이 – 우산봉

❷ **구암사 길** : 유성구 노은동에서 1번국도를 타고 조치원 쪽으로 가다 안산동 정류소(국방과학연구소 들머리 근처)에서 길 건너에 구암사 들머리가 보인다.

구암사 왼 편에 연화봉을 거쳐 우산봉으로 오르는 길이 있다.

교 통

❶ **갑하산 쪽**
대중교통 : 107번 버스가 동학사를 왕래하고 있다. 대전 역전이나 유성 간선도로에서 107번 버스를 타고 현충원을 지나 두 번째 인 갑동 정류소(계룡 주유소 앞)에서 내리면 바로 안진바위 마을로 들어가는 다리가 있다.

승용차 관광버스 – 대전 또는 유성에서 32번 국도를 타고 동학사 방면으로 가다 현충원을 지나고 계룡주유소를 지나자마자 오른 편으로 안진바위마을로 건너가는 다리가 있다. 다리를 건너 첫 갈림길에서 왼편으로 들어가면 된다. 버스는 들어갈 수 없으며 주차장이 없다. 승용차는 길가 공지에 놓아둘 수 있다. 삽재를 넘으면 먹뱅이골 들머리가 나온다.

❷ **우산봉 쪽**
대중교통 : 107번 버스로 삽재를 넘어 박정자에서 내린 다음 공주 동학사를 오가는 버스 편으

로 반포(공암)로 가서 송곡2리로 들어가거나 공주 유성을 오가는 버스 가운데 송곡2리로 들어가는 버스(6:40, 9:50)를 이용한다. 유성 공암을 왕래하는 버스(7:30, 12:00, 16:00, 19:00)를 이용할 수도 있다.

유성에서 1번국도를 타고 안산동(조치원) 방면으로 가면 안산동에 국방과학연구소 안내 표지가 있고 그 반대편에 구암사 입구 표지가 있다. 신호등이 있으나 좌회전 비보호로 되어 있다. 구암사에 주차장이 있다.

조 망
(우산봉)

북 ⇨ 속리산, 금적산
동 ⇨ 계족산, 고리산, 식장산, 서대산, 보문산, 만인산, 구봉산
남 ⇨ 도덕봉, 금수봉, 계룡산, 삼불봉
서 ⇨ 무성산

참고 : 원점회귀의 길이 아니기 때문에 승용차 이용이 불편하다. 대중교통 편을 이용하는 것이 좋다.

국립 대전 현충원

국립묘지로도 불리는 국립 대전 현충원은 나라와 겨레를 위해 고귀한 생명을 바치신 순국선열과 호국영령 그리고 나라를 위해 평생 동안 애쓰신 애국자의 넋을 모신 민족의 성역이다.

여기 현충원에는 묘역 외에 현충문 현충탑 위패판 납골봉안소 승천선녀상 호국분수탑 천마웅비상 홍살문 등의 시설과 여러 가지 상과 부조 등이 있고 유품 및 전리품 전시관이 있으며 집 밖에 비행기 탱크 등 전투장비가 전시되어 있다.

현충원은 갑하산 옥녀봉을 주산으로 하고 있다. 갑하산을 배경으로 한 넓은 터가 깨끗하고 아름답게 꾸며져 있어 공원으로 느껴진다.

우리나라 사람들은 외국과는 달리 묘지를 멀리하는 관습 때문에 현충원도 찾는 사람이 많지 않다. 우리나라에서도 순국선열과 호국 영령을 기리고 나라의 위난을 되돌아보는 교육의 현장도 될 수 있도록 현충원을 공원처럼 가까이 하고 여가도 즐기는 생활 풍토를 만들어야 한다.

국립현충원

국립현충원

info | 412m • 보령시 웅천읍, 미산면

40 양각산

양의 두 뿔 모양인 양각산

양(羊)은 염소 비슷한 짐승이고 각(角)은 뿔을 뜻한다. 양의 뿔 모양 같아서 붙여진 이름이다. 봉우리가 두 개여서 뿔이 두 개라는 뜻의 양각산은 우리나라에 몇 개 있다.

웅천천은 성주산과 아미산의 골짜기 물이 이룬 것이다. 양각산 아래에서 웅천천을 막아 넓은 보령호가 만들어졌다. 웅천천이 감아 돌고 유별나게 생긴 양각산이 어울려 아름다웠다. 그런데 이제는 웅천천이 넓은 호수가 되어 양각산과 더불어 더욱 아름다워졌다.

이처럼 물이 좋고 산이 좋아 그들이 어울려 아름다운 고장에는 이름 있는 씨족들이 터를 잡고 살게 된다.

여기 양각산 아래에도 풍천 임씨 남포 백씨 경주 이씨네가 대대로 터를 잡고 살아왔다. 그래서 동막동에는 풍천 임씨 입향조 임향(任珦)의 묘소와 신도비가 있고 고려 말 성리학을 도입한 대학자 이재(彛齋) 백이정의 묘소와 신도비 사당 옥산사(玉山祠)가 있다.

물에 잠겼지만 양각산 아래 용암마을은 양각산을 뒤로하고 웅천천이 앞을 감아도는 전형적인 명당(背山臨水形)이다. 이 명당은 성주 여덟 곳의 모란 가운데 한 곳이란 말이 있었다. 이 좋은 터에 경주 이씨네가 자리 잡고 고려시대의 대학자 익재(益齋) 이제현(李齊賢)의 사당 삼사당(三思堂)을 모시고 살고 있었다.

보령호가 생기면서 이 사당은 수령 200년이 넘는 은행나무(둘레 4.8m 높이 33m)와 함께 위로 올려져 양각산 아래 호반에 자리 잡고 있다. 이처럼 아름답고 좋은 터이기 때문에 많은 인물이 났다고 알려져 조선시대 선비들은 이곳에 들러 선현을 추모하는 시를 남기기도 했다.
　18세기 보령의 대표적인 학자인 성당(性堂) 정혁신(鄭赫臣)은 다음과 같이 노래하기도 했다.

　　아홉 뫼 양각산이 구름 위에 솟아　　　(九星羊角 半浮天)
　　뭇 산을 가물가물 앞 뒤에 안고　　　　(湖海群山 擁後前)
　　이 경치 개척할 때 조물주의 힘이 커　 (闢地化翁 多費力)
　　이 안에서 나온 인물 몇몇이런가　　　 (養來東表 幾英賢)

　'양각산 줄기 높이 하늘에 닿고...'란 미산초등학교 교가도 있었다. 또 양각산 동편 비탈에는 전통사찰인 금강암이 있다. 조선조 태종의 후궁인 권씨를 위하여 지은 원찰로 알려져 있으며 충청남도 문화재 자료인 석불좌상이 있다.

양각산에서 본 보령호

양각산의 거대한 절벽과 보령호

신증동국여지승람 남포현 편 산천 조에 '양각산 본현 동쪽 24리 지점에 있다.' 했고 불우 조에 '옥계사 양각산에 있다.' 로 되어 있으며 조선 후기에 나온 남포읍지 여지도서에는 '옥계사 양각산에 있다. 지금은 금강암이라 한다.' 로 적혀 있다 한다. 원래 옥계사로 불러오다 금강암으로 바뀐 것 같다.

또 양각산은 한 말에 험한 지형과 강을 이용하여 청양출신 이규하 의병장이 이 지역의 이사성 등과 함께 의병 활동을 벌이기도 한 곳이다.

전설도 있다. 옛날 양각산에 양각(羊角) 과 양순(羊順)의 장사 남매가 살고 있었다. 남매가 힘을 겨루어 양순이가 이기게 된 것을 그들의 어머니가 양순이에게 밥을 먹도록 권하고 그 밥을 먹는 바람에 양순이가 내기에 져 죽었다는 흔히 있는 내용의 전설이다.

(보령시에서 발행한 '관광 보령의 명산을 찾아서' 를 참고 하였음)

양각산의 경관

양각산은 그 모습부터가 기이한 산이다. 그 둥그스름한 머리가 우뚝 솟아 있다. 양각산의 머리 부분은 거의 바위로 되어 있어 웅장하고 남쪽 보령호 쪽으로 깎아지른 바위 벼랑을 가지고 있기 때문에 멀리서도 눈에 띈다. 특히 이 산의 동쪽이나 서쪽에서 보면 남쪽으로 깎아지른 벼랑이 그대로 들어나 장관이다.

이처럼 멋있게 솟은 산이 푸른 보령호와 어울렸으니 장관이 아닐 수 없다. 겉 모습 뿐만 아니다. 산 고스락과 바위로 된 머리 부분의 벼랑 끝에서 내려다보는 호수와 조망 또한 참으로 멋이 있다.

고스락에서 호수를 내려다보며 한 줄기 길을 따라 내려가는 멋 또한 좋다. 바위벼랑을 이리 돌고 저리 매달리며 내려서면 손바닥 만한 평지가 있다. 거기에 의자도 놓여있고 나뭇가지가 그늘을 만들어 주어 시원하다. 이 평지의 위는 고개를 한껏 젖혀야 볼 수 있는 높은 벼랑이고 아래도 뛰면 그대로 보령호에 풍덩 빠질 것 같은 바위 낭떠러지다. 여기서 보면 도대체 올라갈 길도 내려갈 길도 없을 것 같다. 나무 사이로 보는 보령호의 조망은 변함 없이 좋다.

통나무 휴게소에서 금강재로 오르는 골짜기 길은 옛 광산에서 나온 납작돌로 길을 깔아 놓아 보기 좋고 걷기도 좋으며 길 안내 표지도 잘 되어 있다. 또 산길 곳곳에 의자가 놓여 있어 쉬기에 좋고 쉬면서 호수를 조망하는 멋도 괜찮다. 금강암에서 외는 염불 소

왕관산 고스락의 의자에 앉아

리가 온 산에 은은하게 울려 퍼지는 것 또한 색다른 멋이라 할 수 있다.

산행길잡이

| 산 길 | ① **통나무 휴게소 길** : 통나무 휴게소 – 폐광굴 – 금강재 – 고스락(475m봉) 약 1시간
② **삼사당 휴게소 길** : 삼사당 휴게소 – 352m봉(조망대) – 고스락(475m봉) 약 1시간
③ **금강암 길** : 금강암 – 금강재 – 고스락(475m봉) 약 1시간
참고 : 고스락은 조망이 좋지 않다. 호수에서 가장 가까운 352m봉이 조망이 좋기 때문에 주봉 역할을 하고 있다. |

| 교 통 | 웅천(보령시 웅천면, 21번 77번 국도와 서해안고속도로 철도 충남선 통과) 미산(보령시 미산면, 40번 국도 통과)을 지나야 한다. 웅천과 미산 도화담 삼거리에서 보령댐을 찾아가야 한다. 대중교통수단은 없다. |

| 조 망 | 북 ⇨ 성주산 만수산 월명산
동 ⇨ 태봉산 천방산 옥녀봉 동달산 희리산
남 ⇨ 장태봉 월명산 주렴산 운봉산
서 ⇨ 잔미산 옥마산 봉화산 |

info **469m** ● 금산군 금성면, 군북면

41
닭이봉과 철마산

닭의 머리를 닮은 바위산

　대전 통영 고속도로를 타고 금산의 인삼랜드 근처를 지날 때 인삼랜드 동쪽 바위로 된 산을 보게 된다. 빠르게 스쳐지나가는 차안에서도 잠깐이나마 바위로 된 좁은 골짜기의 아름다운 경관도 볼 수 있다.
　오랫동안 궁금했으나 한 두 차례 철마산과 닭이봉을 찾아다니는 사이 이 산의 멋에 빠져들게 되었다.
　남서쪽으로 하얗고 거창한 바위 비탈을 드러내고 있는 철마산도 볼만하지만 멀리에서도 눈에 잘 띄는 닭이봉도 특이하다. 장닭이 머리를 들고 있는 모습과 흡사한 이 닭이봉은 우뚝 솟은 바위봉우리로 왜뿔마을 뒤에 있다.
　왜뿔마을의 이름도 이상하지만 그 유래는 알 수 없다. 일본을 비하한 왜(倭)와 관계있지 않나 하는 생각이 든다. 임진왜란 당시 왜군이 2개 월 남짓 금산에 머물렀기 때문에 이와 관련된 것이 더러 있다. 그 밖에 닭이봉과 철마산에는 돌로 쌓은 산성 터도 있으며 옛날에 절이 있었는지 절골이라는 골짜기도 있다.
　닭이봉과 철마산에서 가장 좋은 곳은 용문동천이다. 동천(洞天) 또는 동(동)이란 산천으로 둘러싸인 경치 좋은 곳을 말하지만 깊은 골짜기 또는 신선이 산다는 명산을 말하기도 한다.

철마산의 바위너덜

용문동천

철마산의 절벽

　용문동천은 고속도로 상행선 휴게소인 인삼랜드 바로 뒤편 골짜기다. 이 동천은 양 편이 깎아지른 까마득한 바위벼랑이며 매우 좁다. 그야말로 협곡인 것이다.
　지도에 닭이봉이라 표시된 봉우리가 실제 닭의 머리처럼 생긴 봉우리와는 다르다. 이 닭이봉에서 철마산까지에는 여러 봉우리가 있다. 현지 사람들은 이 봉우리들을 닭이봉에서부터 왕재산 북산 용문산성 철마산이라 부르고 있다. 이 산의 서쪽에 사는 금성면 사람들은 이 산 전체를 성퉁산이라 하기도 한다. 그 까닭은 알 수 없다.

산행길잡이

산 길 금산 추부 대전을 잇는 옛 37번 국도가 하신(삽실) 남쪽에서 대암리와 상행선 인삼랜드로 가는 길이 갈라져 나간다. 이 길은 고속도로 아래를 지나자 마자 오른 편으로 고속도로를 따라가고 이어 인삼랜드 후문에 이른다. 그대로 인삼랜드 철망 울타리를 따라 돌아가면 골짜기 입구 주차장으로 내려선다. 여기 주차장이 용문동천의 들머리이며 닭이봉 산행의 들머리다.
① 용문동천 들머리 주차장 - (용문동천) - 절골 들머리 - 갈림길(왼 편 등성이) - 등성이길 - 닭이봉 - 왕재산 - 북산 - 용문산성 - 일월이재 - 헬기장 - 철마산 - 서릉 - 대암사면 - 고속도로(울타리 밖 길) - 용문동 들머리 주차장
② 용문동천 들머리 주차장 - 대암사면 - 철마산
산행시간 약 3시간 30분

교 통 교통은 길 대중교통 모두 좋다. 승용차(15인승 이하)인 경우 옛 37번 국도 어필각이 있는 하신리 아래 (금산에서 추부를 향해 갈 때)에서 대암리로 가는 길이 갈라진다.
그 길로 들어서서 고속도로 아래를 지나 오른 편으로 고속도로 상행선 휴게소 뒤로 계속 가면 포장길이 이어지다 골짜기 들머리로 내려선다. 거기에 주차장이 있으며 용문동 들머리로 산행 기점이며 종점이 된다.
대중교통은 군내버스가 옛 국도로 금산 추부 사이를 하루 40여회 왕래한다. 대암리 들머리에서 타고 내리면 된다.
고속도로를 이용하여 고속도로 상행선 인삼랜드에서 후문으로 나가 용문동 들머리로 갈 수 있다. 승용차 버스 등은 고속도로 휴게소에 주차하면 된다. 이 경우 추부 나들목이나 금산 나들목을 이용하면 쉽게 상행선 인삼랜드에 갈 수 있고 돌아갈 수도 있다.

조 망 북 ⇨ 고리산 서대산 장룡산 대성산 천태산 자지산 월영산 갈기산
동 ⇨ 민주지산 성주산 적상산 덕유산
남 ⇨ 성치산 운장산 진악산 선야봉 천등산 인대산
서 ⇨ 대둔산 계룡산 만인산 식장산

참고
① 아직은 산길이 애매하다. 특히 용문동에서 닭이봉으로 오르는 갈림길, 용문산성 근처와 철마산에서 대암벽지대 위를 지나 하산하는 길이 분명하지 않다. 대전교원산악회의 안내표지를 참고하면 좋다.
② 왜뿔마을에서 닭이봉으로 오를 수도 있고 부탕골에서 철마산으로 오를 수도 있으나 길이 애매하다.
③ 대암반 암벽이 많아 비나 눈이 올 때나 온 뒤에는 조심해야 한다.

info | **791m** ● 보령시 청라면 청소면, 홍성군 광천읍, 청양군 화성면

42 오서산

서해안 최고봉 오서산

오서산은 강화도에서 목포까지의 서해안에서 가장 높은 산이다. 바닷가에서 791m의 높이라면 결코 낮은 산은 아니다.

오서산은 바다에서 가까이 있기 때문에 서해의 조망이 좋다. 천수만과 그 건너의 안면도가 보이고 천수만 아래와 안면도 너머 서해의 조망이 시원하다. 서해를 오가는 배들은 오서산을 보고 배의 위치를 가늠하기도 한다. 그래서 오서산은 '서해의 등대산'이라 부르기도 한다.

오서산은 용허리바위 줌방바위 대문바위 신랑신부바위 농바위 등 기암괴봉과 바위들이 많다. 하지만 오서산을 바위산이라 할 수는 없다. 바위를 타 넘거나 바위 옆을 지나는 것보다 흙길을 걷는 경우가 많기 때문이다.

오서산은 거의 남북으로 길게 놓여 있다. 오서정이 있는 북쪽 봉우리가 755m이며 남쪽 주봉이 791m로 비슷한 높이이다. 그 남, 북봉 사이 약 2km가 좀 오르내리기는 하지만 오서산의 머리를 이루고 있는 평정봉이라 할 수 있다.

오서산의 멋은 뭐니 뭐니 해도 가을의 억새다. 북 봉 일대의 가을 억새는 참으로 장관이다. 햇빛에 반사되는 하얀 새품은 눈이 부시고 예가 하늘나라가 아닌가하는 환상을 갖게 한다. 억새 속에서 서쪽 바다를 배경으로 찍는 사진이 멋이 있다. 이때쯤이면 오서

오서산의 주릉과 정자

산은 사람들로 가득 차는 것 같다.
　주봉일대의 억새도 꽤 좋지만 억새의 키가 작고 억새밭이 그리 넓지도 않다.
　오서산의 또 좋은 점은 조망이다. 특히 바다의 조망이 좋다. 오서산에서 서해로 지는 석양을 보는 멋은 황홀하다.
　내륙의 조망도 좋다. 충남의 서부 일대에 오서산과 같은 800m에 가까운 산이 없기 때문에 가야산 삼준산 덕숭산 용봉산 백월산 도고산 덕봉산 봉수산 등 내포의 산은 물론 천안의 광덕산 공주의 태화산 무성산 계룡산 보령의 성주산 아미산 부여 만수산 논산 향적산 대둔산 청양의 칠갑산 백월산 등의 산들이 모두 조망된다. 충남의 조망대라 해도 틀린 말이 아니다.
　오서산의 머리를 이루는 남 북봉 사이는 억새가 많고 나무가 적은 등성이지만 산의 비탈은 숲이 울창하다. 개울(계곡)은 월정사 아래 명대계곡과 동쪽 내원계곡이 쏠쏠하지만 물이 적다.

오서산의 주변환경

오서산의 남쪽 청라지역은 택리지에 예부터 산천이 수려하여 살기 좋은 곳으로 부자들이 대를 이어 살고 있다고 써있다. 명대계곡에는 산림청에서 운영하는 휴양림이 있고 오서산 자락의 장산리에는 토정 이지함과 이고장 인물들을 모신 화암서원이 있으며 명대계곡 아래 쪽 울띠마을에는 우수현원이 있었던 원터가 있다.

또 서쪽의 청소면 성연리는 조선 후기 남당학파의 대가인 성당 정혁신(鄭赫臣)의 고향으로 성당마을의 이름이 되었고 성연리는 용못이 있기 때문에 지어진 이름이다.

오서산 남쪽 일대에는 광해군 때 홍산 현감을 지낸 선비 이산광(토정의 조카이며 선조 때 영의정을 지낸 이산해의 동생)이 심은 것으로 알려진 귀학송(일명 육소나무, 장현리)이 있고 북쪽에 정암사 남쪽에 월정사가 있다.

노인들에 의해 지금도 불려지고 있는 다음과 같은 오서산의 노래가 있다.

오서산에 저얼씨구 오서산에 저얼씨구 서해지구 서승산은 12봉이 완연하다.
그림같이 걸렸으니 충남 명산 에 아니냐
월정사 구경하고 용이 허리 발 멈추어
상상봉 올라가니 신랑바위 새댁바위 마주보고 서있으니
은폭동 폭포수는 대천바다 찾아가고
귀학정에 내려서니 불어오는 바람줄기 이 내 수심 다 풀리네
내원사 용문암에 수천년 묵은 달집
청룡 황룡 칭칭 감고 청학 백학 날아든다.
보고지고 아무리 보아도 보배로다.
얼씨구나 좋네 절씨구 지화자 절씨구 아니 노지는 못하리라.

재미있는 전설 들

처녀바위

효성이 지극한 처녀 효심은 자기 어머니의 병을 고치기 위해 오서산의 산삼을 캐다 산신령의 노여움을 샀다. 어머니에게 산삼을 먹여 병을 고친 뒤 다시 오겠다는 간청을 들고 산신령은 효심을 집으로 보냈다. 산삼을 먹여 어머니의 병을 고친 뒤 효심은 약속

대로 산신령에게 돌아왔다. 산신령은 효심을 바위로 만들었다. 이 처녀바위는 북 봉 등성이 정암사 쪽에 있다.

강선암

강선암은 청소면 성연리 문수골에서 오르는 길가에 있다. 옛날 성연리에 정승당이란 신통력이 있는 도인이 살고 있었다. 도인의 딸이 비범하다는 소문을 듣고 경기 감사는 그의 아들과 혼인을 시키려 했다. 도인의 딸이 원체 박색이라 마음이 내키지 않아 돌아가려 했는데 미리 날씨를 알아보는 처녀의 신통력을 보고 며느리로 삼았다. 그 뒤 며느리의 말을 듣기만 하면 큰 이득을 보았지만 아들은 끝내 도인의 딸을 내쫓고 말았다.

그 뒤 경기감사는 나라에 큰 일이 생겨 며느리의 지혜가 매우 필요해서 아들에게 며느리를 데려오게 했다. 그러나 선녀가 된 며느리는 남편을 만나주지 않았다. 추물로 알고 있던 자기 아내가 선녀임을 알게 된 아들은 두 달을 애원하여 도인의 딸과 합방을 하고 시댁으로 갔다 한다.

오서산성에 얽힌 장사 남매 이야기

흔히 있는 장사 남매의 이야기다. 성연리에 장사 남매가 살았다. 누나가 좀 더 힘이 세었다. 어쩔 수 없는 사정으로 둘 가운데 하나가 죽어야 했기 때문에 그의 어머니는 내기를 걸게 했다.

누나는 성을 쌓고 동생은 7치 높이의 나막신을 신고 수도 개경을 다녀오기로 했다. 성은 다 쌓아가 이제 돌 하나만 얹으면 되는 데 동생은 오지 않았다. 아들이 죽게 된것을 안타깝게 생각한 어머니는 뜨거운 팥죽을 끓여와 딸이 먹기를 권했다. 뜨거운 팥죽을 먹는 사이 아들이 들이닥쳐 결국 딸은 내기에 져 죽었다.

　이렇게 해서 쌓은 성이 오서산성이라 한다.

산행길잡이

산 길　오서산에 오르는 길은 동 서 남 북에 각 하나씩 네 갈래 길이 있다.
　❶ **명대계곡 길(보령시 청라면)** : 명대계곡 자연휴양림－월정사－오서산 주봉－북봉 오서정 또는 자연휴양림-안골 고개-오서산 주봉 (약 1시간 30분)
　❷ **성연리 길(보령시 청소면)** : 성연 주차장－성골－시루봉－오서산 주봉－북봉 오서정 (약 2시간)
　❸ **상담리 정암사 길** : 상담(홍성군 광천읍) 주차장－정암사－서릉 삼거리－북봉 오서정－오서산 주봉 (약 2시간)
　❹ **광성리 길(홍성군 장곡면)** : 광성리 마을회관－내원계곡－공덕고개－오서산 주봉－북봉 오서정 (약 2시간) 또는 광명사－용문암－병풍능선－오서산.

교 통　❶ **명대계곡** : 보령으로 이어지는 21번 국도와 36번 국도를 이용하여 보령쪽으로 접근 한 뒤 국도를 연결하는 610번 지방도를 이용해야 한다. 36번 국도에서는 화성에서 21번 국도에서는 청소에서 610번 지방도에 들어서서 가다 장현 저수지를 찾아가면 된다. 장현 저수지 위가 명대계곡이며 그 끝에 휴양림이 있다.
　대천 시내버스 터미널에서(041-932-3351) 하루 4회 있다. 장현저수지위 귀학송에서 버스를 내려 걸어 올라가야 한다.
　❷ **성연리 길** : 21번 국도나 36번 국도에서 610번 지방도를 이용하면 성연리 주차장에 갈 수 있다. 대천 시내버스 터미널에서 시내버스가 다니고 있다.
　(08:20, 13:10, 15:50, 18:05, 22:00)
　❸ **상담리 길** : 광천에서 들어간다. 시내버스가 자주 다니고 있다.
　(08:20, 13:10, 15:50, 18:50, 22:00) (광천 시내버스 터미널 041-641-6100)
　❹ **광성리 길** : 광천에서 들어간다. 하루 8회 시내버스가 드나들고 있다.
　(06:50, 10:40, 12:10, 14:10, 16:10, 17:45, 18:45, 20:00)

조 망　북 ⇨ 봉수산, 안락산, 극정봉, 금계산, 태화산, 무성산
　　　　동 ⇨ 칠갑산, 계룡산, 백월산, 성주산, 만수산, 아미산
　　　　남 ⇨ 양각산, 옥마산, (보령) (안면도)
　　　　서 ⇨ 삼준산, 덕숭산, 가야산, 원효봉
　　　　참고 : 위 내용들은 보령시에서 펴낸 「관광 보령의 명산을 찾아서」의 내용들이며 인용한 것이다.

info **904m** • 금산군 추부면, 군북면

43 서대산

우람하면서도 아름다운 서대산

서대산은 우람하다. 동 서 남 북 어디서 보나 둥글게 뭉쳐진 거대한 감자덩이가 하늘에서 떨어져 넓은 대지에 자리 잡고 있는 듯이 보이고 서대산의 서 남 북 삼면은 깎아지른 벼랑으로 보인다.

이 때문에 서대산은 어느 곳으로부터도 산줄기가 이어 닿아 있지 않은 비래산으로 보는 사람이 많다. 비래산(飛來山)의 뜻은 다른 곳으로 부터 날아와 앉은 홀로 우뚝 솟아 있는 산이라는 뜻이다.

서대산은 해발 높이가 904m로 큰 산이 많지 않은 충청남도에서 가장 높은 산이며 다른 고을과의 접경이 아닌 금산군 안에 있는 산이다. 서대산 드림리조트 사람들은 서대산의 높이가 25m 더 높은 929m로 밝혀졌다는 이야기를 하고 있지만 아직 공인되지는 않은 것 같다.

서대산은 동서로 길고 남북으로는 얇다. 그래서 남쪽이나 북쪽에서 보면 제법 덩치가 크고 우람하지만 동서에서 보면 단봉의 단순한 홑산으로 보인다.

서대산은 우람하고 홀로 우뚝하여 산상(山相)도 좋지만 바위봉우리와 푸른 숲이 어우러져 경관도 매우 아름답다. 남쪽이나 북쪽에서 보면 주릉에 견우탄금대의 거대한 바위가 잘 보이고 서쪽 서대리 쪽에서 올려다보면 닭벼슬바위 옥녀직금대 등 바위봉우리와

서대산의 암봉

바위 벼랑들이 매우 험해 보이며 아름답기도 하다.

서대산은 겉에 나타나는 바위도 많지만 숨겨져 있는 바위봉우리 바위벼랑 등 기암괴봉들이 무척 많다. 대표적인 명소이며 거대한 바위봉우리인 견우탄금대와 위아래 벼랑 사이 선반처럼 들어앉은 옥녀직금대 외에도 마당바위 선바위 남근바위 쌀바위 닭벼슬바위 용굴 사자굴 등 신기하고 아름다운 바위 명소들이 많다.

옥녀직금대는 신비스러운 기도터로도 잘 알려져 있다.

견우탄금대와 옥녀직금대

조선조 세종대의 탁월한 음악가로 고구려의 왕산악 신라의 우륵과 함께 우리나라 3대 악성으로 추앙받고 있는 영동 출신인 난계 박연이 이 견우탄금대에서 공부했다는 이야기가 전해지고 있다. 난계 선생은 예문관 대제학까지 벼슬이 올랐으며 태종 세종 세조 3조의 원로이기도 했다. 견우탄금대는 일명 장군바위라 하기도 한다.

개덕폭포

전설에 의하면 견우는 일년 내내 직녀를 생각하며 이 바위에서 거문고를 탔고 직녀는 직금대에서 견우를 그리워하며 견우의 옷감을 짰다 한다. 그들은 일년에 한 차례 칠월 칠석 날 서대산의 고스락에서 만난다는 것이다.

서대산의 진달래와 개덕폭포 그리고 원흥사.

서대산은 기암괴봉과 푸른 숲이 어우러져 아름다울 뿐만 아니라 봄에는 진달래꽃과 철쭉꽃도 아름다워 좋다. 서대산 북편 자락에 있는 서대산 드림리조트에서 진달래 축제가 열리기도 한다. 진달래가 많은 곳은 주로 고스락 일대다.

고스락에서 북쪽으로 조금 나아간 등성이에서 노송과 어우러진 진달래꽃 위로 대전시가를 조망하는 것과 고스락의 남쪽으로 조금 내려간 비탈에서도 진달래 위로 첩첩이 물결치는 뭇 산들을 조망하는 멋은 참으로 좋다.

또 개덕사 위의 개덕폭포도 좋다. 60-70m 높이에서 곧바로 떨어지는 폭포의 장관을 보면 누구나 탄성을 지른다. 물이 적은 게 흠이어서 비가 나우 내린 뒤에 가면 개덕폭포의 장관을 볼 수 있다.

서대산에서의 가장 큰 기쁨은 우람하게 솟아 오른 견우탄금대 위의 넓다란 반석에서 쉬며 남으로 덕유산 운장산 민주지산 진악산 대둔산 등을 조망하고 북으로 대전시가를 조망하는 것이다. 거기에서 까마득한 벼랑 아래의 푸른 골짜기를 내려다보는 것도 하나의 재미다.

서대산 서쪽 산자락에 원흥사가 있다. 옛날에는 상 중 하 세 개의 서대사가 이 자리에 있었으며 여기 절에서 발간한 화엄경이 전국 각지의 절에 있는 것으로 볼 때 옛날에는 꽤 크고 이름 난 절이었던 것으로 생각된다.

원흥사에는 고려 말엽의 고승 취운당의 부도가 있다.

견우탐금대

옥녀작금대

종합관광휴양소

산행길잡이

산 길

서대산의 산행길은 크게 세 갈래가 된다.

❶ **원흥사 길** : 서대산의 서쪽 산자락에 있는 원흥사에서 시작하여 등성이를 타고 오르다 옥녀직금대를 거쳐 고스락에 오르는 길

❷ **개덕사 길** : 개덕사에서 시작하여 개덕사 골짜기 왼 편 산등을 타고 올라 옥녀직금대를 거쳐 고스락으로 오르는 길.

❸ **서대산 드림리조트 길** : 서대산드림리조트에서 오르는 길로 여기에도 두 갈래가 있다. 구름다리 골짜기 왼 편 등성이 길(구름다리 하산길, 동)과 구름다리 골짜기 오른 편 등성이 길(서) 두 갈래다. 구름다리 골짜기 왼 편 등성이 길이 고스락까지 오르는데 10여 분 더 걸린다.

위 세 갈래 길 가운데 개덕사와 개덕폭포를 보고 옥녀직금대를 거쳐 고스락에 오른 다음 견우탄금대를 지나 구름다리 골짜기 왼 편(동 편) 등성이 길로 하산하는 것이 가장 좋다.

개덕사-약수터-옥녀직금대-고스락-견우탄금대-첫 갈림길-구름다리 하산 길-서대산드림리조트

총 산행시간 4시간에서 4시간 30분.

교 통

관광버스 승용차

고속도로를 이용하여 대전-통영 고속도로의 추부 나들목에서 나와 옥천 방면(37번 국도)으로 가다 추부면 성당리에서 드림리조트나 개덕사로 들어간다. 또는 성당리로 가는 도중의 신풍리에서 601번 지방도로 들어서서 서대리로 가서 원흥사를 찾아 올라가면 된다.

대전에서는 17번 국도를 타고 마전(추부면)으로 가서 옥천 쪽으로 가면 된다.

대중교통 편

대전 역전 근처에서 501번 일반버스 520번 좌석버스를 타면 마전으로 가게 되고 마전에서 서대산드림리조트로 가는 버스(하루 11회)를 탈 수 있다. 원흥사로 가려면 마전에서 군북 방면으로 가는 버스(하루 8회)를 타고 가다 서대리 원흥사 들머리에서 내려 걸어 올라가야 한다.

조 망

산이 높은 만큼 조망도 시원하다.

북 ⇨ 고리산, (옥천읍), 문장대, 금적산, 속리산, 구병산, 노음산, 포성봉, 주행종

동 ⇨ 눌의산, 황악산, 덕태산, 삼봉산, 각호산, 민주지산, 석기봉, 삼도봉, 가야산, 수도산, 대덕산, 마리산, 천태산, 갈기산, 적상산, 무룡산, 삿갓봉, 남덕유산, 황석산, 백운산, 장안산

남 ⇨ 덕태산, 내동산, 구봉산, 진악산, 운장산, 연석산, 모악산, 선야봉, 인등산, 천등산, 대둔산

서 ⇨ 칠갑산, 향적산, 구봉산, 계룡산, 금수봉, 도덕봉, 보문산, 우산봉, (대전시가), 식장산, 계족산, 광덕산

info | 574m ● 계룡시 향한리, 논산시 상월면

44
향적산

동 서 양면이 바위벼랑의 향적산

남북으로 길게 누워 계룡산 천왕봉을 올려다보고 있는 향적산은 동 서 양 편이 높은 바위벼랑으로 되어 있고 아름답다.

백두대간에서 금남호남정맥이 갈라져 나오고 그 끝 주화산에서 금남정맥이 시작하여 운장산과 대둔산을 거쳐 계룡산에 이른다. 계룡산 어림에서 금남정맥은 산태극을 이루며 금강을 따라 서남향으로 돌아 나아간다.

여기서 계룡산은 손가락으로 남쪽을 가리키듯 한 가닥 산줄기를 남으로 뻗친다. 계룡산에서 거의 일직선으로 연산까지 뻗은 이 산줄기의 중간쯤에 향적산이 자리 잡고 있다.

이 향적산 줄기의 동 서 비탈은 지도의 등고선이 보여주는 것처럼 거의 절벽에 가까운 급경사를 이루고 있다. 이 가운데 향적산 주봉 일대의 서면과 농바위 일대의 동 서 양면은 깎아지른 바위벼랑으로 장관을 이룬다.

바위벼랑이 많은 산에서는 경관도 좋지만 조망 또한 좋다. 향적산 산행을 안내하며 향적산에 관한 많은 이야기를 들려준 향한리 강선구 전 이장은 향적산에서의 조망이 계룡산 주봉인 천왕봉에서의 조망보다 오히려 좋다고 자랑했다.

향적산에서는 계룡산을 바로 턱 밑에서 올려다 볼 수 있고 산줄기 너머로 대전시가도

향적산에서 본 계룡산 천왕봉

조망된다. 뿐만 아니라 서대산 진악산 대둔산 덕유산 운장산 오서산등이 조망된다.

여기 향적산의 조망에서 감회가 깊은 것은 남쪽과 남서쪽의 드넓은 황산벌을 보는 것이다. 옛날 백제군과 나당 연합군이 결전을 벌였던 황산벌이 내려다보이고 백제군을 지휘했던 계백장군의 묘소가 있는 부적면 일대도 보인다.

향적산 시쪽 자락 논산 땅에는 용국사가 있고 구인사 계통의 규모가 큰 금강불교대학도 있다.

향적산에는 거북 모양의 기묘한 바위가 두 군데 있다. 산제당과 귀룡선원 두 군데에 있는 거북바위가 위는 거북등처럼 판판하고 아래는 5-6평의 굴처럼 되어 있으며 거기에 약수가 나오고 있다. 산제당의 거북바위 위에는 느티나무 한 그루가 서있고 용바위라는 신기하게 생긴 긴 바위도 있다.

신비의 산, 향적산의 천지창운비와 오행비

향적산은 신비의 산이다. 고스락에 가까운 높은 산중턱에서 나무를 지게에 지고 가는 90살 노인을 만났다. 상 노인과 나무지게, 별다른 세상에 온 느낌이 들었다. 그런데 이

산 고스락에는 이해하기 어려운 기묘한 천지창운비와 오행비가 있다.

서쪽으로 엄청난 바위벼랑을 가지고 있는 향적산의 주봉 고스락에 세워져 있는 천지창운비(天地創運碑)는 향적산의 신비를 대표한다.

천지창운비는 한 변이 약 3m 쯤 되는 정사각형의 얕은(20cm 정도) 담 안에 머리에 판석을 얹은 높이 2m의 사각 돌비다. 이 비의 동쪽 면에는 천계황지(天鷄黃池-하늘의 닭과 누런 못) 서쪽 면에는 불(佛) 남쪽 면에는 남두육성(南斗六星) 북쪽 면에는 북두칠성(北斗七星)이라는 글자가 음각으로 새겨져 있고 담을 이루고 있는 네 귀퉁이의 기둥 돌에도 원.형.이.정.(元.亨.利.貞.)이 한자씩 새겨져 있다.

이 천지창운비와는 별도로 그 옆에 오행비(五行碑)도 서있다. 이 오행비는 높이 약 1.6m의 사각 돌기둥으로 서면에 화(火) 남면에 취(聚-모이다, 무리의 뜻) 북면에 일(一) 동면에 오(五)자가 새겨져 있다.

천지창운비는 향적산에서 비롯되는 천지의 운세를 나타내는 비로 북쪽의 묘향산과 구월산에 흩어져 있는 단군성조의 얼을 이곳으로 옮겨온 것이라 주장한다는 것이다.

전해지는 이야기에 의하면 평양에서 살다가 향적산으로 옮겨온 조미양 할머니가 묘향산 구월산에 있는 단군성조의 얼을 이곳으로 옮겨 모시고 신봉하는 활동을 펼치다 1948년 작고하자 며느리 손씨 부인이 시어머니의 공덕을 기리고 그 정신을 받들기 위하여 여기에 비를 세웠다고 한다.

그러나 천지창운비와 오행비의 글과 글자의 뜻을 정확하게 풀이할 수 있는 사람은 없다.

천지창운비와 오행비와는 별도로 산제당에서 정역(正易)을 창시 연구한 일부(一夫) 김항(金恒) 선생은 세계의 중심지는 한국이며 한국의 중심지는 계룡산이라 주장했다.

일부 감항 선생은 한 걸음 더 나아가 산제당에 있는 거북바위가 주역의 '하도(河圖)'이며 용바위는 주역의 '낙서(洛書)'로 여기가 계룡산의 중심이 된다고 주장했다. 따라서 거북바위와 용바위가 계룡산의 중심이며 한국의 중심이고 더 나아가 세계의 중심이라는 주장이 된다.

하도는 옛 날 중국 복희씨 때에 황하에서 용마가 가지고 나왔다는 쉰다섯 점의 그림이며 낙서는 중국 하나라의 우왕이 홍수를 다스릴 때 낙수에서 나온 거북의 등에 씌어 있었다는 마흔네 개의 점으로 이루어졌다는 아홉 개의 무늬로서 팔괘와 홍범구주의 근원

깎아지른 향적산 농바위

거북바위

국제선원 무상사

널직한 용바위

이다. 하도 낙서는 주역의 기본원리인 것이다. 또 향한리 골짜기에는 숭산스님이 세운 국제선원인 무상사가 있고 곳곳에 기도터 산제당 수련원도 있다.

향적산의 이름과 향한리

향적산(香積山)의 이름의 한자의 뜻은 '향이 쌓인 산'이라는 뜻이다. 덕유산의 향적봉은 향나무인 주목이 많아 붙여진 이름으로 알려져 있지만 향적산의 이름의 유래는 알려진 것이 없다.

그러나 계룡산 줄기로 옛날부터 영산으로 알려져 많은 종교인과 기복을 위해 모여든 사람들이 여러 가지 소원을 빌기도 했고 수도를 위하여 이산에 온 사람들도 많았다. 그들이 피운 향의 '향기가 쌓여 있는 산'의 뜻으로 만들어진 이름이 아닌가 생각된다.

여기서 한 가지 짚고 넘어가야 할 문제가 있다. 국립지리원의 공식 지도에는 향적산 574m의 주봉에 향적산이라 표기 되어 있고 같은 줄기의 남쪽 계룡시 도곡리와 논산시 상월면 대우리 경계에 있는 436.5m의 봉에 국사봉이라 표기되어 있다.

나는 예전에 이 문제를 다룬 일이 있었다. 산 전체를 '향적산'이라 하고 주봉을 '국사봉'이라 해야 옳다는 주장을 했다.

이 주장이 받아들여져 지금은 현지 주민이나 계룡시에서도 574m봉을 '국사봉'이라 부르고 있다. 오직 공식 지도에서만 잘못 표기하고 있는 것이다.

국사봉의 유래에 대해서는 조선조 태조가 신도안을 도읍으로 삼으려 했을 때 국사봉에 올라 계룡산 일대의 지형 지세를 살핀 바 있고 나라의 큰 스승이 나올 곳이라 하여 국사봉을 한자로 國事峰 또는 國師峰이라 쓰고 있다는 것이다.

향한리 마을 이름에 대하여는 산행을 함께한 강선구씨는 향한리(香汗里)의 한자 이름이 '향기로운 땀'이라는 뜻으로 향적산의 이름에서 유래한 것이 분명하다고 설명했다. 그는 옛날부터 '열두 향한리'라는 말이 있었다며 향한리 골짜기에 열두마을이 있었고 이 마을들은 10간(干) 12지(支)의 12지와 맞아 떨어져서 향한리 마을은 향적산과 어울리는 명소라고 주장한다.

산행길잡이

산 길 | 향적산의 산길은 논산 상월면 대명리 쪽에서 올라올 수 있고 엄사리(양정고개)나 정장리 혹은 삼군본부가 있는 부남리 쪽에서 오를 수도 있다. 그러나 상월면 쪽은 교통이 불편한 데다 별 볼거리가 없고 부남리 쪽도 교통이 불편하며 엄사리나 정장리는 1시간 이상의 산등성이 길을 타야 맨재에 갈 수 있기 때문에 또 불편하다.

가장 편리한 길은 향한리 쪽에 있다. 산행의 들머리와 끝머리가 될 수 있어 회귀 산행이 되며 차를 놓아두기도 좋은 맨재 저수지가 산행을 시작하고 끝내기에 가장 좋은 곳이다. 어느 한 쪽을 먼저 시작하던 다른 한 쪽으로 내려오면 된다.

향한리 2구(광장) 버스 정류장인 '향적산 묵식당' 앞에서 맨재 저수지까지는 철도 아래를 지나 30분 쯤 걸어 올라가야 한다.

❶ 맨재 길 : 종평 저수지-(무상사)-외딴집(나 이장 댁)-약수터 산신당-맨재-갈림길-513m봉-(등성이길)-헬기장-고스락-농바위 (약 1시간 50분, 하산 시간은 약 1시간 10분)
❷ 산제당 길 : 종평 저수지-귀룡정사-산제당-기도터-헬기장-고스락-농바위
(약 1시간 30분, 하산시간은 약 1시간)

교통
대중교통 : 향적산에 가려면 계룡시(시청) 대전(서부 터미널) 논산(시외버스터미널) 세 곳 가운데 한 곳을 거쳐야 한다.

계룡시 방면(시청)
순환 버스 한 대가 향한리 도곡 입암을 돌고 있다. 향한리2구(광장)에서 도곡방면으로는 15:25, 18:15 입암 방면으로 8:40, 11:35 에 있다. 계룡시청에서 향한리로 떠나는 시간은 위 시간에서 10분을 빼면 된다.

대전 방면(서부 시외버스 터미널)
향한리2구(광장)에서 8:12, 10:42, 13:12, 15:42, 18:12, 20:42, 22:52이고 대전서부터미널에서 향한리로 떠나는 버스 시간은 위 시간에서 50분을 빼면 된다.

논산 방면(시외버스 터미널)
7:30, 11:18, 12:00, 13:48, 14:32이며 논산 출발 시간은 위 시간에서 30분을 빼면 된다.

승용차 버스
1번 국도에서 향한리로 들어간다. 대전 방면에서는 1번국도로 가다 계룡시 양정고개(엄사리 3거리)에서 들어가며 논산방면에서는 개태사역 위 천호리에서 들어간다.

조망
북 ⇨ 계룡산, 도격봉, 금수봉, 계족산, 고리산, 식장산, 보문산, 백화산
동 ⇨ 장룡산, 서대산, 대성산, 천태산, 민주지산, 만인산, 안평산, 덕유산, 진악산, 인대산,
남 ⇨ 대둔산, 운장산
서 ⇨ 만수산, 성주산, 칠갑산, 오서산, 무성산

볼거리
국제 선원 무상사(無上寺)
향적산 산행 들머리와 끝머리가 되는 맨재저수지 위에 규모가 큰 국제선원 무상사가 있다. 숭산 큰스님이 '이 곳은 국가에 크게 쓰일 스승이 날 곳' 이라며 세운 선원이다. 외국인 스님을 위한 선원은 서울의 화계사와 무상사 두 곳이라 한다.
하버드 대학 출신의 유명한 현각 스님이 여기서 수도한 바 있고 지금도 미국 폴랜드 체코 말레이시아 싱가폴 출신 스님 등 10여분이 상주하며 수도에 정진하고 있다 한다.
하루에 8시간씩 수도를 하는 안거 중에는 많은 외국인 스님이 참선을 하고 국내의 스님들도 많이 참선에 드는 곳이다. 국제선원이지만 외국인 뿐만 아니라 일반 신도를 위한 여러 가지 행사도 하고 있기 때문에 언제나 신도들로 붐비고 있다.

info | 362m • 서산시 팔봉면

45
팔봉산

서해안의 절경 팔봉산

팔봉산은 낮은 산이다. 그렇지만 팔봉산은 가로림만을 바로 곁에 두고 저기에 천수만과 서해를 바라 볼 수 있으며 산은 기암괴봉으로 이루어져 있어 경관이 아름다운 산이다.

팔봉산에 서면 태안반도가 한눈에 보이고 만리포 몽산포 방포 등 해수욕장도 가능할 수 있다. 여덟 개의 봉우리가 모두 집채 만한 바위들을 쌓아 올린 것처럼 높게 솟아 있다.

그 때문에 봉우리마다 까마득한 벼랑을 이루고 있어 오르내리기가 까다롭고 어려운 곳이 많다. 바위가 포개진 사이 또는 아래에 굴이 많고 굴을 지나야 오를 수 있는 곳도 있다. 보통 가장 북쪽에 있는 봉우리를 1봉이라 하고 차례로 8봉까지 이름을 붙였다. 3봉이 상봉으로 제일 높기도 하지만 그 일대가 경관이 가장 좋다.

호산록에서 팔봉산에 대하여 다음과 같이 쓰고 있다.

'군의 서쪽 해안에 여덟 봉우리가 산 위에 나열되어 있어 팔봉산이라고 한다. 그 가운데 첫째 봉우리는 운암사 뒤에 있는데 가장 우뚝하여 3면이 모두 석벽이고 창암절벽이어서 날아다니는 새가 아니고서는 능히 올라갈 수 없다.

그 일면에는 가느다란 길이 돌 위에 얽히어 들고 있어서 겨우 사람만 다니는 통로가 된다. 봉우리 안쪽은 평탄하고 광활하여 가히 백사람을 수용할 수가 있다.'

호산록에는 다음과 같은 이야기도 전하고 있다. 옛날 은산에 이문이라는 강도가 있어서 부하 백여명을 거느리고 팔봉산으로 들어가서 굴을 차지하고 평민들의 재산을 빼앗고 죽이기도 했다 한다.

그 때 병사(兵使)가 이야기를 듣고 도적이 숨어있는 곳을 찾아 잡으려고 많은 군사를 풀어 세 겹으로 에워싸고 지키게 했다. 도적들은 굶주려 죽기도 했으나 굴에서 나오지 못했다. 그러나 봉우리 뒤쪽 높은 절벽은 지키지 않아서 남은 도적이 밤에 굴속에서 나와 도망쳤다고 한다.

호산록에는 또 임진왜란 때에 효릉참봉 김효열이 서생 김덕용을 이끌고 촌민들을 불러모아 팔봉산에 숨어들어 성을 쌓고 난을 피하려 했다 한다. 그러나 어떤 사람이 왜적들이 왔다가 바로 돌아가면 괜찮겠지만 진을 치고 오래도록 있으면 굴속에 갇혀 나오지 못하고 변을 당한다고 충고하여 팔봉산에 숨어들지 않았다고 한다.

고경명(高敬命-임진왜란때 금산에서 순절) 군수가 가뭄에 이 산에서 정성껏 비를 빌고 관아로 돌아가는 도중에 큰비를 만났다는 이야기와 을미년(1595년) 큰 가뭄에 이수

팔봉산에서 조망

팔봉산의 경관

팔봉산의 고스락

록 군수 역시 목욕재계하고 비내리기를 빌어서 큰비가 내렸다는 이야기도 호산록에 써 있다.

위의 이야기들은 산은 낮지만 험하고 굴이 많다는 이야기가 되고 영험한 산이라는 이야기도 된다.

산행길잡이

산 길
① **주차장 큰골길** : 팔봉산 주차장-(큰골)-만세팔봉비(막바지 주차장)-잘록이-1봉-잘록이-2봉-3봉(고스락) (약 1시간)
② **정수암 길** : 어송 삼거리-마르뜰-바랑골-정수암-319m봉-8봉-7봉...3봉 (약 1시간 30분)
③ **산이고개 길** : 어송 삼거리-산이고개(주차장)-(등성이)-319m봉-8봉-7봉...3봉 (약 1시간 40분)
참고 : ③번 길은 하산 때 또는 관광버스를 산이고개에 댈 때 이용하는 것이 좋다.
①번 길은 필수이며 ②, ③번 길은 하산길로 이용하는 것이 좋다.

교 통
서산에서 태안 쪽으로 가는 32번(77번)국도를 타고 가다 어송 삼거리(대문리)에서 15번지방도로 들어서서 팔봉면청이 있는 길로 가면 어송 삼거리를 지나고 양길리 양길주유소 앞에서 팔봉산 주차장으로 들어간다.
양길리행 시내버스가 서산 공용주차장(041-665-4808)에서 하루 16편이 있다.

조 망
북 ⇨ 가로림만, 아미산(당진), 영인산
동 ⇨ 광덕산, 도고산, 덕봉산, 안락산, 일락산, 석문봉, 가야산, 덕숭산, 연암산, 삼준산, 오서산, 도비산 (천수만)
남 ⇨ 백화산 (서해)
서 ⇨ (서해)

info 금오산 234m · 관모봉 391m ● 예산군 예산읍

46
금오산과 관모봉

금빛 까마귀가 살았다는 금오산

백두대간에서 갈라져 나온 산줄기가 한남금북정맥을 거쳐 금북정맥으로 들어서서 서해 쪽으로 뻗친다. 도중 봉수산에서 한 갈래 산줄기가 예산 쪽으로 나가다 그 끝에서 관모봉에 이어 금오산을 일구어 놓았다.

금오산은 높지는 않으나 산세가 수려하고 주변 경관이 아름다우며 조망이 좋은 예산의 진산이다. 멀리서 보면 금오산은 뾰족한 첨봉으로 보인다.

예산 읍내 변두리에서 바로 오르게 되는 금오산에 오르면 예산 전 시내가 발아래 굽어 보이고 서쪽으로 예당평야와 삽교천 무한천이 펼쳐지고 그 뒤로 가야산 덕숭산 용봉산 등이 보인다.

북으로는 넓고 넓은 기름진 소들이 있고 그 너머로 아산호와 삽교호가 보이며 남으로는 백제 부흥군 최후 보루였던 임존성이 있는 봉수산이 예당호 너머로 보인다.

금오산은 예산읍내의 주민들이 아끼고 좋아하는 산이다. 그래서 산길의 시설도 좋다. 다섯 군데에 쇠사다리가 놓여있고 고스락에는 잘 지은 금오정이 있으며 체련시설도 잘 되어 있다. 예산 사람들은 아침저녁으로 금오산을 오르며 건강을 챙기고 넓은 예당평야와 소들을 가슴에 품어 뜻을 키운다.

원래 금오산(金烏山)의 이름의 뜻은 '금 까마귀 산'이란 뜻이다. 백제시대 의각대사

관모봉 전경

가 당나라에서 삼천 여 석불을 배에 싣고 와 부처님 모실 곳을 찾았다. 이 때 금오산에 사는 금 까마귀가 길을 안내하여 향천사 자리를 잡았다 한다. 그래서 '금오산'이란 이름을 얻은 것이다.

금오산에서 등성이를 타고 돌아 오르면 관모봉에 이른다. 관모봉은 그 모습이 옛날 관원들이 썼던 모자처럼 생겨서 붙여진 이름이다. 금오산에 올랐다가 내친 김에 관모봉까지 오른 뒤 향천사로 내려올 수도 있고 향천사 골짜기를 싸고돌며 토성산(405m)을 거쳐 도로 예산읍내로 내려올 수도 있다.

금오산 중턱에 있는 '용바위'는 옛날 날이 오래 가물면 원님이 이곳에서 기우제를 지내면 효험이 있었다 한다.

향천사 이야기

금오산 관모봉 토성산이 돌며 감싸고 있는 향천리 골짜기에 향천사가 있다. 의자왕 16년에 의각대사가 창건한 절로 알려져 있다. 이 향천사와 의각대사에 관한 재미있는 이야기가 전해지고 있다.

　의각대사는 7척의 건장한 몸으로 불도에 정진하여 생각이 깊고 올바르게 행동하는 스님이었다 한다. 그 때는 백제와 신라의 싸움이 매우 잦았고 말년에는 의자왕의 실정으로 나라가 기울기 시작했다.

　그 때 의각대사는 일본으로 건너가 백제사라는 절에 잠시 머물다 당나라로 건너가 5년 동안 불도에 전념했다. 백제로 돌아오게 된 의각대사는 그 곳 스승의 권에 따라 석불 3,053불과 불경 등을 배에 싣고 지금의 신암면 종경리 앞바다에 도착했다. 지금은 종경리에 냇물이 흐르고 있지만 그 때는 종경리가 바닷가였다.

　그러나 불상을 모실만한 절터를 찾을 수 없어 배를 매어둔 채 때를 기다리며 석 달을 불공을 드리고 있었다. 어느 날 의각화상은 당나라에서 가져온 범종을 크게 울렸다. 그 종소리는 아름답고 은은하게 강촌에 울려 퍼졌다.

　그래서 그 마을을 '종성마을' 이라 했는데 세월이 가며 '종성' 이 '종경' 으로 바뀌었다 한다.

　의각대사가 그 곳에서 불공을 드리며 기다리기를 석 달 열흘이 되는 날 어디선가 금빛 까마귀 한 쌍이 날아와 의각화상이 있는 하늘 위를 맴돌다 높이 솟아올라 석불을 실은 배가 있는 곳으로 내려가더니 또 높이 솟아올라 금오산 봉우리에 앉았다.

　그 곳에서 우물로 내려와 물을 마시고는 오늘 날 향천사가 있는 터에 앉았다가 어디론가 멀리 날아가 버렸다.

　의각대사는 금빛 까마귀가 점지한 곳에 절을 세우기로 했으나 이번에는 그 많은 석불을 옮길 방도가 없어 걱정을 하고 있는데 어디선가 질마(소 등에 짐을 싣도록 한 기구)를 얹은 커다란 황소가 나타났다.

　그 황소가 불상들을 쉽게 날라다 준 뒤 그 황소도 어디론가 가버리고 말았다. 황소가 힘을 얻은 것은 금까마귀가 일러준 우물의 향기나는 물을 마셨기 때문이었다.

　의각대사는 그 우물터에 절을 짓고 향기 나는 우물이라는 뜻으로 절 이름을 '향천사' 라 했다.

　한편 석불을 싣고 온 배는 그 자리에서 가라앉았는데 그 곳을 '배논' 이라 부르게 되었고 당나라에서 가져온 석불을 모신 불당을 천불전이라 한 것이다. 지금까지 보존되어 있는 불상은 3,053위 가운데 1,516위만이 남아있다.

금오산의 나무계단길

 재미있는 것은 천불전 문을 열자마자 처음 보이는 불상으로부터 자기 나이만큼 오른편으로 세어 나가면 그 곳의 불상이 자신의 배필의 얼굴이라 한다.

향천사

산행길잡이

산 길 예산읍에서 시작하고 끝내는 산길이 좋다.
❶ **문예회관 길** : 문예회관-금오산-깔딱고개-향천사 삼거리-향천사-예산초교 또는 그 역순 (약 2시간)
❷ **관모봉 길** : 문예회관-금오산-깔딱고개-향천사 삼거리-관모봉-향천사-예산초교 또는 그 역순 (약 3시간)
❸ 문예회관-금오산-깔딱고개-향천사 삼거리-관모봉-(등성이)-토성산-예산 향교 또는 그 역순 (약 4시간)

교 통 직접 예산으로 가면 된다. 문예회관은 예산군청 뒤에 있다.

조 망 **금오산에서**
북 ⇨ 덕봉산, 도고산, 태화산, 망경산, 안락산
동 ⇨ 광덕산, 운주산, 봉수산, 천방산, 금계산 극정봉, 무성산, 계룡산, 태화산, 국사봉, 칠갑산
남 ⇨ 백월산, 성주산, 오서산, 봉수산(예산), 일월산(홍성), 용봉산, 삼준산, 덕숭산
서 ⇨ 원효산, 가야산, 석문봉, 일락산, 팔봉산, 아미산(당진), 영인산

308 • 충남의 명산들

info | 482m ● 아산시 도고면, 예산군 예산읍

47
도고산

내포 땅을 살피고 있는 도가 높은 산

　도고산(道高山)은 북으로 아산만과 아산만 좌우의 내포(內浦)땅을 바라보며 서있다. 마치 그 이름과 같이 도(道-바른 길 또는 근본)가 높은 군자처럼 의연하다.
　바다나 호수가 육지로 깊숙이 휘어들어간 곳을 내포라 한다. 여기 내포는 바다가 아산만으로 깊숙이 파고 들어온 땅이다.
　이중환의 택리지 팔도총론에는 '가야산 둘레 열 개 고을을 총칭하여 내포라 한다' 라 했고 토지는 기름지고 평평하고 넓다. 물고기, 소금이 넉넉하여 부자가 많고 대를 이어 사는 사대부도 많다. 서울의 남쪽에 있어서 서울의 세력있는 집안 치고 여기에 농토와 집을 두고 근거지로 삼지 않은 사람이 없다고 설명하고 있다.
　이 내포에 사는 사람들은 행정구역이 서로 달라도 마치 이웃처럼 같은 고향으로 알고 가깝게 지내는 것도 하나의 특색이다. 택리지에는 가야산 둘레라 했지만 가야산 서쪽 아산만 둘레가 원래의 내포라 할 수 있다.
　아산 예산지역을 지날 때마다 예산의 동북부에 모여 있는 산들이 꽤 험준하게 보여 어떤 산일까 궁금했던 생각이 나서 온양의 부부산악회 맹헌영 산행대장을 찾아 물었다. 그가 서슴없이 천거한 산이 도고산이었다.
　예산 동북쪽의 산들이 토성산(406m) 안락산(424m) 용굴봉(415m) 덕봉산(423m) 도

도고산 전경

고산(482m)이고 도고산은 아산 예산 경계에 있다는 것을 지도를 보고 알았다.

도고산은 그 들 예산 동북부와 아산 예산 경계에 있는 산 들 가운데 가장 높고 경관도 좋은 산이다. 온 산에 숲이 짙고 아산만과 내포의 조망뿐만 아니라 동북쪽에서 뻗어와 남쪽을 지나 서북쪽 가야산으로 나아가는 금북정맥의 뭇 산들의 조망이 훌륭하다.

주봉에서 동북쪽 도고저수지를 향해 뻗은 줄기의 날카로운 바위등성이가 멋이 있다. 삐죽삐죽 하늘로 솟은 바위등성이 위에 서면 낭떠러지가 아찔하다. 편안한 산길 끝에서 가파른 비탈을 오를 때는 땀을 흘려야 하고 숨도 찬다. 그렇게 치고 올라 작은 봉우리나 턱을 넘으면 잘록이에 잠깐 내려서거나 다시 편안한 숲 속의 등성이 길이 이어지기를 예닐곱 차례 되풀이하며 차근차근 상봉에 가까워지는 산행의 맛이 좋다.

넓은 도고저수지의 푸른 물이 산과 어울리고 가까이에 산행 뒤의 땀과 피로를 씻어줄 도고온천이 있는 것도 이 산의 매력이라 할 수 있다. 교통이 편리하고 긴 동막골을 한 바퀴 돌아 제자리로 하산하는 회귀산행과 낮으면서도 결코 얕볼 수 없는 도고산의 산행은 누구에게나 흐뭇한 즐거움을 준다.

도고산 바위등성이

도고산 고스락의 정자

　도고면에서 산등성이를 따라 산길을 잘 다듬어 놓았다. 산길에 나무를 치고 가파른 곳에는 모두 굵은 밧줄을 매놓았으며 군데군데 쉴 수 있는 긴 의자를 만들어 놓았고 곳곳에 안내판도 세워 놓았다.

또 잘록이에 이 산 주변의 마을과 통하는 갈림길이 많고 곳곳에 잔돌 탑도 많다. 도고산 주변 사람들이 이 산을 오르내리며 무언가를 마음속으로 빌면서 하나 씩 둘 씩 돌을 정성스레 올려놓은 것이 탑으로 높아진 것 같다.

고스락에 봉화대가 있는 도고산

도고산에 대한 자료나 문헌은 별로 없다 한다. 전설 등 전해오는 설화도 아는 이가 없고 신증동국여지승람 신창현과 예산현 산천조에 본현 남쪽 16리, 본현 북쪽 11리에 있다는 간단한 소재 기록이 있을 뿐이다.

그런데 고스락에 봉수대라는 10여 평의 4각 석축(높이 약 0.3-0.5m)이 있고 옆의 안내판에 설명이 있다. 봉수대가 있는 주봉을 국사봉이라 한다는 것과 옛 날부터 초계와 방어의 군사적 요새라는 설명이 있다. 이어서 1390년(고려 공양왕 2년) 6월 서해안으로 침입한 왜구가 이곳에 진을 치고 노략질을 해서 고려의 장수 윤사덕(尹師德)과 유룡생(柳龍生)이 이끄는 관군이 왜적 100여 명 전원을 섬멸했으며 1392년 고려가 망하자 고려조에 벼슬(少府 少監)을 했던 김질(金秩)이란 분이 두 임금을 섬기지 않으려고 여기서 거적을 깔고 순절했다는 내용이 써있다.

도고(道高)라는 이름의 유래에 관하여 아는 사람은 아무도 없었으나 도고산을 남에 두고 고분다리내(곡교천)가 북을 감도는 신창은 조선조 초의 명신 청백리 맹사성이 자란 곳이며 고려 말 충신 정몽주를 격살하고 조선조 개국공신인 조영규(趙英珪)도 이 곳 출신이라는 말은 여러 사람이 하고 있었다.

산행길잡이

| 산 길 | 동막골에서 산에 올라 고스락을 거쳐 한 바퀴 돌아서 도고중학교 쪽으로 내려와도 되고 도산리 등에서 오르는 샛길도 있다. 그러나 찾기도 쉽고 차를 놓아두기도 좋은 도고중학교 쪽에서 산행을 시작하고 동막골을 산행끝점으로 하는 것이 좋다.
산등성이만을 잇는 길이고 길이 잘 손질되어 있으며 안내판도 곳곳에 있어서 길이 어긋날 걱정은 없다. 다만 고스락에서 동막골로 돌 때 두 번째 철탑을 지나기 전 약수터 쪽으로 빠지지 말아야 한다. 또 두 번째 철탑을 지나서 등성이길을 15분 정도 가면 긴 잘록이 끝에서 계속 등성 |

이로 나아가는 길과 오른 편으로 갈라지는 갈림길이 나선다. 여기서 오른 편 비탈로 나아가는 큰 길 쪽으로 들어서야 한다. 도고산 산행길이 거의 산등성이 길이지만 여기서 등성이(주릉)를 벗어나게 되는 것이다.

들머리 : 도고중학교 교문 앞을 지나는 645번 지방도를 교문에서 대술(동남) 쪽으로 50여 m 쯤 가면 산 쪽(오른 편) 길가의 옹벽이 30cm 가량 끊어진 곳이 있다. 그 위에 도고산 등산로 표지(정상 2.9km, 시전리 버스정류장 300m)가 있다. 그 옹벽 틈새로 언덕을 오르면 등성이에 산길이 있다.

끝 점 : 시전리 1구 동막골 사슴농장 철망울타리에서 산행을 끝낸다.

교 통
충남 아산시 도고면 시전리 도고중학교를 목표로 찾아가야 한다. 아산시(온양)와 예산을 연결하는 21번 국도의 대문안 네거리에서 645번 지방도 대술(예산군 대술면) 방면으로 들어서면 바로 시전리가 나오고 길가에 도고중학교가 있다.

대중교통 : 기차는 도고역에서 내려야 하고 버스는 아산(온양)에서 군내버스를 타야 한다. 도고역에서 도고중학교까지는 택시를 이용할 수밖에 없다. 아산에서 시전리로 가려면 대술 농월 방면으로 가는 버스를 타야 한다. 이 방면으로 가는 버스는 8:05부터 오후 8:25까지 거의 30분마다 12회가 있다. 시전리에서 내려야 한다. 시전리에서 아산(온양)으로 나가는 버스도 7:10부터 오후 6:10까지 17회가 있다.

승용차 관광버스 : 예산, 서산, 당진, 홍성, 청양 방면에서는 예산 바로 옆에 있는 신례원을 지나서 가면 얼마 않아 대문안 네거리가 있고 이 네거리에서 오른편으로 돌면 바로 시전리가 된다. 공주, 이남, 대전, 서울 등 천안이 가까운 지역에서는 아산을 먼저 찾고 아산에서 21번 국도로 예산방면으로 가다 대문안네거리에서 왼 편으로 돌아 대술 방면으로 가는 645번 국도에 들어서면 바로 시전리가 나온다.

번거롭다고 생각되면 무턱대고 유명한 아산의 도고온천을 목표로 와서 도고중학교를 찾아도 된다.

조 망
북 ⇨ 영인산, 성거산, 태조봉, 흑성산, 배방산, 설화산, 태화산
동 ⇨ 망경산, 운주산, 광덕산, 봉수산, 천방산, 금계산, 계룡산, 무성산, 극정봉, 천봉
남 ⇨ 국사봉, 대덕산, 칠갑산, 법인산, 봉수산, 오서산, 일월산, 용봉산, 삼준산, 덕숭산, 원효봉, 가야산, 석문봉
서 ⇨ 일락산, 서원산, 아미산

명소
도고온천
도고산 둘레에 명소나 유적 문화재는 별로 없다. 도고온천은 많이 알려져 있다.
도고온천은 신라 때부터 요양지로 알려져 왔다 하며 수질이 약 알카리성 단순 유황온천이고 우리나라에서 유황냄새가 가장 짙은 물이라 한다. 신경통 피부병 위장병 등 치료에 효과가 있으며 부인병 무좀 등 여러 병 치료에도 효능이 있다고 선전하고 있다.

info | **535m** ● 아산시 송악면, 공주시 유구면, 예산군 대술면

48
봉수산

나는 봉황, 봉수산

봉수산은 금북정맥이 지나는 줄기에 있는 산이다. '봉수'라고 하면 비상시의 통신 수단인 봉화(烽火)를 뜻하기도 하지만 이 산 이름의 봉수(鳳首)의 뜻은 봉의 머리라는 뜻이다.

봉수산의 형국이 상상의 길조인 봉황의 모양새로 북쪽에 있는 봉곡사 방향의 산줄기가 봉황의 왼쪽 날개이고 남쪽의 천방산(479m) 줄기가 오른 쪽 날개가 되며 대술면 상황리의 갈막고개가 봉황의 허리가 된다. 물론 봉수산의 고스락은 봉황의 머리가 된다.

이 봉황이 남북으로 날개를 펴고 바로 동쪽에 있는 광덕산을 향해 날아가는 형국이라는 것이다.

봉수산의 명소 명물

봉수산은 공통되는 산의 모습이나 산의 짜임새 말고도 세 가지의 특색을 가지고 있다. 그 하나가 봉곡사 들머리의 천년 소나무 숲이다. 넓은 봉수산 산자락에 수 백년 된 굵고 키 큰 소나무가 큰 숲을 이루고 있어 장관이다. 흔히 오래된 소나무는 기암괴봉과 어울리고 바위 위에 우뚝 서있는 독야청청(獨也靑靑)의 소나무가 소나무를 대표하고 멋이 있어 보는 이들을 감탄케 한다.

그러나 봉수산 봉곡사의 소나무는 노송이 군락을 이루고 있어 색다른 멋을 풍기고 있

봉수산 전경

다. 하늘의 빛을 골고루 나누어 받고 있는 푸른 소나무 잎이 하늘을 가리고 있고 그 푸른 잎을 받치고 있는 빨갛고 높은 소나무 줄기가 자리를 나누어 서있는 광경은 참으로 멋이 있다.

그 소나무 사이로 절로 가는 외줄기 길이 저 위로 뻗쳐 있다. 그 외줄기 길로 우리는 봉곡사를 찾아 갔다.

이 천년 소나무 숲은 봉수산의 자랑 봉곡사의 자랑일 뿐만 아니라 아산의 자랑이며 전국에서 알아주는 소나무 숲이다. 그래서 이 소나무 숲을 질러가는 길이 참으로 좋다.

봉수산 특색의 그 둘은 봉곡사다. 소나무 숲을 지나 오르면 저 안창에 봉곡사가 자리잡고 있다. 소나무 숲을 지나며 이승의 번뇌를 씻고 깨달음의 세계에 이른 것 같은 피안

봉수산 소나무숲
봉수산 물웅덩이
봉수사 경내
봉수사 약수
봉수산 산속에 있는 석탑
봉수산 베틀바위

 (彼岸)의 느낌을 주는 봉곡사는 봉곡산의 품속에 그린 듯이 앉아 있다.
 조선시대의 승람과 지리지에는 '석암사'라 했으며 1929년에 나온 환여승람에 '봉곡사'로 나온다 한다. 절 들머리의 안내판에는 신라 진성여왕 원년(887년)에 도선국사가 창건하고 고려 의종 대에 보조국사가 중창했으며 조선조 세종 대에 함허대사가 삼창했다 한다.

그 때는 상암 벽련암 태화암 등의 암자가 있었으나 임진년의 난리에 모두 불타서 인조대에 다시 중창하고 정조 대에 중수한 뒤 이름을 봉곡사라 고쳤다 한다. 봉곡사는 1894년 7월에 만공선사가 깨달음을 얻고 오도송을 읊은 불교 성지로 알려져 있다.

봉곡사는 비구니 절로 대웅전 양편에 향각전과 선실을 두고 삼성각 묘사가 배치되어 있다. 비구니 절답게 연꽃 화단과 꽃나무들이 아름답고 구석구석 깨끗하게 잘 손질되어 있다.

높이가 15m에 이른다는 향나무도 좋아 보이고 절 들머리의 약수도 시원하다.

한국전쟁 때 인민군에 쫓기던 국군 병사 두 명이 이 절에 숨어들었는데 인민군 병사 둘이 들이닥쳐 국군병사를 찾아내고 법당에서 국군병사 둘을 총살하려고 각각 총을 쏘았으나 두 발 다 총알이 불상에 맞고 되 튀어나와 총을 쏜 인민군 병사 둘이 죽고 말았다는 재미있는 이야기도 있다.

봉수산 명물의 세 번 째는 유명한 베틀바위다.

봉곡사에서 산길에 들어서서 큰등성이에 올라서면 베틀처럼 생긴 큼직한 납작바위가 길가에 있다. 베틀바위다. 바위 위가 마당처럼 넓고 바위 아래에는 굴이 있다. 전쟁 때에 피난민들이 여기서 살며 베를 짰다는 이야기도 있으나 더 재미있는 이야기도 있다.

큰 난리가 나자 아랫마을의 가난한 아낙네가 남편을 전쟁터에 보내고 이 베틀바위에서 베를 짜며 남편을 그리워하며 기다렸다. 그러나 전쟁이 끝나고 오랜 세월이 지났으나 남편은 돌아오지 않았다. 곱던 아낙네는 할머니가 되고 머리는 하얗게 세어 얼굴을 덮었다. 아낙네는 기다림에 지치고 한이 되어 베틀과 함께 그대로 여기 베틀바위가 되어버렸다 한다.

바위가 드문 이 봉수산에 이 베틀바위 일대는 제법 굵은 바위들이 널려 있다.

봉수산의 경관

봉수산은 베틀바위 일대의 바위 외에는 별로 바위가 없는 흙산이다. 주 산길이 있는 등성이에도 나무들이 꽉 들어차 있어 대낮에도 해를 보기 어렵다. 몇 군데를 빼고는 가파르지도 않아 편안하게 산행을 할 수 있는 산이다. 그래서 여름 한더위에도 겨울 추위에도 산행하기 좋은 산으로 생각되었다.

또 아산시에서 산길을 잘 다듬어 놓았고 가파른 곳에는 어김없이 밧줄이 매어져 있으며 쉬기에 알맞은 곳에도 어김없이 긴 의자가 놓여 있다. 물론 길 안내 표지도 잘되어 있다. 좀 색다른 점은 요소요소에 돌판에 화살표로 안내지도를 그려 놓아 산행에 많은 도움이 되고 있다.

한 가지 아쉬운 것은 나무가 무성하여 조망이 좋지 않은 점이다. 고스락에서의 조망을 기대했었으나 고스락도 역시 큰 나무들이 조망을 막고 있다.

산행길잡이

산 길
- ❶ **봉곡사 길** : 봉곡사 주차장-봉곡사-베틀바위-고스락 (약 2시간)
- ❷ **느름실 길** : 39번 국도 변(유곡 2교)-약수암-기도터-고스락 (약 1시간 40분)
- ❸ **송학골 길** : 39번 국도 변(종곡가든)-길상사-주릉-남봉-고스락 (약 2시간)

교 통
아산시와 유구(공주시 유구면)를 39번 국도가 잇고 있다. 봉수산에 가려면 어차피 아산이나 유구를 거쳐야 한다.
승용차 관광버스 : 39번 국도에서 봉곡사 안내 표지를 보고 봉곡사 주차장이 있는 유곡리로 들어가야 한다. 느름실이나 송학리 길상사는 버스는 들어가기 어렵다. 국도에서 내려 걸어 들어가야 한다. 승용차는 느름실 길상사까지 들어갈 수 있다.
대중교통 : 아산시와 유구 사이를 시내버스가 40분 간격으로 다니고 있다. 유곡리 봉곡사 아래 주차장까지 아산에서 2회(12:20, 18:30) 유구에서 2회(07:00, 13:40) 들어간다. 물론 그 버스들은 아산에서 들어온 것은 유구호 유구에서 온 것은 아산으로 간다.

조 망
북 ⇨ 설화산, 배방산, 태화산, 망경산, 광덕산
동 ⇨ 무학산, 국사봉, 갈미봉, 국사봉, 무성산, 금계산
남 ⇨ 천방산, 극정봉, 칠갑산, 아미산, 국사봉, 백월산, 오서산, 용봉산, 삼준산
서 ⇨ 안락산, 원효봉, 가야산, 덕봉산, 도고산, 영인산

info | **759m** ● 금산군 남이면, 전북 완주군 운주면

49
선야봉

우뚝 솟은 바위봉우리와 깊은 골짜기를 가진 선야봉

동과 서 멀리에서 보면 굵은 산줄기가 운장산과 대둔산을 직접 잇고 있는 것처럼 보인다. 이 산줄기는 충청남도와 전라북도의 경계로 되어 있다.

물론 꼼꼼하게 따진다면 운장산에서 선야봉을 거쳐 대둔산으로 이어지지는 않는다. 대둔산 가까이에서 냇물줄기 하나가 가로지르고 있기 때문이다.

그래서 금남정맥은 태평봉수대(진안군 주천면 대불리)에서 선야봉에 이르기 전에 백암산(이른 바 600고지)으로 갈라져 인대산을 돌아 대둔산으로 이어진다.

쓰라린 추억을 안고 있는 백암산과 선야봉 사이는 좁고 긴 아름다운 협곡이다. 그야말로 깊고 깊은 산과 내(深深山川)로 여기에 남이 휴양림이 있다.

옛 날에는 금산군 남이면 건천리의 이 휴양림 일대가 너무도 깊은 산골이어서 아무도 찾지 않았고 길도 없었기 때문에 여기서 선야봉에 오를 엄두도 내지 못했었다.

선야봉 아래 골짜기에 휴양림 시설이 들어선 뒤 선야봉 길도 개발 정비되어 이제는 많은 사람들이 남이휴양림에서 선야봉에 오른다.

선야봉이 좋은 것은 그 무성한 숲이다. 온 산이 푸른 숲으로 덮여져 있어 산행 내내 그늘 속을 걷게 된다.

선야봉은 숲이 좋을 뿐만 아니라 신선이 노닐었다는 신선봉, 신선이 풀무질을 했다는

선야봉에서의 조망

신선풀무대 등 아름다운 바위봉우리가 여기저기 자리 잡고 있다. 나무숲으로 덮여있어 겉으로 보아서는 바위봉우리가 없는 것 같지만 아기자기한 바위봉우리가 뜻밖에 많다. 그래서 바위봉우리 위를 지나면서도 거기가 바위 벼랑 위임을 알지 못한다. 다음 봉우리에 올라서서야 지나온 봉우리의 높은 바위 벼랑을 건너다보게 된다.

산속의 쉼터

또 선야봉에서 빼놓을 수 없는 아름다운 경관은 좁고 긴 골짜기를 흐르는 개울이다. 이 개울은 한 폭의 그림이다. 특히 금산 쪽 백암산과의 사이 골짜기는 바위 사이를 흐르는 개울을 중심으로 시설이 잘 된 휴양림이 만들어져 있어 더욱 편리하고 좋다. 그 밖에도 5-6월에 무성한 숲의 골짜기를 수놓는 개회나무꽃, 땟죽나무꽃, 층층나무꽃은 마치 하얀 폭포처럼 보인다. 특히 주봉에서 주릉과 신선풀무대 줄기 사이의 풀무골의 하얀 꽃의 폭포가 참으로 좋다.

비가 많이 내리면 휴양림 골짜기 위쪽의 쉰길폭포(50폭포)나 고당리 쪽의 폭포가 장관을 이룬다.

선야봉의 이름

옛 날 지도에는 선야봉(仙冶峰)이 선치봉(仙治峰)으로 표기되어 있었다. 대장간에서 '불리다, 풀무질 하다, 쇠를 다루다'의 뜻을 가진 '야(冶)'와 '다스리다'의 뜻을 가진 '치(治)'는 이수변(二水邊)이냐 삼수변(三水邊)이냐 점 하나의 차이다.

처음에는 '신선이 다스리는 봉우리'의 뜻이겠지 생각하며 올랐으나 아무래도 그 이름이 미심쩍었다. 이 의문은 고당리 마을 노인의 이야기를 듣고 풀렸다.

그 노인은 옛날에는 '선야봉'이라 했으며 주봉 동쪽에 '신선 풀무대'가 있다는 이야기를 했다. 큰 바위 봉우리가 쇠를 불리는 풀무처럼 생겨 '신선이 풀무질하는 풀무'라는 이름이 붙은 것이다.

분명하게 '선야봉'이란 이름이 지도를 만드는 과정에서 점 하나가 붙여져 '야(冶)'가 '치(治)'로 잘못 된 것이 분명했다. 이러한 예는 우리나라의 지도 여러 곳에서 나타난바 있었다.

예를 들면 성주군과 칠곡군의 경계에 있는 선석산이다. 최근에 선석산으로 바로잡았지만 옛 날에는 서진산(棲鎭山)으로 되어 있었다. 그런데 새가 '깃든다'는 뜻의 서(棲)자가 어이없게도 '서'자와 비슷한 다락 누각의 뜻인 누(루-樓)로 잘못 써서 한동안 '누진산'으로 표기되고 그렇게 불렀던 일이 있었다.

산행길잡이

산 길
선야봉을 찾는 이들 거의가 이 휴양림 쪽의 길을 이용하기 때문에 이제는 운주면 고당리 쪽의 길은 이용하지 않는다.
휴양림 쪽에서 오르면 쉰길폭포도 거치고 선야봉 산행 제일의 신선풀무대도 거칠 수 있어 좋다.
휴양림 주차장-못(소류지, 쉰길폭포 들머리)-쉰길폭포-신선봉 동릉 등성이-신선봉-선야봉(헬기장)-휴양림 야영장 (약 3시간 30분).
선야봉에서 신선풀무대를 거쳐 계속 남쪽 등성이를 타면 하괴목마을 아래로 내려서게 된다. 이 길은 4시간 이상 걸린다.

교 통
승용차 관광버스 : 대전에서 선야봉을 찾아가기는 비교적 쉽다. 안영동(남부순환고속도로 I.C 근처)에서 시작하는 635번 지방도를 타고 복수를 거쳐 부암리 석막리 오항리를 지나 건천리(남이면) 지암마을 앞에서 개울을 건너 들어가면 남이 휴양림이다.
대중교통 : 너무 산골인데다 주민도 많지 않아 군내버스 편도 불편하다. 금산과 진산을 오가는 버스 가운데 635번 지방도를 통해 건천을 지나는 버스는 하루 세 차례 밖에 없다.
금산에서 6:00에 출발하는 버스가 진산을 거쳐 7:00 경 지암마을 앞을 지나 금산 쪽으로 가고, 진산에서 13:20에 떠난 버스가 금산을 거쳐 14:40경에 지암마을 앞을 지나 진산 쪽으로 간다. 진산에서 19:15에 떠난 버스는 19:35경 지암마을 앞을 지나 금산으로 간다.

조 망
북 ⇨ 보문산, 만인산, 인대산, 식장산, 고리산, 서대산, 대성산, 철마산, 천태산, 포성봉, 갈기산, 성주봉, 황악산
동 ⇨ 민주지산, 적상산, 덕유산, 성치산, 남덕유산, 명덕봉, 명도봉, 구봉산
남 ⇨ 운장산, 태평봉수대, 칠백이, 봉수대산, 미륵산, 천호산
서 ⇨ 천등산, 달이성, 대둔산, 인대산, 계룡산, 금수봉, 안평산

휴양림안의 소류지

쉰길폭포의 고드름

info | 699m ● 천안시 광덕면, 아산시 송악면

50 광덕산

크고 덕성스러운 광덕산

광덕산(廣德山)은 그 이름처럼 안팎이 모두 넓고 덕성스럽다. 멀리 밖에서 보면 광덕산은 모난 데가 없이 넓은 품을 가진 우람한 산이다. 산 안에 들어가도 어려운 바위나 기암괴봉이 없고 험한 데도 없다. 숲이 울창한 흙산인 것이다.

광덕산이 특색이 없는 평범한 산인데도 광덕산은 많은 사람들이 명산으로 알고 찾아든다. 아마 광덕산의 품이 넓고 아늑한 모양이다.

사실 광덕산은 충남의 북동부 충북의 서부 경기도 남서부에서 가장 높고 큰 산이다.

그러나 광덕산 주변에는 볼거리도 꽤 많다. 광덕산 광덕면 쪽 자락에 있는 광덕사와 천연기념물 호두나무는 광덕산 산행 길에 꼭 둘러보아야 할 곳이다.

광덕사는 832년(신라 흥덕왕 7년) 진산화상에 의해 창건된 절로 알려져 있다. 그러나 백제 무왕 때에 창건되었다는 이야기도 있고 신라의 자장율사가 당나라에서 수행을 마치고 귀국할 때(634년)부처님 진신사리 100과 법의 화엄경 등 많은 불보를 광덕사에 전해주었다는 이야기도 있다. 현재의 대웅전은 1872년(고종 7년) 중건한 것을 1970년 해체 복원한 것이다.

광덕사에는 보물 269호인 감지은니묘법연화경 보물 270호인 감지금니묘법연화경 외에도 광덕사 고려사경(보물 390호) 광덕사 면역사패교지(보물 1246호, 조선조 세조가

광덕산에서의 조망

내린 교지) 광덕사 조선시대 사경(보물 1247호, 효령대군이 사경한 부모은중경과 장수멸죄효제동자 다라니경) 광덕사 노사나불 괘불탱(보물 1261호) 등이 있다.

그 밖에도 도지정문화재 천연기념물 호두나무 등 문화재자료 최근에 발견된 중요 문화재가 많이 있다.

천연기념물 제 398호인 광덕사 호두나무는 높이 18.2m의 거목으로 수령 약 400년 정도로 추정되며 광덕사 바로 앞에 있다. 전설에 의하면 약 700년전 고려 충렬왕 16년 (1290년) 9월에 영밀공 유청신(柳淸臣)이 원나라에 갔다가 돌아올 때에 호두나무 묘목과 열매를 가져와 묘목은 광덕사 경내에 심고 열매는 자신의 고향집에 심었다 한다.

현재 광덕면 일대에는 25만 8천여 그루의 호두나무가 재배되고 있으며 천안의 상징 과일로 되어 있다. 광덕사 앞에는 호두나무 시배지를 뜻하는 '호도전래사적비(胡桃傳來史蹟碑)'가 세워져 있다.

광덕사 들머리에서 부용묘 안내판이 있는 오른 편 골짜기로 30분 쯤 오르면 조선조 3대 여류시인의 한분이었던 운초(雲楚) 김부용(金芙蓉)의 묘가 있다. 순조 때 평양감사를 지낸 김이양(金履陽)의 소실이었던 부용은 한시 350수를 남겼다 한다. 매년 천안

문화원 주최로 4월에 추모행사가 열린다 한다.

　광덕사 반대편의 아산 쪽 강당골(아산시 송악면 강당리) 쪽에는 강당사(관선재)가 있고 가까운 외암 마을은 민속보존 마을이다. 강당사는 묘한 유래가 있다. 강당사는 원래 관선재였다.

　조선조 숙종 때 경연관을 지낸 외암(巍巖) 이간(李柬)이 관선재를 짓고 유학을 강론했는데 근대 대원군의 서원 철폐령이 내려졌을 때 철폐를 모면하기 위하여 마곡사에서 가져온 불상을 관선재에 모시고 승려를 두어 강당사라 했다 한다.

　외암리 민속마을에서는 조선시대의 옛 생활상을 살펴볼 수 있다.

　그 밖에도 광덕산에는 난리 때 2만명이 피난을 했다는 이마당 약수(고스락 아래) 장군바위(망경봉 길 잘록이) 등의 명소가 있다.

　신증동국여지승람 온양군 편 산천 조에는 '읍 서남 쪽 13리에 있다' 고 기록되어 있다. 난리가 나거나 나라에 큰 일이 생기면 산이 운다는 전설이 있다.

장군바위

광덕사 일주문

호도나무 유래차

명기 부용묘

광덕사 경내

호도나무 유래비

산행길잡이

산 길

광덕사 길

① **등성이 길** : 광덕사주차장−상가 삼거리−왼편 길−등성이−고스락 (약 1시간 40분)
② **광덕사 골짜기 등성이 길** : 광덕사 주차장−상가 삼거리−광덕사−골짜기−등성이 (1번길과 같음)−고스락 (약 1시간 40분)
③ **광덕사 장군바위 길** : 광덕사 주차장−광덕사−골짜기−장군바위−(주릉)−고스락 (약 2시간 10분)
④ **부용묘 길** : 광덕사 주차장−광덕사 들머리−부용묘−(등성이 길)−장군바위−(주릉)−고스락 (약 2시간 30분)

강당골 길

⑤ **철마봉 길** : 강당 주차장−철마봉−정자−고스락 (약 1시간 20분)
⑥ **멱시 마리골 길** : 강당 주차장−멱시길−멱시−마리골−이마당 약수(또는 묘 등성이길)−고스락 (약 1시간 20분)

교 통

광덕사 방면 : 천안 아산을 잇는 21번 국도에서 623번 지방도로 들어서서 가다 광덕사 가까이에서 629번 지방도에 들어서면 광덕사에 이른다.
강당골 방면 : 아산에서 공주로 가는 39번 국도에 들어서서 가다 송악면청에서 나가면 강당리는 가까이에 있다.
대중교통 : 천안 버스터미널에서 광덕사와 강당리에 시내버스가 자주 다니고 있다.

조 망

북 ⇨ 설화산, 연암산, 배방산, 망경봉, 태화산, 성거산, 태조봉, 흑성산, 작성산, 은석산
동 ⇨ 운주산, 금성산, 샘봉산, 고리산, 계족산, 식장산, 보문산, 우산봉, 금수봉, 계룡산, 갈미봉, 무성산, 국사봉
남 ⇨ 태화산, 칠갑산, 축융봉, 월남산, 국사봉, 월명산, 아미산, 만수산, 성주산, 오서산, 용봉산, 삼준산, 수덕산
서 ⇨ 안락산, 가야산, 석문봉, 도고산, 영인산

특이한 산길 안내표지

info | **448m** ● 아산시 좌부동, 송악면 외암리

51
설화산

칠승 팔장의 명당 설화산

설화산은 광덕산 주릉에서 아산 쪽으로 길게 뻗어가다 그 끝에서 꽃을 피운 듯 자리를 잡은 산이다. 다섯 개의 봉우리가 붓 끝처럼 뾰족하게 솟은 모습이 유달라 멀리에서도 잘 보인다.

그래서 설화산은 문필봉이라 하기도 하고 혹은 오봉산이라 부르기도 한다. 원래 설화산의 이름은 산의 한 바위에 눈꽃 모양의 무늬가 있어서 눈꽃이 핀 것 같다 하여 설화산이라 한 것이다.

설화산은 풍수지리설로도 유명하다. 설화산 자락에서 칠승(七丞) 팔장(八將), 이른바 일곱 명의 정승과 여덟 명의 장수가 나오는 명당이 있다고 알려져 왔다. 그 때문에 설화산 자락에 암장(몰래 쓰는 묘)이 많아 가뭄이 심하면 그 원인이 암장이라 해서 암장한 곳을 찾아 파헤치고 기우제를 지냈다 한다.

또 별명인 문필봉이 상징하듯 설화산 산자락에서 많은 인재가 나왔고 명문세가가 들어와 살았다.

설화산의 남서쪽 외암리에는 외암 이간을 배출한 예안 이 씨들이 조선조 명종 때에 들어와 대대로 살고 있고 북동쪽에는 청백리인 맹사성 일가가 살던 고택이 있다.

이간의 호인 외암(巍巖)은 설화산의 모습을 나타낸 것으로 우뚝 솟은 바위라는 뜻이

설화산 전경

다. 이 외암이란 호가 마을 이름이 되었으나 그 한자가 너무 어려워 쉽게 외암(外岩)으로 고쳤다 한다.

이 예안 이씨가 대대로 살아왔던 외암마을이 국가지정 문화재 중요민속자료 236호로 되어 있다. 모두 86호로 규모가 큰 이 민속마을엔 충청지방의 양반집과 서민의 초가 등이 어우러져 있고 집들은 돌담이 둘러싸고 있으며 설화산에서 흘러온 맑은 물이 집집을 돌아 흐르고 있다. 충청지방의 전통적 살림집 모습을 볼 수 있는 민속문화의 보고이며 온 마을이 민속박물관이다. 영국의 엘리자베스 여왕도 다녀간 이 민속마을을 설화산 산행길에 보고 간다면 좋은 추억이 될 것이다.

설화산의 북동쪽 자락 중리(아산시 배방면)에는 아산 맹(孟)씨 행단(杏壇)이 있다.

조선조 초기 청백리로 이름났던 고불(古佛) 맹사성(孟思誠) 집안이 살던 곳으로 고택(옛집) 세덕사 구괴정 은행나무 두 그루가 있다.

옛집은 고려 충숙왕 때(1330년) 무민공 최영(崔瑩)의 아버지 최원직(崔元直)이 지어 거처하던 집으로 이성계의 위화도 회군 뒤 최영이 죽자 비어 있던 집을 맹사성(최영의 손녀사위)의 아버지 맹희도가 이곳에 은거했다 한다. 공(工)자 형 맞배지붕으로 90여 평방m이며 옛 재목과 창호가 견실하다.

세덕사(世德祠)는 고려 말 두문동 72현인 맹유(孟裕)와 맹희도 맹사성의 위패를 모신 사당이다. 구괴정(九槐亭)은 조선조 세종 때 황희(黃喜) 맹사성 권진(權軫) 등 3정승이 심은 아홉 그루의 느티나무에 있는 정자였다. 지금은 두 그루 만이 남아 있다.

맹씨 행단은 맹사성이 심었다는 600년 은행나무로 이 나무를 보호하기 위해 축대를 쌓고 단을 만든 것이다. 여기서 강학(講學)을 했다는 뜻으로 행단이라 하는 것이다. 이 은행나무 두 그루를 쌍향수라 하기도 한다. 나무의 높이가 35m에 이르며 둘레가 9m이다.

설화산의 경관

광덕산과 망경봉을 잇는 주릉에서 아산 쪽을 향해 뻗은 산줄기가 그 끝에 꽃봉우리처럼 솟구친 산이 설화산이다. 산 자체도 붓끝처럼 또는 꽃봉우리처럼 솟아있어 보기 좋지만 숲이 짙고 바위등성이가 아기자기하여 좋다.

주봉에서 작은봉(415m) 385m봉 335m봉으로 이어지는 등성이가 외암리 쪽에서 보면 그림 같다.

무엇보다 설화산이 좋은 것은 설화산에서의 조망이다. 마치 조망대처럼 광덕산에서 내포를 향하여 뻗어간 산줄기가 그 끝에서 거북의 머리처럼 바위봉우리가 솟아있기 때문이다. 설화산에 서면 아산을 비롯한 삽교천과 한천 유역의 내포 넓은 들과 아산만을 조망할 수 있다.

산행길잡이

산 길
① **초원아파트** 길 : 초원아파트(아산시 좌부동)-채석장 터-갈림길(석화암)-주봉 (약 1시간)
② **오봉사** 길 : 좌부동 새말-오봉사-갈림길(등성이)-주봉 (약 50분)
③ **외암교(당림미술관)** 길 : 외암교-쉼터-갈림길-주봉 (약 50분)

설화산 고스락 부분

외암리 민속마을 들머리

❹ **외암민속마을길** : 민속마을 주차장-송암사-고개(주봉 작은봉 사이 갈림길)-주봉
  (약 1시간 30분)
❺ **맹씨 행단길(맹사성 고택)** : 맹씨 행단(배방면 중리)-임도-주릉-작은봉-주봉 (약 2시간)

교 통 아산(온양 온천)을 거점으로 해야 한다. 아산에서 공주로 가는 39번 국도가 당림미술관(외암교)을 지나 송악면청 또는 송남초교 앞을 지난다. 민속마을은 송악면청에서 가깝고 직접 민속마을 주차장으로 들어갈 수 있다.
온양에서 623번 지방도에 들어서서 동쪽(풍세면)으로 가면 좌부동 초원 아파트와 맹씨 행단 앞을 지나게 된다.
온양역이나 온양 터미널에서 강당골로 가는 버스가 하루 7회 있고 송악행 버스가 20분마다 있다. 그 버스들이 당림미술관 앞과 민속마을 앞을 지난다.
온양온천에서 초원 아파트와 맹씨 행단 앞을 지나는 시내버스가 20분~40분 간격으로 다니고 있다.

조 망 북 ⇨ 연암산, 배방산, 성거산, 태조봉, 흑성산, 은석산
동 ⇨ 고려산, 태화산, 운주산, 작성산, 봉수산, 망경산, 금성산, 국사봉, 무성산
남 ⇨ 광덕산, 금계산, 칠갑산, 국사봉, 극정봉, 천방산, 봉수산, 안락산, 덕봉산, 도고산, 가야산
서 ⇨ 아미산(당진) 영인산

외암리 민속마을 일부

info **아미산 350m** ● 당진군 면천면 | **다불산 321m** ● 당진군 면천면, 순성면

52
아미산과 다불산

아미산의 이름

아미산은 당진고을에서 가장 높은 산이다. 한 고을의 가장 높은 산은 고을 사람들의 관심도 많고 이야기도 많을 수밖에 없다.

아미산 고스락 아미정 앞에 있는 오석비에 산 이름의 유래가 써 있으나 그 내용이 좀 애매하다.

'아미산을 멀리에서 보면 미인의 눈썹처럼 아름답게 보여 당초에는 소이산(所伊山) (신증동국여지승람에는 웬만한 고을에 이 소이산이 있다. 진산 또는 그 버금가는 산이 아닌가 생각된다.) 소미산(所尾山) 배미산으로 불리었는데' 해 놓고 이어 '그 유래는 중국에서 죽어가는 승상의 아들을 아미산 신인이 종두를 하여 두창을 막아 살린 데서 유래되었다고 한다.' 라 쓰여있다.

당초에는 소이산 소미산 배미산이라 했는데 멀리서 보면 '미인의 눈썹처럼 아름다워 아미산(蛾眉山)'이라 했다는 뜻 같다. 그러나 그 다음의 글은 이해가 되지 않는다. 이미 이름이 있는 아미산 신인이 승상의 아들의 병을 고쳐 살린 데서 아미산이란 이름이 유래되었다고 하는 말은 이상하다.

이 문제를 당진의 민속 지리학 박사이고 당진 향토문화 연구소장인 이인화 씨는 다음과 같이 풀이하고 있다.

아미산과 다불산 전경

아미산(峨嵋山, 보현보살의 상주처)은 원래 중국 서남지방(사천성)에 있는 중국 불교 4대 성지의 하나로 종두를 물리치는 신인이 살고 있었다 한다.

이 사실을 본보기로 무서운 마마를 막기 위하여 그 지방에서 제일 높거나 마을의 진산을 '아미산'이라 불러 두신(痘神-마마를 옮기는 귀신)이 마을로 들어오는 것을 막으려 했다는 것이다. 그래서 여기 당진의 아미산도 그 뜻에서 붙여진 이름이라는 것이다.

아미산의 이름은 중국 문수보살의 상주처인 오대산을 본받아 우리나라에 오대산이 많은 것처럼 아미산도 중국 불교의 영향을 받은 불교적 이름이 아닌가 생각된다. 가까운 보령과 부여 경계에도 절이 많은 아미산이 있다.

여기서 '미인의 눈썹처럼 아름다워' 아미산이라 했다는 말도 그럴 듯하다. 공교롭게도 '미인의 눈썹'이라는 한자의 아미(蛾眉)와 '높은 산'을 뜻하는 아미(峨嵋)는 나 아(我)자 옆에 벌레 충(蟲)변이냐 뫼 산(山)변이냐가 다를 뿐 글자도 비슷하고 소리는 같아 가끔 혼동을 한다.

실제로 중국의 아미산도 양 쪽의 봉우리가 미인의 눈썹 또는 조각 달 같아 눈썹이라는 뜻의 아미산이라 했는데 높은 산이라는 뜻으로 뫼 산 자가 붙여져 바뀐 것이라 한다.

고려 건국 공신 복지겸과 그의 딸 영랑 이야기

아미산에는 복지겸과 그의 딸 영랑 이야기가 전해지고 있다. 복지겸은 땔 나무를 하려고 아미산에 자주 갔었다 한다. 복지겸이 17살 때 아미산에 갔다가 신선바위에서 바둑을 두는 신선을 만났다. 신선은 복지겸이 똑똑하게 생겼고 공부도 많이 한다는 말을 듣고 '서울로 올라가 과거를 보면 분명 합격할 것이다.' 라는 말을 듣고 서울로 올라가 과거를 보았고 합격도 했다 한다.

아미산 고스락에는 꽤 넓은 이 신선바위가 지금도 있다. 많은 사람들이 여기에 앉아 아름다운 아미산의 경관을 보며 쉬기도 한다.

면천의 두견주(무형문화재 86호)는 '석잔에 5리를 못간다' 는 이야기가 있듯 은근히 취하는 명주다. 전설에 의하면 복지겸이 병을 앓을 때 효녀인 그의 딸 영랑이 100일 기도 끝에 신의 계시를 받아 빚은 술이라 한다. 찹쌀과 아미산의 진달래 꽃잎 암샘물로 빚는다. 천식 관절염 등 여러 병에 효험이 있다 한다.

또 면천의 천연 기념물인 수령 110년의 은행나무는 복지겸의 딸 영랑이 12살 때 심은 것이라 한다.

아미산의 용과 몽산의 지네 이야기

옛 날 아미산에 하늘에서 죄를 짓고 내려와 사는 큰 용이 있었고 산성이 있는 이웃 몽산에는 수백 년 묵은 지네가 살고 있었다 한다.

아미산에는 여러 가지 많은 꽃이 피어 마을의 많은 사람들이 두견주를 빚으려고 진달래꽃을 따러 왔고 술병을 차고와 놀기도 했다. 그래서 마을 사람들은 용과 친하게 지냈다. 그러나 이웃 몽산에는 이상하게 꽃도 피지 않았고 사람도 오지 않아 지네는 불만이 많았고 사람들을 해치기도 했다.

용은 산신령이나 노인으로 변하여 마을 사람들을 도와주고 귀한 약초를 캐다가 병을 고쳐주기도 하며 죄를 씻고 하늘로 올라갈 날을 기다리고 있었다.

반면 지네는 온갖 못된 짓을 하여 마을 사람들을 괴롭혔다. 나물을 캐러 나온 처녀를 죽이려 하는 지네를 용이 호통을 쳐 싸움 붙을 번도 했으나 용은 언제나처럼 참고 싸움을 피했다.

어느 날 용이 잠자는 데 꿈에 산신령이 나타나 '네가 이 고을을 편하게 하려면 지네를 죽여야 하고 지네를 죽여야 하늘로 오를 수도 있다.' 고 일러주었다.

용은 지네의 독을 쏘여 죽게 된 할머니의 딸을 구해주고 할머니와 딸의 도움을 받아 몽산에 엄청난 쑥불을 피워 못된 지네를 죽였다. 용은 은하수를 타고 하늘로 올라갔다.

지네가 죽을 때 몸부림을 쳐서 몽산의 봉우리가 잘려나가 몽산은 몽둑한 모습이 되었고 몽산의 잘린 봉우리는 면천면 성상리 들 가운데 떨어져 지금도 있다. 이 때부터 몽산을 몽둥산이라고도 한다.

(위의 이야기들은 이인화 박사가 제공한 이야기임을 밝힌다.)

다불산의 이야기

아미산에 나무고개가 있다. 그래서 사람들은 나무와 아미산 다불산(多佛山)을 붙여 '나무 아미 다불'이 되었다고 말한다. 불교의 향기가 짙게 풍기는 대목이다. 다불산은 당진에서 두 번째로 높은 산이다.

앞서 말한 바와 같이 아미산의 이름이 불교와 관계가 있고 다불산은 부처가 많다는 뜻으로 두 산을 불교와 연관 지을 만하다.

신증동국여지승람 면천군 산천 조에 다불산이 나와 있고 불우 조에는 보회사가 다불산에 있다고 되어 있다. 이인화 박사는 다불산에 보회사 외에도 미륵암 불영사 등 절터 세 개가 있다고 밝히고 있다. 이 일대 산들이 모나지 않고 수려해서 부처님 도량이 들어서기에 좋은 환경이 아닌가 생각되었다.

아미산의 일부

아미산과 다불산 연결 공중다리

아미산과 다불산의 산행

아미산의 들머리에 좋은 약수터가 있고 여러 가지 체련시설 쉼터 삼림욕장 등이 잘 갖추어져 있다. 그 밖에도 여기에는 울창한 소나무에 둘러싸인 아미원(청소년 수련장)이 있으며 여기 운동장은 여러 단체들이 체육활동과 야유회 등을 하는 데 이용되고 있다. 산길도 잘 정비되어 있다.

특히 아미산에는 10만 여 평방미터의 너른 진달래 군락지가 만들어져 있고 아미산 다불산의 노송군락은 그것만으로도 두 산의 산행을 값지게 하고 있다. 두 산의 고스락 모두에 훌륭한 정자도 지어져 있다.

재미있는 것은 아미산과 다불산 사이를 차가 많이 다니는 1번 지방도가 지난다. 이 길 위로 구름다리가 놓여져 두 산의 산길을 잇고 있다. 산이 낮아 한 쪽 산의 산행만으로 양이 차지 않으면 이 구름다리를 이용하여 두 산을 산행할 수 있어 좋다.

산행길잡이

산 길 | 아미산이 우선이다.
외국어 교육센터(면천면 죽동리) 길 : 외국어 교육센터 운동장-장승-낙엽송숲-1봉-2봉-3봉-고스락(아미정)-구름다리-다불산 (다불정)-양지말-죽동리. 또는 그 역순 (약 3시간)
참고 : 몇 갈래 작은 길이 있으나 현지 주민 외에는 이용하기가 어렵다.

교 통 | 면천(당진군 면천면)이나 당진으로 가야 한다. 면천과 당진은 고속도로와 국도가 지나고 있다. 면천과 당진을 (1)번 지방도가 잇고 있다. 구름다리가 있는 곳이 아미산과 다불산이어서 찾기 쉽다. 산행기점인 죽동리는 바로 구름다리 가까이 길가에 있는 마을이다.

조 망 | 북 ⇨ (아산만) 영인산
동 ⇨ 태화산, 광덕산, 도고산, 덕봉산, 관모봉, 봉수산, 오서산
남 ⇨ 용봉산, 가야산, 석문봉, 옥양봉, 백화산, 팔봉산 (서해)
서 ⇨ (서해)

info | **666m** ● 금산군 진산면

53
인대산

큰 인물이 난다는 인대산

인대산 자락의 청동마을 사람들은 인대산의 자랑이 대단하다. 아낙네들도 산 이름처럼 큰 인물이 날 명산이라 굳게 믿고 있었다. 고 유진산씨를 예로 들기도 하고 요즈음에는 달박골(월명리)에 들어선 어느 종교단체의 지도자를 예로 들기도 했다.

인대산 중턱의 골짜기에 절터도 있다. 마을 사람들은 절터의 약수를 마시면 모든 병을 고칠 수 있다는 부풀린 자랑도 하고 있었다.

그러나 지도에 표기되어 있는 인대산의 이름은 '인' 자가 사람 인(人)자 아니라 도장이라는 뜻의 인(印)자여서 마을 사람들의 자랑과는 차이가 있다. 이 문제는 달박골의 종교단체도 관심을 가지고 있었다.

인대산의 경관

금남정맥에 자리 잡고 있는 인대산은 산의 모습(산상)이 좋다. 북쪽의 백마산에서 보면 인대산이 산상이 좋은 운장산의 모습과 비슷하다. 기와지붕처럼 보이고 우람하며 동서 양 편에 솟아있는 작은 인대산 큰 인대산 두 봉우리가 뚜렷하다.

인대산은 금남정맥이 거쳐 가는 산이다. 백암산에서 달려 온 산줄기가 인대산 옆구리를 치고 작은 인대산을 지나 서낭당재(오항재)를 건너간다. '인대산의 옆구리를 친다.'

인대산 전경

고 한 것은 금남정맥이 인대산에 오르자마자 작은 인대산으로 방향을 바꾸는 것이 화살 끝을 이루고 인대산이 그 화살 끝이 되기 때문이다.

  인대산의 높이가 666m로 근방의 산 들 가운데에서는 제법 높기 때문에 잘 보이기도 하지만 인대산에서의 조망이 매우 좋다. 특히 대둔산과 천등산의 조망은 멋이 있고 신비스러운 느낌도 든다. 대둔산과 천등산이 멋이 있는 산이기도 하지만 인대산이 그 대둔산과 천등산의 멋이 좋은 얼굴을 잘 건너다 볼 수 있는 자리에 있기 때문이다.

  늘 보아온 진악산의 모습은 좌우로 긴 모습이다. 그러나 인대산에서 보는 진악산의 모습은 좌우를 칼로 잘라낸 것처럼 깎아 세운 낭떠러지로 네모꼴로 보인다.

  또 인대산의 유다른 점은 인대산의 남쪽과 동쪽 그리고 청동마을이 있는 북쪽으로 삼면을 개울이 있는 건지실 골짜기가 싸고도는 것이다. 따라서 이 골짜기가 매우 깊고 사람이 별로 드나들지 않아 깨끗하고 유현하다. 이 건지실 골짜기는 대전 3대 하천의 하나인 유등천의 발원지다.

  이 밖에도 인대산에는 훌륭한 절터가 있다. 산행 들머리의 청동마을에서 인대산 한 가운데를 파고드는 가르메골로 오르다 왼 편으로 갈라져 올라간 골짜기에 절터가 있다. 깊이 들어앉은 절터여서 속세와는 멀리 떨어져 있는 느낌이 든다.

여러 층의 석축 절터로 오래 된 감나무가 여남은 그루 남아있다. 가을에는 주인 없는 이 감나무의 감이 온 골짜기를 빨갛게 물들이고 있다. 이 절터의 약수가 만병을 낫게 한다는 소문이 있다.

가르메골에는 느티나무가 많고 작은 인대산(서봉)에서 가르메골로 내민 산등성이에 단풍나무도 많다. 쓸쓸한 절터, 노랗게 물드는 느티나무, 빨갛게 물드는 단풍 거기에 빨간 감, 인대산은 가을에 좋다.

인대산은 동서로 100여 m 되는 평정봉이다.

산행길잡이

산 길
인대산은 청동마을과 석막리 SK월석주유소 그리고 서낭당재(오항재)가 산행의 들머리다. 청동마을에서 인대산 한가운데를 가르마 탄 가르메골로 들어서면 인대산 산행이 시작된다. 가르메골은 가르마골의 사투리인 것 같다.

① **청동마을 길** : 청동마을－가르메골－절터－주봉 북쪽 등성이－고스락 (약 1시간 30분)
② **석막리 길** : 월석(SK)주유소－(골짜기 길)－작은 인대산－고스락 (약 1시간 30분)
③ **서낭당재(오항재) 길** : 서낭당재－(금남정맥)－작은 인대산－고스락 (약 2시간)
①②③ 세 길 가운데 하나의 길로 오른 다음 또 하나의 길을 골라 하산하면 된다.

교 통
대전의 안영동에서 금산군 복수 남이로 통하는 635번 지방도를 타고 가면 진산면 삼가리 청동마을에 이르게 된다.
진산으로 가면 진산에서 68번 지방도를 타고 가다 부암리 삼거리에서 635번 지방도로로 갈아들어서서 남이 쪽으로 가면 바로 삼가리 청동마을에 닿게 된다.
청동마을 직전 왼 편에 산을 깎아낸 광산이 있기 때문에 청동마을을 쉽게 찾을 수 있다.

조 망
북 ⇨ 보문산, 계족산, 만인산, 식장산, 고리산, 서대산, 대성산, 마리산, 천태산, 철마산, 자지산, 월영산, 갈기산
동 ⇨ 성주산, 민주지산, 대덕산, 진악산, 적상산, 덕유산, 남덕유산, 명덕산, 구봉산
남 ⇨ 운장산, 백암산, 선야봉, 운암산, 선야봉, 천등산
서 ⇨ 대둔산, 향적산, 계룡산, 금수봉, 안평산

info | 329m · 서천군 종천면

54 희리산

호수가 있는 국립 희리산 해송 자연휴양림

희리산은 온 산이 사시사철 푸르름을 잃지 않는 생기 넘치는 휴양림이다. 휴양림이면서도 해송이 대부분인 산이어서 특이하다. 또 휴양림 시설인 통나무집 바로 옆까지 산천저수지 물이 넘실거리고 있어 통나무집에 앉아 낚시도 할 수 있을 정도다.

희리산에서의 바다의 조망은 보는 이로 하여금 가슴을 시원하게 한다. 어쩌다 때 맞추어 바다에 지는 석양이라도 보게 되면 가슴이 뛴다. 희리산에서는 해돋이의 멋진 광경도 볼 수 있다.

희리산의 나무 95%가 해송이라 한다. 그 때문에 다른 산과 달리 겨울에도 푸르름을 지키고 있어 휴양림의 기능을 이어가는 것이다. 휴양림 또는 나무의 좋은 점은 피톤치드와 테라핀 등 향기 좋고 살균성도 있는 물질을 내뿜는 것이다.

그러나 잎이 지면 그 좋은 물질을 내뿜지 못 한다. 그러나 여기 희리산의 휴양림은 대부분의 나무가 사철 푸르른 해송이기 때문에 사시사철 피톤치드와 테라핀이 숲 속에 가득한 것이다.

4.4km에 이르는 순환임도가 주릉 가까이에 비탈을 가로지르고 있어 5.4km의 산행과 비슷한 그에 버금가는 산책을 할 수도 있다.

희리산이 국유림이기 때문에 산림청에서 직접 휴양림을 만들었고 운영도 하고 있다.

그래서 인지 시설도 잘되어 있다. 숲속의 집에 방이 24개이며 산림휴양관의 방이 12개가 되고 숲속 수련장 물놀이장 야영데크 42개소 몽골텐트 20동이 있고 농구장 족구장 잔디광장 취사장 야외샤워장 화장실 등이 잘 갖추어져 있다.

희리산의 이름과 경관

희리산의 정확한 한자 이름을 아는 이가 없다. 더구나 그 유래는 더욱 아리송하다. 휴양림 관리소 직원은 희리산의 한자가 희이산(喜夷山)일 것이라고 했지만 뜻도 통하지 않고 유래도 알지 못하고 있었다.

그러나 마을 사람들은 잦은 안개 때문에 산이 늘 흐릿하게 보여 '흐릿한 산'이라고 부른 것이 '희리산'이 되었을 것이라는 말을 하고 있다는 것이다. 희리산의 들머리에 산천제 장항제 두 저수지가 있고 희리산 동쪽에는 꽤 넓은 홍림저수지가 있기 때문에 희리산 일대에 자주 안개가 낀다.

휴양림 북서쪽에 '사인대'라는 바위가 있다. 옛 날 네 장사가 놀던 자리라 한다. 이 사인대 아래에 140m 절벽이 있는데 장사가 턱걸이를 한 곳이 있어 '턱걸이장'이라 한다.

희리산의 상봉은 문수봉이라 한다. 이 문수봉 아래에 네 장사가 거처했다는 큰 봉우리 네 개가 있고 그 아래에는 졸병들이 거처했다는 작은 바위 100여 개가 있어 '졸병바

희리산에서 본 저수지

희리산의 원경

희리산의 바위산

위'라 한다. 또 문수봉 남쪽 500m 앞에 전사들이 말을 타고 달리던 자리가 등성이를 따라 있고 동남쪽 500m 앞에는 말똥처럼 생긴 '말똥바위'가 있다. 성터도 있다. 그처럼 문수봉 일대에는 여러 가지 모양의 바위들이 있어서 문수봉 산행 길에 볼거리가 많다.

희리산은 휴양림에서 하루 이틀 묵으며 가족과 함께 산행하기에 매우 좋은 산이다.

산행길잡이

산 길	거의 외길이다. **희리산 휴양림 :** 몽골 텐트촌 – 임도 삼거리 – 주릉 잘록이 – 희리산 고스락 – 성터 앞 삼거리 – 숲 속의 집. 또는 그 역순 (약 2시간 30분)
교 통	먼저 서천으로 가야 한다. 서천에서 21번 국도를 타고 보령 쪽으로 가다 화산에서 종천 및 휴양림 안내판을 보고 우회전해서 들어가면 희리산 휴양림이 나선다. 물론 보령 쪽에서 오면 서천에 들어가기 전에 휴양림으로 가게 된다. 4번 국도를 타고 부여 홍산 쪽에서 올 때도 서천에 들어서기 전에 4번 국도에 들어서면 바로 종천이다. 서천에서 휴양림까지 다니는 시내버스는 없다. 시내버스가 자주 다니는 화산에서 걸어 들어가거나 택시를 이용해야 한다.
조 망	북 ⇨ 성주산, 만수산, 아미산, 월명산, 칠갑산, 축융봉, 성흥산, 봉림산, 천방산 동 ⇨ (서천) (군산) (금강) 남 ⇨ (서해) 월명산 서 ⇨ 잔미산, 옥마산, 오서산, 양각산

info 298m • 서천군 비인면

55 월명산

달이 밝은 월명산

서천 부여 일대에 월명산이 세 개나 있다. 부여와 보령 사이에 있는 월명산은 544m로 꽤 높고 부여 옥산면과 서천 문산면 경계의 월명산은 276m로 비인의 월명산보다 낮다. 이름이 말하듯 달 월(月)자가 이름에 들어있는 산은 달과 관계가 있다.

여기 비인의 월명산은 옛날 비인군 사람들이 늘 초저녁에 월명산 위로 밝은 달이 떠오르는 것을 보고 살았기 때문에 부르게 된 이름일 것이다.

비인은 지금은 면이지만 옛 날에는 지금의 군 격인 현이었다. 그래서 비인에 향교도 있다. 이 월명산은 비인현의 진산이었기 때문에 비인의 학교 교가 가사에는 월명산이 들어가 있다.

월명산은 보기 좋은 기암괴봉이 있거나 특별히 경관이 좋은 산도 아니다. 또 유난히 험하거나 힘들지도 않다. 그러나 산성이 두 곳이나 있고 고누바위 사층바위 관적사 등이 있으며 재미있는 전설도 있고 조망이 뛰어나게 좋아 산행하는 맛이 있어 이 고장 사람들의 사랑을 받고 있다

어느 고을이나 그렇듯 자기 고장의 산을 모두 좋아한다. 그런데 비인 사람들은 더더욱 월명산을 좋아하는 것 같다. 매년 4월이면 비인에서는 월명산 산성 밟기 축제가 열린다. 그 축제의 내용이 재미있다.

월명산의 전경

월명산에서 본 서해

월명산을 중심으로 산성밟기, 청화역 말타기, 고누 체험하기, 애기장수 체험하기 관적사 돌아보기 등으로 유물 유적 또는 전설과 밀접한 관계가 있는 행사다.

비인에는 비인읍성 등 7개의 성터가 있고 월명산에도 불당곡산성 관적곡산성이 있다. 월명산을 한 바퀴 돌면 저절로 산성을 밟게 된다. 특히 관적사가 있는 관적곡산성은 대부분을 거치게 된다.

고누 체험하기는 재미있고 뜻있는 행사다. 50년대 이전의 사람들은 어릴 때 땅 바닥에 고누판을 그려놓고 고누를 두었다. 그 고누판이 월명산 남쪽 중턱의 고개마루 바위에 그려져 있다.

옛날 월명산성을 지키던 병사들이 심심풀이로 고누를 두었을 것이라는 이야기와 성산 사람들이 비인을 오가며 고개마루에서 고누를 두었을 것이라는 주장이 있다.

고개를 넘노라 힘든 판에 고개마루에서 잠시 쉬며 고누를 두었다기 보다 산성에 상주하는 병졸들이 고개마루를 지키다 지루함을 삭이려 고누를 두었을 가능성이 더 크지 않나 생각된다.

애기장수 체험하기는 월명산의 아기장수 이야기에서 유래한 것으로 아기장수들이 가지고 놀던 바위 또는 장수아기를 죽이려고 준비한 바위를 산 고스락에 마련해 놓고 굴려보는 체험이다. 전설을 현실화 하여 체험케 하는 것은 매우 드문 예일 것 같다.

청화역 말타기도 비인의 옛날 역참에서 말을 타던 사실을 재현해 보는 것으로 뜻이 있다 하겠다.

이 밖에 월명산에는 아기장수가 가지고 놀았다는 사층바위가 있고 고스락에는 우물 터도 있다.

월명산 산행은 고누바위 고스락 산성 관적사를 거치며 옛날을 생각해보는 것도 좋지만 고스락에서의 조망은 더욱 시원하고 좋다. 서해가 넓게 펼쳐지고 동으로는 산이 첩첩하다. 비인만과 동백정 등 아름다운 명소가 한눈에 보인다.

신증동국여지승람에도 나오는 미망대해(微芒大海) 은영소도(隱影小島) 중중신루(重重蜃樓) 점점나계(點點螺髻) 둔영수고(屯營戍鼓) 연포귀범(煙浦歸帆) 송평추월(松坪秋月) 관사모종(觀寺暮鐘) 등 비인팔경이 여기 월명산에서 모두 볼 수 있을 것으로 생각되었다.

산 아래를 뚫고 달리는 서해고속도로가 한줄로 멀리멀리 달아나며 잦아지는 광경을 보는 것도 멋이 있다.

아기장수 이야기

우리나라에 아기장수 이야기는 여러 곳에 있다. 그러나 월명산의 아기장수 이야기는 실명이 나오는 등 좀 특이하다.

옛 날 부자이면서도 자식이 없던 늙은 부부가 백일기도 끝에 남자 쌍둥이를 얻었다. 모두 부러워하고 부부도 무척 좋아 했다. 쌍둥이는 낳은 지 몇 달 안 되어 마당에 나와

월명산의 돌탑들

걸어 다니는가 하면 바로 훨훨 날며 칼싸움을 하는 등 심상치 않았다.
　혹시나 해서 자는 애들을 살펴보니 어깨쭉지에 날개가 있었다. 장수임에 틀림없었다. 장수가 나와서 잘 못하면 역적으로 몰려 4족이 몰살당하는 때라 부부는 크게 걱정을 했다. 집안이 망하는 것 보다 두 애를 죽이는 것이 낫겠다는 생각으로 두 애를 월명산 바위 벼랑 아래로 데려가 놀게 하고 위에서 큰 바위 두 개를 아이들을 향해 굴렸다.
　망골대는 굴린 바위에 깔려 죽었으나 용골대는 바위를 날쌔게 받아 내던지고 자기 부모가 바위를 굴렸음을 보고 그 길로 청나라로 도망쳤다. 힘이 장사에다 무예까지 뛰어난 용골대는 청의 장수가 되어 조선조 인조 때 청태종을 따라 우리나라에 쳐들어와 나라에 굴욕을 안겼다는 이야기다.
　용골대의 부모는 자기 아들이 적장이 되어 쳐들어 왔다는 이야기를 듣고 월명산에 숨어 살다 죽었다 한다.

산행길잡이

산길	중간에 갈림길이 두 곳 있으나 거의 외길이라 할 수 있다. 월명산 안내판(들머리, 비인읍내 607 지방도변)－작은 등성이 길－고누바위－(주릉)－고스락－관적곡 산성－(주릉)－관적사－관적사 안내판(3번 지방도변) 또는 그 역순 (약 2시간) 중간에 고누바위에 들리지 않고 고스락에 이르기 전 주릉으로 이어지는 길이 있다. 또 관적곡 산성 첫머리에서 주릉의 산성터(오른 편)를 따라가지 않고 왼편으로 갈라진 산성을 따라 관적사로 내려가는 길도 있다.
교통	산행은 비인(서천군 비인면)에서 시작하고 비인에서 끝내기 때문에 비인으로 찾아가면 된다. 서해안 고속도로에서 춘장대 나들목에서 빠져나가 21번 국도(77번 국도)로 들어서서 서천 쪽으로 가면 곧 비인에 이른다. 비인을 지나는 시내버스 또는 직행버스가 자주 있다.
조망	북 ⇨ 운봉산, 옥마산, 오서산, 성주산, 만수산, 양각산, 아미산, 월명산 동 ⇨ 봉림산, 천방산, 희리산 남 ⇨ (서해) 서 ⇨ (서해) 진대산

info | **324m** • 서천군 판교면, 문산면, 시초면

56
천방산

서천 제일의 천방산

서천에는 보령과 부여의 경계에 있는 산까지 넣어도 400m가 넘는 산이 없다. 천방산은 높이로 보아 서천에서 네 번째로 높은 산이다. 장태봉 (367m, 보령과의 경계), 봉림산(346m, 문산면 판교면), 배골산(325m, 비인면 판교면) 다음이다.

그런데도 서천 사람들은 천방산을 서천 제일의 산으로 알고 좋아한다. 그것은 천방산이 서천의 중심에 자리 잡고 있고 사람이 많이 사는 서천 읍내에서 가까우며 천방산의 모습이 매우 부드럽기 때문이다. 게다가 재미있는 전설도 있다.

산이 거칠지 않고 푸근한 느낌을 줄 뿐만 아니라 동 남 서 방향으로 7개의 올망졸망한 봉우리가 싸돌고 있으며 남 북 방향이 툭 트여있어 조망과 풍광이 좋은 영산이기도 해서 서천 사람들은 천방산을 좋아 하는 것이다.

천방산은 서북에서 동북 방향으로 나아간 시원한 산줄기와 대조적으로 남쪽 발치에 펼쳐지는 들과 마을의 풍경이 아름답고 동쪽으로 봉서 저수지의 푸른 물과 어울려 그림처럼 아름답다.

군에서는 천방산 중턱까지 길을 잘 내고 천방정을 지어 놓아 많은 사람들이 찾아 들고 있다. 어떤 이는 서천의 웬만한 사람이면 천방산을 한 두 번 쯤은 올라갔을 것이라고 말하고 있었다.

천방산에서의 조망

천방산의 이름과 천방사 이야기

　백제 말 당나라 소정방이 백제를 치기 위하여 금강 하구인 기벌포(현 장항읍)에 들이닥쳤다. 그러자 풍랑이 심하게 일더니 그칠 줄을 몰랐다. 답답한 소정방은 지나가는 도승에게 근처의 지세와 풍랑의 원인을 물었다.
　도승은 '이 곳을 통과하기 어려우니 이 산에 하루 저녁에 천 칸의 집을 짓고 천신제를 지내어 산신의 보호를 받도록 하시오' 했다.
　별 수 없이 소정방은 천칸의 방이 있는 집을 짓게 하고 제사를 지냈다. 그리고 사흘째 날씨는 개이고 풍랑도 가라앉았다. 소정방은 사비성으로 나아가 백제를 무너뜨렸다. 천간의 집은 절이 되어 천방사라 했고 이 산의 이름도 천방산이라 했다. 천방사(千房寺)의 한자의 뜻은 '방이 천 개가 있는 절'이라는 뜻이다.
　그 뒤 천방사의 승려들이 부녀자를 농락하는 등 행패가 심하여 폐사 시켰다는 이야기도 있고 빈대가 너무 많아 불태워버렸다는 이야기도 있다.
　그러나 사실은 천방사가 조선시대까지 이어졌다. 조선시대 천방사는 궁가(宮家)의 원당이었다. 따라서 천방사 승려들의 행패가 심했다. 이를 보다 못해 서천군수 이무가 효종 때 상소를 했고 현종 때에는 천방사의 승려들이 관아의 명에 따르지 않자 충청감사와 한산군수는 천방사의 우두머리 승려를 잡아들였다.

수 백 명의 천방사 승려들은 활과 조총 등으로 무장하고 저항했으나 절은 불타버리고 승려들의 사변은 평정되어 천방사는 중건하지 못하게 했다.

천방산에서 멀리 떨어진 서천 역(열차) 대합실에 '달' 이라는 봉석 임환철 시인의 시가 걸려 있었다.

천방산 절터에 달이 밝으면 보살님 웃음소리 등 너머로 들려온다.
" ····· "
천방산의 달은 봉우리부터 살아올라
아 천방산은 물속에 제 그림자를 끝내 찾지 못하고 있다.

산행길잡이

산 길
❶ **천방루 길** : 문산면 신농리 시문중 – (임도) – 음적사 – 천방루(주차장) – 산길 – 고스락 (약 1시간 30분) (참고 – 천방루까지 승용차 통행)
❷ **천용사 길** : 시초면 초현리 – 가루골(문산면) – 천용사 – 고스락 (약 1시간 30분)

교 통
서천에서 찾아가야 한다. 서천에서 611번 지방도를 타면 문산면청이 있는 문산으로 가게 된다. 여기 문산저수지 옆에서 천방골로 들어가는 길을 따라 들어가면 음적사 옆을 지나 천방루까지 가게 된다. 포장된 길이며 천방루 앞에 주차장도 널찍하다.
서천 터미널에서 군내버스가 문산까지 자주 다닌다.

조 망
북 ⇨ 성태산, 축융봉, 칠갑산, 계룡산, 향적산, 대둔산
동 ⇨ 미륵산, 운장산, 모악산
남 ⇨ (서천) (서해)
서 ⇨ 잔미산, 양각산, 옥마산, 만수산, 아미산, 오서산, 성주산

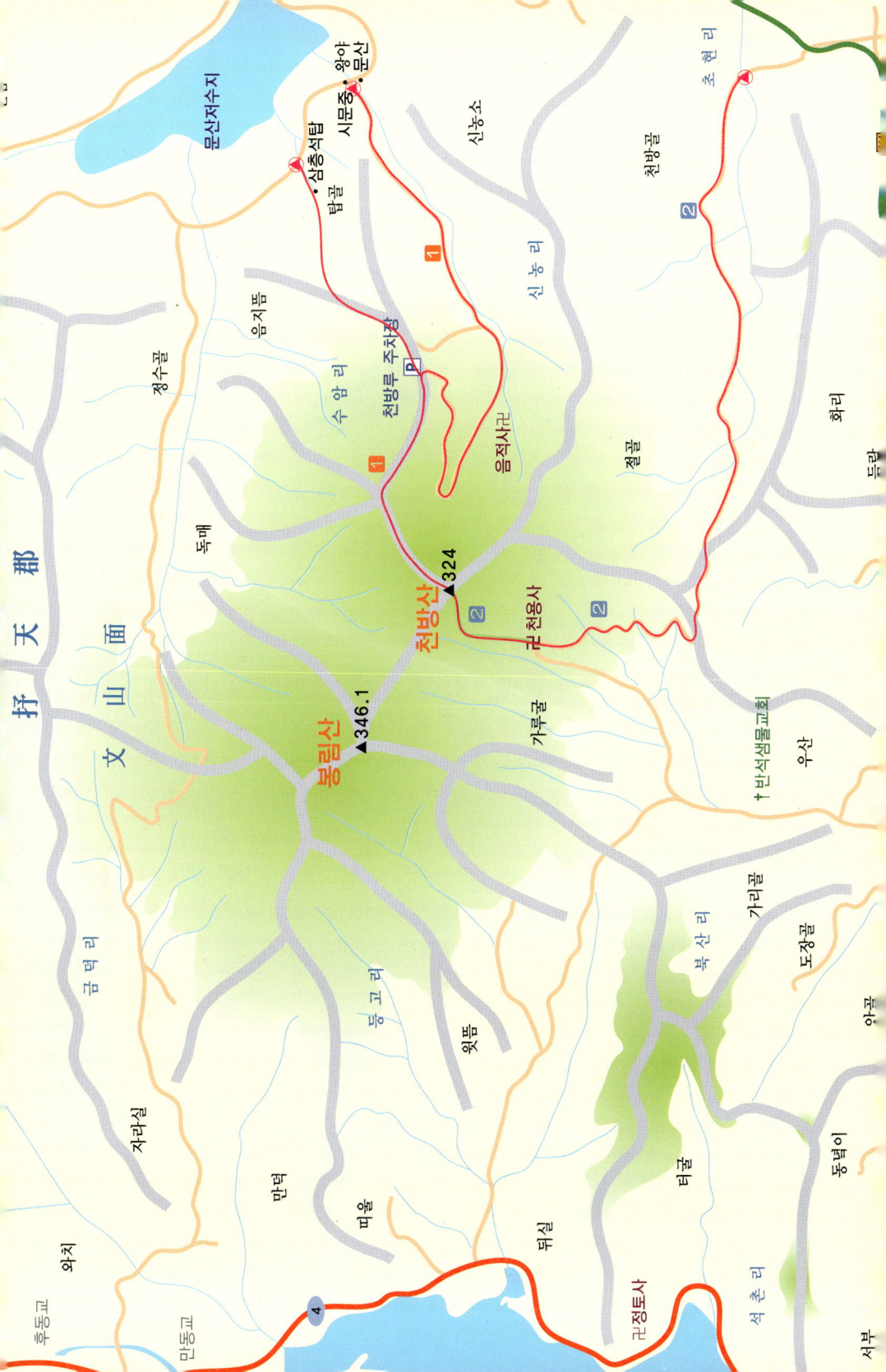

info | 351m | 논산시 노성면, 상월면

57 노성산

산성이 있고 봉수대가 있었던 산

부여 논산 공주 일대에서 계룡산이 잘 보인다. 사실은 계룡산 턱밑 서남쪽에 있는 노성산도 잘 보인다. 계룡산의 그늘에 가리고 또 낮기도 해서 지나치기 쉽지만 삼각봉으로 뾰족하게 솟아있는 노성산의 모습이 특이해서 알아보기 쉽다.

계룡산에서 보면 이 노성산은 더욱 눈에 잘 띈다. 계룡산 서남쪽으로 뚜렷한 산이 없는 것도 한 원인이기도 하지만 원체 노성산의 모습이 특이하기 때문이다.

노성산 자락에는 노성면청과 상월면청이 불과 2km 남짓 사이를 두고 있다. 노성면 쪽 노성산 기슭에 향교 권리사 윤증 고택 등이 있고 애향탑이 있는 애향동산도 잘 만들어져 있다. 여기 애향동산이 노성산 산행의 노성 쪽 들머리다.

노성산은 별스럽지 않은 산으로 보이지만 두어 가지 유다른 점이 있는 산이다.

첫째, 노성산에는 긴 역사를 가진 산성이 있다. 노성산 고스락에는 백제 사비시대에 쌓은 돌성이 있다. 지형을 이용하여 잘 쌓은 이 성은 동면 북면 서면은 네모로 돌을 다듬어 쌓았다.

가장 높은 봉우리에는 장수대 터가 있으며 동쪽 벽 아래쪽에 봉화대로 보이는 곳도 있다. 연산의 황산성과 함께 신라군을 막은 마지막 보루로 여겨지는 곳이다.

둘째, 노성산 산자락은 유교의 중요한 중심이기도 했다. 노성산 이름 자체가 공자와

노성산의 산길

윤증고택

밀접한 관계가 있다. 노성산은 처음에는 니산(尼山)이었다. 노성면 향토지에는 노성산의 산형이 여승이 장삼을 입고 곱게 앉아있는 모습이어서 '니산'이라 부르게 되었다고 했으나 필자는 이것도 중국의 산동성 공자의 탄생지인 노나라의 니구산(尼丘山)에서 따온 이름으로 생각한다.

그러나 이 이름도 공자의 출신지인 '노'나라를 상징하여 '노성산(魯城山)'으로 바꾼 것이다.

노성산 자락에 5성 20현을 모신 노성향교가 있으며 공자의 영정과 중국 송조 5현의 제사를 지내는 궐리사(闕里祠)가 있다. 또 노강서원이 있고 유학자로 유명했던 윤증의 고택(국가 지정 중요민속자료 190호)이 잘 보존되어 있다.

산행길잡이

산 길
① **노성 쪽**
- 노성 애향동산-등성이 삼거리-산성 아래 삼거리-산성-정자(고스락) (약 1시간)
- 궐리사-등성이 삼거리-옥리봉-산성 아래 삼거리-산성-정자(고스락) (약 1시간)

② **상월 쪽** : 상월초등학교-산성 아래 삼거리-산성-정자(고스락) (약 40분)

교 통
① **노성 쪽**
23번 국도가 바로 옆을 지나고 있다. 상월에서 645번 지방도를 타면 곧 면청이 있는 노성이다.
② **상월 쪽**
23번 국도가 지나고 있고 691번 지방도가 면청 앞을 지나고 있다.
논산에서 노성과 상월을 잇는 시내버스가 자주 다니고 있다.

조 망
북 ⇨ 계룡산, 금수산, 식장산
동 ⇨ 향적산, 천호봉, 대둔산, 선녀봉, 작봉산, 성태봉
남 ⇨ 성흥산, 태조봉
서 ⇨ 축융봉, 칠갑산, 국사봉, 태화산, 무성산

info **601.6m** ● 보령시 명천동, 성주면 성주리

58
옥마산

바닷가를 달리는 옥마, 옥마산

대천해수욕장 남포방조제 천수만 등 보령의 해안에서 동쪽을 보면 한 마리의 검푸른 말이 달리는 모습의 산줄기를 보게 된다. 보령시가와 남포읍 바로 위에 있는 옥마산인 것이다. 옥마(玉馬)는 옥으로 된 말을 뜻한다.

옥마산은 신증동국여지승람 홍주목 남포현 편 산천 조에 현 동쪽 8리 지점에 있다고 했으며 형승 조에는 '옥마산은 하늘을 찌른다.'고 표현되어있다.

이 옥마산은 혈통(산줄기)도 뚜렷하다. 한남금북정맥의 칠현산에서 갈라져 나온 금북정맥이 남서방향으로 뻗쳐 내려오다 백월산에서 방향을 크게 틀어 북서 방향으로 나아가게 된다.

그러나 백월산에서 산줄기 하나가 남서쪽으로 달리며 성태봉(623.7m) 문봉산(633.0m) 성주산(677.0m) 등을 거치며 600m~700m 수준으로 이어나간다. 이 산줄기는 장군봉 작은 성주산을 지나 성주고개로 낮아졌다가 옥마산으로 일어선다. 이어 잔미산으로 나아간 뒤 화락산을 남기고 바다로 잦아든다.

우리는 산에 오르는 것, 산에서 걷는 것을 산을 탄다고 한다. 많은 보령시민들이 옥마처럼 보이는 이 옥마산을 탄다. 게다가 옥마산은 옥마와 관련된 전설도 있다.

신라 말, 후백제 후고구려가 일어나 정국이 어지러웠을 때 신라의 마지막 왕 경순왕

(김부)이 옥마산 근처의 성주사 주지를 찾아와 의견을 듣고자 했다. 성주사는 신라말 고려 초 구산선문의 한 본산으로 불교의 성지였다.

경순왕이 옥마산을 지나는데 옥마가 나타나 울부짖으며 앞길을 막았다. 보다 못해 왕을 따르던 한 장군이 화살을 쏘아 옥마를 죽였다.

그러나 옥마는 땅에 쓰러지지 않고 북쪽 하늘로 사라졌다. 그래서 산의 이름을 옥마산이라 했다는 것이다. 신증동국여지승람에는 '김부대 왕사가 옥마산 산마루에 있다'는 기록이 있으나 지금은 그 경순왕의 사당은 흔적도 없고 산 아래 남포면 창동리에 경순왕의 사당 경모전과 유허비가 있다.

바다의 조망이 좋은 옥마산

옥마처럼 보이고 옥마의 전설이 얽힌 옥마산, 이 옥마산을 보령의 많은 시민들이 타고 있다. 사실 이 산은 보령의 시민들만 타기에는 아까운 산이다.

옥마산은 강화도에서 목포에 이르는 서해 연안에 있는 산 가운데 두 번째로 높은 산이다. 표고 790.7m의 오서산이 가장 높고 601m(국립지리정보원의 지형도에는 596.9m)의 옥마산이 두 번째로 높은 산이다. 그 때문에 당연히 서해의 조망이 좋다.

왼 편으로 긴 남포방조제가 보이고 이어 대천해수욕장이 가까이에 보이는가 하면 반도처럼 내민 육지 밖은 망망대해다. 천수만에는 삽시도, 원산도 등 섬들이 있고 그 너머엔 안면도가 보인다. 내륙의 사람들에겐 바다는 언제나 잔잔한 설레임을 일게 한다.

옥마산의 모습

옥마산에서의 조망은 그 뿐이 아니다. 이 옥마산을 경계로 내륙은 온통 산으로 되어 있기 때문에 성주산을 비롯해서 바로 건너의 아미산 만수산 등의 조망을 챙겨보는 것도 재미있다.

또 옥마산은 우리나라 대부분의 산처럼 숲이 짙다. 산에 들기만 하면 해를 보기가 어렵다. 옥마산의 숲이 더욱 좋은 것은 푸른 노송이 매우 많다는 점이다. 등성이는 물론 산 대부분에 굵은 소나무가 무성하다.

옥마산에서 눈에 띄는 것은 온 산에 산길 등 시설 환경 정비가 매우 잘되어 있는 점이다. 여러 가닥의 산길 외에도 산비탈을 가로 질러 올라가고 등성이를 따라 고스락까지 이어진 찻길이 있는가 하면 곳곳에 정자와 오두막이 있고 보도에는 자연스럽게 건강을 챙길 수 있는 갖가지 발바닥 운동시설이 잘되어 있다. 안내표지도 잘되어 있다.

행글라이더 활강장 시설도 좋다. 고스락 아래까지 올라간 차도를 이용할 수 있는데다

옥마산에서 본 보령시내와 서해

전망대

일출전망대

바다 쪽으로 넓은 시가와 들이 있고 옥마산이 바다쪽으로 가파른 경사를 이루고 있기 때문에 조건이 좋은 행글라이더 활강장이 되고 있는 것이다.

옥마산은 근처에 방조제 해수욕장 역사 깊은 절터까지 있어서 산행 뒤에 덤으로 명소를 찾아볼 수도 있다.

옥마산 주변의 명소

사철 사람들이 찾는 대천해수욕장은 이미 알려져 있고 중간에 죽도유원지가 있는 3.7km 남포방조제, 신라말 고려 초의 구산선문의 하나로 국가지정 국보와 보물이 많은 성주사 터, 석탄박물관 보령호 보령성곽과 보령관아문 남포관아문 등 많은 명소가 옥마산 주변에 흩어져 있다.

옥마산 산행 뒤 한 두 군데 둘러 보면 좋을 것이다.

산행길잡이

산 길
보령 쪽에서 올라가는 것이 여러 가지로 편리하다. 물론 차로 옥마산의 북쪽 끝자락인 일출전망대(바래기재)까지 가서 등성이를 타고 오른 다음 대영사 쪽으로 내려올 수 도 있다. 산길의 안내표지가 잘되어 있다.
- ❶ **코스** : 성주암-등성이 1지점.
- ❷ **코스** : 대영사 들머리 주차장-등성이 2지점.
- ❸ **코스** : 대영사 들머리 주차장-명천폭포 갈림길-등성이 3지점.
- ❹ **코스** : 대영사 들머리 주차장-명천폭포 갈림길-고스락.

1. 2. 3. 4코스 가운데 한 길로 오르고 다른 한 길로 내려오면 약 2시간 30분에서 3시간 쯤 걸리고 옥마산 고스락에서 북쪽 끝자락까지 산을 타게 되면 3시간에서 3시간 30분이 걸리게 된다.

교 통
보령시청이 옥마산 산자락에 있고 40번 국도변에 있기 때문에 보령시청을 찾아가 산행을 시작하면 된다. 시청 후문에서 대영사 들머리 주차장이 바로 차도로 연결되어 있다.

40번 국도에서 성주터널에 들어서지 않고 옛 고갯길을 이용하면 일출전망대(바래기재)로 갈 수 있다. 여기를 시내버스가 다니고 있다.

조 망
북 ⇨ 오서산, 성주산, 백월산, 문봉산, 성태산, 감봉산
동 ⇨ 만수산, 아미산, 월명산, 양각산
남 ⇨ 진대산 (서해)
서 ⇨ 삼준산, 덕숭산, 가야산

info | 612m · 공주시 사곡면, 우성면

59 무성산

홍길동 산성이 있는 무성산

금북정맥에서 아래(남쪽)로 갈라져 나간 산줄기는 곧 또 두 갈래로 갈라져 하나는 동편으로 국사봉 갈미봉을 거쳐 무성산으로 이어지고 하나는 서편으로 법화산 옥녀봉을 거쳐 마곡사가 있는 태화산(철승산)으로 이어진다.

여기서 재미있는 것은 동편으로 갈라져 나간 산줄기에 공교롭게도 국사봉이 두 개 갈미봉이 두 개가 있다. 건너의 산줄기에도 국사봉이 두 개가 있어 이 근처에 국사봉이란 이름의 산이 네 개나 된다. 국사봉은 봉화대 등 나라와 관계있는 경우가 많고 갈미봉은 전갈의 꼬리 같아 붙여진 이름으로 생각된다.

무성산은 한자 이름도 각각이고 뜻도 알 수 없으며 유래는 더욱 알 수 없다.

무성산은 십승의 땅인 마곡사를 서편 골짜기에 품고 있고 노송이 꽉 들어차 있는 산이다. 무성산의 가장 좋은 점은 무성산이 충청남도의 한가운데에 자리 잡고 있기 때문에 충청남도의 이름 있는 산들을 모두 조망할 수 있는 것이다. 또 어떤 연유에서 인지 가공인물인 홍길동이 쌓고 활동했다는 돌성과 홍길동 굴까지 있는 것이다.

무성산의 서쪽 사곡면 운암리에 이름 난 옛 절 마곡사가 자리 잡고 있다. 후미지고 깊은 산골이었으나 지금은 절을 찾아오는 사람들로 늘 붐비고 있다. 이 마곡사 일대는 옛날부터 십승의 땅으로 알려진 명승지다.

무성산의 원경

십승의 땅 마곡사

백범 김구와 마곡사

27. 태화산 Page.189 참조

무성산 홍길동 굴

무성산 성허

무성산 산제당

산행길잡이

산 길

❶ **한사랑이(사곡면 대중리) 길**
- **여천 저수지 길** : 한사랑이(회관)−여천 저수지−농막(밤나무 단지)−주릉 삼거리−헬기장−삼거리−홍길동 굴−삼거리−돌탑군(홍길동 성터)−고스락 (약 1시간 30분)
- **대중리 고개 길** : 한사랑이(회관)−대중리 고개−490m 봉−고스락
(약 1시간 30분, 길이 확실하지 않다. 하산길로 하는 것이 좋다.)

❷ **쌍달리 길** : 쌍달리 회관(공주시 정안면)−달동마을−느린목 고개−526봉−돌무덕이−중계탑−고스락 (약 2시간 20분)

교 통

❶ **한사랑이 길** : 32번 국도를 타고 가다 사곡(면청)에서 629번 지방도에 들어서면 마곡사에 가게 된다. 마곡사에 이르기 전 한사랑이(대중리)로 들어가는 길이 갈라진다. 공주 버스터미널에서 30분~40분 간격으로 마곡사행 버스가 다닌다. (공주 시민교통 041−854−3163)

❷ **쌍달리 길** : 공주에서 23번 국도를 타고 가다 장원리에서 쌍달리로 들어가는 길을 찾으면 된다. 공주에서 하루 6회 쌍달리 행 시내버스가 있다.

조 망

충남 대부분의 산을 조망할 수 있다.
북 ⇨ 태화산, 흑성산, 은석산, 국사봉, 운주산
동 ⇨ 식장산, 우산봉, 계룡산
남 ⇨ 칠갑산, 태화산, 축융봉, 아미산, 만수산, 성주산, 백월산, 오서산, 국사봉
서 ⇨ 봉수산, 일월산, 용봉산, 덕숭산, 가야산, 안락산, 덕봉산, 도고산, 국사봉, 광덕산, 망경산

info | **535m** ● 공주시 반포면 학봉리, 대전광역시 유성구 덕명동

60
도덕봉

계룡산을 올려다 보고 있는 도덕봉

도덕봉은 2003년 계룡산 국립공원으로 편입된 아름다운 산이다. 산태극을 이루며 계룡산까지 온 금남정맥은 그 맥의 한 줄기를 계룡산 주봉에서 동쪽 황적봉으로 뻗고 그 맥은 민목재를 지나 관암산(갓바위산)으로 건너가서 백운봉으로 나아간다.

백운봉에서 한 갈래는 금수봉 암탉산으로 뻗고 한줄기는 도덕봉으로 뻗는다. 도덕봉으로 뻗은 이 줄기는 결국 대전 공주를 잇는 32번 국도를 삽재로 건너 갑하산 우산봉으로 달린다.

도덕봉은 계룡산에서 갈라져 나와 그 건너에 자리 잡고 앉아 그 모태인 계룡산을 올려 다보고 있는 형국이다. 산세가 사방으로 힘차게 뻗쳐 있고 경관이 좋아서 대전 시민들의 사랑을 듬뿍 받고 있는 산이다.

옛 날에는 32번국도 삽재 아래에서 도덕골로 들어가 짙은 숲 속의 개울을 따라 들어 가며 폭포 등을 즐기고 도덕봉의 산행도 했으나 도덕봉이 계룡산 국립공원에 편입되면 서 이 길은 휴식년에 들어가 있다. 그 대신 삽재에서 등성이를 타고 오를 수 있다.

수통골 쪽에서 기암괴봉으로 경관이 무척 좋은 바위등성이를 타고 도덕봉으로 오르 는 길이 좋다. 이 길도 예전에는 바위 골짜기로 길이 있어서 의상대사가 수도했다는 수통굴을 거쳐 오르게 되어 있었다. 그러나 원체 바윗길이 험하고 가파른데다 가끔

도덕봉 전경

사고가 생겨 그 길을 막고 새로 등성이에 길을 낸 것이다.

  이 도덕봉의 머리, 남 동 북 삼면이 깎아지른 바위벼랑으로 되어 있기 때문에 동쪽에서 보면 용이 몸통을 금수봉 쪽으로 느리고 머리를 번쩍 들어 대전시가를 노려보고 있는 형국이다.

  머리 일대의 기암괴봉과 벼랑이 아니래도 도덕봉이 또 좋은 것은 굵은 등성이가 도덕봉에서 백운봉까지 이어져 즐거운 산행을 할 수 있는 점이다.

  교통과 길이 좋고 경관도 좋아서 하루 산행에 알맞다.

도덕봉의 이름과 유래

  옛날 대전에서 삽재를 넘어 공주로 가는 길은 사람들의 왕래가 많은 큰길이었다. 그래서 삽재 길목을 지키고 있다가 행인들을 터는 도둑들이 있었다 한다. 그 도둑들은 행인

도덕봉의 단애

들을 턴 뒤 도덕골로 숨어들어갔다. 도덕골은 산세가 험하고 골짜기가 매우 으슥하여 도둑들이 숨어 지내기에 아주 좋았던 것이다.

그래서 도둑골이라는 이름이 생겼고 산의 이름도 도둑봉이라 불리게 되었다. 그러나 근래에 와서 도둑골 도둑봉이라 하기에는 이름이 너무 좋지 않아 점잖고 부르기에도 비슷한 도덕봉 도덕골로 부르게 되었다 한다.

한편에서는 의상대사가 도를 닦은 굴(수통굴)이 있다 해서 도덕봉이라 부르게 되었다는 이야기도 있으나 믿을 수는 없다.

또 도덕봉 하나를 흑룡산이라고 부르는 사람들이 있으나 도덕봉 관암봉 백운봉 금수봉 빈계산 등이 있는 이 산줄기 전체를 흑룡산이라 불러야 한다는 사람들이 많다.

도덕봉 머리부분의 바위벽

도덕봉에서의 대전시가 조망

도덕봉의 산길

도덕봉의 괴송

산행길잡이

산 길

도덕봉의 북쪽 국립 현충원 쪽의 길이 휴식년으로 통행을 할 수 없기 때문에 도덕봉은 삽재나 수통골 쪽에서 오를 수밖에 없다.

❶ **삽재 길** : 삽재-(등성이)-고스락
❷ **바위 등성이 길** : 수통골 주차장-도덕봉 들머리(출렁다리 앞 오른 편)-등성이 턱묘-쇠사다리-고스락 (약 1시간)
❸ **가리울 삼거리 길** : 수통골 주차장-가리울 들머리-가리울 삼거리-고스락
총 산행시간 약 3시간 30분에서 4시간 (가리울 삼거리 길, 약 2시간 30분)
❹ **금수봉 삼거리 길** : 수통골 주차장-자갈밭 삼거리-폭포-금수봉 삼거리-자티고개-(바위등성이지대)-가리울 삼거리-고스락 (약 5시간)

교 통

❶ **대중교통**
공주시 또는 대전의 시내버스가 32번 국도로 삽재를 지난다. 대전 쪽은 수통골을 찾는 사람들이 많고 한밭대학교가 근처에 있어서 많은 시내버스가 다니고 있다.

❷ **승용차 관광버스**
32번 국도가 공주 반포 쪽에서 삽재를 넘어 대전 땅으로 들어간다. 삽재에서 등성이를 타고 도덕봉에 오를 수 있다.
공주방면에서 32번 국도를 타고 유성 쪽으로 가면 국립 현충원을 지나 오른 편으로 한밭대학교로 들어가는 널찍한 도로가 나선다. 한밭대학교 앞을 그대로 지나치면 화산천에 이른다. 다리를 건너 내를 거슬러 올라가면 수통골 주차장이 있다.

조 망

북 ⇨ 갑하산, 우산봉, 금병산, 계족산, 고리산
동 ⇨ 식장산, 보문산, 장룡산, 서대산, 만인산, 안평산, 진악산, 인대산, 장군봉, 선야봉, 대둔산, 운장산
남 ⇨ 금수산, 향적산, 계룡산, 백운봉, 관암봉
서 ⇨ 삼불봉, 장군봉

역사와 함께 한
충남의 명산들

초 판 1쇄 | 발행 2015년 05월 15일

지은이 | 김홍주
펴낸이 | 이건무
펴낸곳 | 도서출판 대장부
디자인 | 예림기획

등록 | 2007년 1월 26일 제 200호
주소 | 대전광역시 중구 보문로 334-1
전화 | (042)257-3500
팩스 | (042)257-3502
E-mail | skyillust@naver.com

ISBN | 978-89-94351-19-3 03980

＊이 책의 판권은 지은이와 도서출판 대장부에 있습니다.
＊잘못 만들어진 책은 교환해드립니다.
＊이 책은 신저작권법에 따라 보호받는 저작물이므로
  무단전재와 복제를 금합니다.

이 도서의 국립중앙도서관 출판예정도서목록(CIP)은 서지정보유통지원시스템 홈페이지
(http://seoji.nl.go.kr)와 국가자료공동목록시스템(http://www.nl.go.kr/kolisnet)에서
이용하실 수 있습니다.(CIP제어번호: CIP2015013165)